"江苏省新型建筑工业化协同创新中心"经费资助
江苏省"十三五"重点图书出版规划项目

新型建筑工业化丛书

吴 刚　王景全　主 编

建筑产业现代化导论

编 著　李启明　夏侯遐迩
　　　　岳一博　刘 平

东南大学出版社
SOUTHEAST UNIVERSITY PRESS
·南京·

内容提要

本书根据建筑产业现代化相关法规、政策以及最新研究和实践成果，系统地介绍建筑产业现代化的发展背景、发展历程和特点、基本内涵和特征；建筑产业现代化发展规划和重点工作任务、建筑产业现代化技术体系、建筑产业现代化项目载体建设；建筑产业现代化生产力布局、建筑产业现代化发展水平监测与评价、建筑产业现代化项目管理创新等主要内容。

本书可供全国高等学校土木工程、工程管理、建筑学等专业学生参考使用，也可供相关政府部门、开发建设单位、设计单位、监理单位、施工单位等企业技术、管理人员参考使用。

图书在版编目(CIP)数据

建筑产业现代化导论/李启明等编著. —南京：东南大学出版社，2017.5(2021.11重印)

(新型建筑工业化丛书/吴刚，王景全主编)

ISBN 978-7-5641-7061-5

Ⅰ. ①建… Ⅱ. ①李… Ⅲ. ①建筑业-产业发展-研究-中国 Ⅳ. ①F426.9

中国版本图书馆 CIP 数据核字(2017)第 047157 号

建筑产业现代化导论

编　　著　李启明　夏侯遐迩　岳一博　刘　平

出版发行	东南大学出版社
社　　址	南京市四牌楼2号　邮编：210096
出 版 人	江建中
责任编辑	丁　丁
编辑邮箱	d.d.00@163.com
网　　址	http://www.seupress.com
电子邮箱	press@seupress.com
经　　销	全国各地新华书店
印　　刷	江苏凤凰数码印务有限公司
版　　次	2017年5月第1版
印　　次	2021年11月第2次印刷
开　　本	787 mm×1 092 mm　1/16
印　　张	13.25
字　　数	290千
书　　号	ISBN 978-7-5641-7061-5
定　　价	78.00元

本社图书若有印装质量问题，请直接与营销部联系。电话(传真)：025-83791830

序

改革开放近四十年以来,随着我国城市化进程的发展和新型城镇化的推进,我国建筑业在技术进步和建设规模方面取得了举世瞩目的成就,已成为我国国民经济的支柱产业之一,总产值占GDP的20%以上。然而,传统建筑业模式存在资源与能源消耗大、环境污染严重、产业技术落后、人力密集等诸多问题,无法适应绿色、低碳的可持续发展需求。与之相比,建筑工业化是采用标准化设计、工厂化生产、装配化施工、一体化装修和信息化管理为主要特征的生产方式,并在设计、生产、施工、管理等环节形成完整有机的产业链,实现房屋建造全过程的工业化、集约化和社会化,从而提高建筑工程质量和效益,实现节能减排与资源节约,是目前实现建筑业转型升级的重要途径。

"十二五"以来,建筑工业化得到了党中央、国务院的高度重视。2011年国务院颁发《建筑业发展"十二五"规划》,明确提出"积极推进建筑工业化";2014年3月,中共中央、国务院印发《国家新型城镇化规划(2014—2020年)》,明确提出"绿色建筑比例大幅提高""强力推进建筑工业化"的要求;2015年11月,中国工程建设项目管理发展大会上提出的《建筑产业现代化发展纲要》中提出,"到2020年,装配式建筑占新建建筑的比例20%以上,到2025年,装配式建筑占新建建筑的比例50%以上";2016年8月,国务院印发《"十三五"国家科技创新规划》,明确提出了加强绿色建筑及装配式建筑等规划设计的研究;2016年9月召开的国务院常务会议决定大力发展装配式建筑,推动产业结构调整升级。"十三五"期间,我国正处在生态文明建设、新型城镇化和"一带一路"战略布局的关键时期,大力发展建筑工业化,对于转变城镇建设模式,推进建筑领域节能减排,提升城镇人居环境品质,加快建筑业产业升级,具有十分重要的意义和作用。

在此背景下,国内以东南大学为代表的一批高校、科研机构和业内骨干企业积极响应,成立了一系列组织机构,以推动我国建筑工业化的发展,如:依托东南大学组建的新型建筑工业化协同创新中心、依托中国电子工程设计院组建的中国建筑学会工业化建筑学术委员会、依托中国建筑科学研究院组建的建筑工业化产业技术创新战略联盟等。与此同时,"十二五"国家科技支撑计划、"十三五"国家重点研发计划、国家自然科学基金等,对建筑工业化基础理论、关键技术、示范应用等相关研究都给予了有力资助。在各方面的支持下,我国建筑工业化的研究聚焦于绿色建筑设计理念、新型建材、结构体系、施工与信息化管理等方面,取得了系列创新成果,并在国家重点工程建设中发挥了重要作用。将这些成果进行总结,并出版《新型建筑工业化丛书》,将有力推动建筑工业化基础理论与技术的发展,促进建筑工业化的推广应用,同时为更深层次的建筑工业化技术标准体系的研究奠定坚实的基础。

《新型建筑工业化丛书》应该是国内第一套系统阐述我国建筑工业化的历史、现状、理论、技术、应用、维护等内容的系列专著,涉及的内容非常广泛。该套丛书的出版,将有助于我国建筑工业化科技创新能力的加速提升,进而推动建筑工业化新技术、新材料、新产品的应用,实现绿色建筑及建筑工业化的理念、技术和产业升级。

是以为序。

中国工程院院士
清华大学教授

2017 年 5 月 22 日于清华园

丛书前言

建筑工业化源于欧洲,为解决战后重建劳动力匮乏的问题,通过推行建筑设计和构配件生产标准化、现场施工装配化的新型建造生产方式来提高劳动生产率,保障了战后住房的供应。从20世纪50年代起,我国就开始推广标准化、工业化、机械化的预制构件和装配式建筑。70年代末从东欧引入装配式大板住宅体系后全国发展了数万家预制构件厂,大量预制构件被标准化、图集化。但是受到当时设计水平、产品工艺与施工条件等的限定,导致装配式建筑遭遇到较严重的抗震安全问题,而低成本劳动力的耦合作用使得装配式建筑应用减少,80年代后期开始进入停滞期。近几年来,我国建筑业发展全面进行结构调整和转型升级,在国家和地方政府大力提倡节能减排政策引领下,建筑业开始向绿色、工业化、信息化等方向发展,以发展装配式建筑为重点的建筑工业化又得到重视和兴起。

新一轮的建筑工业化与传统的建筑工业化相比又有了更多的内涵,在建筑结构设计、生产方式、施工技术和管理等方面有了巨大的进步,尤其是运用信息技术和可持续发展理念来实现建筑全生命周期的工业化,可称谓新型建筑工业化。新型建筑工业化的基本特征主要有设计标准化、生产工厂化、施工装配化、装修一体化、管理信息化五个方面。新型建筑工业化最大限度节约建筑建造和使用过程的资源、能源,提高建筑工程质量和效益,并实现建筑与环境的和谐发展。在可持续发展和发展绿色建筑的背景下,新型建筑工业化已经成为我国建筑业的发展方向的必然选择。

自党的十八大提出要发展"新型工业化、信息化、城镇化、农业现代化"以来,国家多次密集出台推进建筑工业化的政策要求。特别是2016年2月6日,中共中央国务院印发《关于进一步加强城市规划建设管理工作的若干意见》,强调要"发展新型建造方式。大力推广装配式建筑,加大政策支持力度,力争用10年左右时间,使装配式建筑占新建建筑的比例达到30%";2016年3月17日正式发布的《国家"十三五"规划纲要》,也将"提高建筑技术水平、安全标准和工程质量,推广装配式建筑和钢结构建筑"列为发展方向。在中央明确要发展装配式建筑、推动新型建筑工业化的号召下,新型建筑工业化受到社会各界的高度关注,全国20多个省市陆续出台了支持政策,推进示范基地和试点工程建设。科技部设立了"绿色建筑与建筑工业化"重点专项,全国范围内也由高校、科研院所、设计院、房地产开发和部构件生产企业等合作成立了建筑工业化相关的创新战略联盟、学术委员会,召开各类学术研讨会、培训会等。住建部等部门发布了《装配式混凝土建筑技术标准》《装配式钢结构建筑技术标准》《装配式木结构建筑技术标准》等一批规范标准,积极推动了我国建筑工业化的进一步发展。

东南大学是国内最早从事新型建筑工业化科学研究的高校之一，研究工作大致经历了三个阶段，第一个阶段是海外引进、消化吸收再创新阶段：早在20世纪末，吕志涛院士敏锐地捕捉到建筑工业化是建筑产业发展的必然趋势，与冯健教授、郭正兴教授、孟少平教授等共同努力，与南京大地集团等合作，引入法国的世构体系；与台湾润泰集团等合作，引入润泰预制结构体系；历经十余年的持续研究和创新应用，完成了我国首部技术规程和行业标准，成果支撑了全国多座标志性工程的建设，应用面积超过 500 万平方米。第二个阶段是构建平台、协同创新：2012 年 11 月，东南大学联合同济大学、清华大学、浙江大学、湖南大学等高校以及中建总公司、中国建筑科学研究院等行业领军企业组建了国内首个新型建筑工业化协同创新中心，2014 年入选江苏省协同创新中心，2015 年获批江苏省建筑产业现代化示范基地，2016 年获批江苏省工业化建筑与桥梁工程实验室。在这些平台上，东南大学一大批教授与行业同仁共同努力，取得了一系列创新性的成果，支撑了我国新型建筑工业化的快速发展。第三个阶段是自 2017 年开始，以东南大学与南京市江宁区政府共同建设的新型建筑工业化创新示范特区载体（第一期面积 5 000 平方米）的全面建成为标志和支撑，将快速推动东南大学校内多个学科深度交叉，加快与其他单位高效合作和联合攻关，助力科技成果的良好示范和规模化推广，为我国新型建筑工业化发展做出更大的贡献。

然而，我国大规模推进新型建筑工业化，技术和人才储备都严重不足，管理和工程经验也相对匮乏，亟须一套专著来系统介绍最新技术，推进新型建筑工业化的普及和推广。东南大学出版社出版的《新型建筑工业化丛书》正是顺应这一迫切需求而出版，是国内第一套专门针对新型建筑工业化的丛书，丛书由十多本专著组成，涉及建筑工业化相关的政策、设计、施工、运维等各个方面。丛书编者主要来自东南大学的教授，以及国内部分高校科研单位一线的专家和技术骨干，就新型建筑工业化的具体领域提出新思路、新理论和新方法来尝试解决我国建筑工业化发展中的实际问题，著者资历和学术背景的多样性直接体现为丛书具有较高的应用价值和学术水准。由于时间仓促，编著者学识水平有限，丛书疏漏和错误之处在所难免，欢迎广大读者提出宝贵意见。

丛书主编　吴　刚　王景全

前　　言

中国建筑产业自改革开放以来进入了一个鼎盛发展时期。近十年来中国建筑业增加值占国内生产总值的比重始终保持在5.7%以上,2016年建筑业完成总产值高达19.4万亿元,增加值在全国GDP总量中约占7%,2016年中国对外承包工程完成营业额1594.2亿美元。江苏建筑业是全省经济社会发展的支柱产业、优势产业和富民产业,2016年江苏建筑业总产值达到2.95万亿元,建筑业增加值占全省GDP保持在6%左右,江苏建筑业以占全国约11%的从业人员完成了全国建筑业总产值的13%,主要经济指标均保持在全国前列。但建筑业总体上仍然属于劳动密集型的传统产业,大量采用传统手工和粗放式生产作业模式,建筑产业现代化仍处在较为初期的发展阶段,存在标准化和工业化水平低、劳动生产率低、科技进步贡献率低、建筑质量和性能低,以及资源能源消耗高、环境污染程度高等"四低二高"突出问题,大力提高建筑产业现代化水平已经迫在眉睫。

建筑产业现代化是将现代科学技术和管理方法应用于整个建筑产业,以工业化、信息化、产业化的深度融合实现对建筑全产业链进行更新、改造和全面提升。建筑产业现代化是以发展绿色建筑为方向,以新型建筑工业化生产方式为手段,以住宅产业现代化为重点,以"标准化设计、工厂化生产、装配化施工、成品化装修、信息化管理、智能化运营"为主要特征的高级产业形态及其实现过程。建筑产业现代化内涵包括:建筑生产的工业化、建筑产业链的集成化、管理手段和方法的信息化、建造过程和建筑产品的绿色化以及建筑全生命周期价值的最大化,其中工业化是核心和基础,集成化和信息化是发展手段,绿色化和价值最大化是发展目标和发展结果。为深入贯彻落实"创新、协调、绿色、开放、共享"发展理念,切实转变建筑产业发展方式,加快推进建筑产业现代化进程,实现建筑产业转型升级,促进建筑业由传统产业向现代化产业迈进,迫切需要加强对建筑产业现代化的理论和实践问题的深入研究。

江苏省2014年成为全国建筑产业现代化首批示范省份,并于2014年10月31号率先出台江苏省《省政府关于加快推进建筑产业现代化促进建筑产业转型升级的意见》(苏政发〔2014〕111号),成立了江苏省跨部门的建筑产业现代化推进工作机构、建筑产业现代化专家委员会(设计、部品、施工),编制《江苏省"十三五"建筑产业现代化专项发展规划》,以及《江苏省建筑产业现代化技术发展导则》等标准和文件;开展江苏省建筑产业现代化示范城市、示范基地、示范项目建设,并对全省开展建筑产业现代化发展水平监测评价。建筑产业现代化正在稳步积极推进。

东南大学从2012年开始对新型建筑工业化进行系统研究,在全国率先成立了"新型建筑工业化协同创新中心"。本研究团队主持承担了"推进建筑产业现代化研究""住宅产业现代化水平度量及提升路径研究"等住建部课题,以及"建筑产业现代化战略思考与对策""江苏住宅产业现代化规划研究""江苏建筑产业现代化'十三五'规划编制研究"等江苏省政府和省住建厅课题,为本专著编写奠定了良好基础。本书根据建筑产业现代化相关法规、政策以及最新研究和实践成果,系统地介绍建筑产业现代化的发展背景、发展历程和特点、基本内涵和特征;建筑产业现代化发展规划和重点工作任务、建筑产业现代化技术体系、建筑产业现代化项目载体建设;建筑产业现代化生产力布局、建筑产业现代化发展水平监测与评价、建筑产业现代化项目管理创新等主要内容。

  本书在编写过程中,查阅和检索了许多建筑产业现代化方面的信息、资料和有关专家的著述,并得到江苏省住建厅、东南大学等许多单位和学者的支持和帮助,在课题研究和讨论过程中,得到江苏省住建厅顾小平书记以及范信芳、韩建忠、徐盛发、王佳剑等领导的大力支持和帮助,在此表示衷心感谢。同时感谢徐照博士、贾若愚博士、吴晓纯硕士、陈汾晶硕士研究生等对本书的大力支持。由于建筑产业现代化正处于不断发展和实践过程中,尚有许多理论和实践问题需要进一步深入研究,加上编者水平所限,本书不当之处敬请读者、同行批评指正,以便再版时修改完善。

李启明
2017 年 2 月

目 录

第1章 概述 ··· 001
  1.1 建筑产业现代化发展背景 ·· 001
  1.2 建筑产业现代化发展意义 ·· 002
  1.3 建筑产业现代化战略思考 ·· 003

第2章 建筑产业现代化的基本内涵和特征 ································· 005
  2.1 建筑产业构成与产业链运行 ·· 005
  2.2 工业化、产业化和现代化定义及评价标准 ·························· 008
  2.3 建筑产业现代化的基本概念 ·· 016
  2.4 建筑产业现代化的基本内涵 ·· 020
  2.5 建筑产业现代化的发展定位和优势 ································· 021

第3章 建筑产业现代化发展历程和特点 ···································· 024
  3.1 国外建筑产业现代化发展概况 ····································· 024
  3.2 中国建筑产业现代化发展概况 ····································· 031
  3.3 国内外建筑产业现代化的经验与启示 ······························ 039

第4章 江苏省建筑产业现代化发展历程和发展规划 ······················· 044
  4.1 江苏省建筑产业现代化发展历程 ··································· 044
  4.2 建筑产业现代化阶段性发展目标 ··································· 049
  4.3 江苏省建筑产业现代化专项发展规划 ······························ 051
  4.4 江苏省建筑产业现代化重点工作和任务 ···························· 052

第5章 建筑产业现代化项目技术体系与创新 ······························· 056
  5.1 装配式建筑技术体系 ··· 056
  5.2 绿色建筑技术体系 ··· 061
  5.3 成品建筑技术体系 ··· 066
  5.4 BIM 技术体系 ··· 068
  5.5 技术体系集成与实践 ··· 071

第 6 章　建筑产业现代化示范城市、基地、项目建设：江苏实践 …… 073
6.1　示范城市建设 …… 074
6.2　示范基地建设 …… 075
6.3　示范项目建设 …… 077
6.4　展示基地建设 …… 079
6.5　新型建筑工业化协同创新中心建设 …… 083

第 7 章　建筑产业现代化生产力布局 …… 089
7.1　生产力布局战略和原则 …… 089
7.2　生产力布局优化分析 …… 090
7.3　江苏建筑产业现代化生产力空间布局 …… 102

第 8 章　建筑产业现代化发展水平监测与评价 …… 103
8.1　监测评价指标体系及主要内容 …… 103
8.2　评价模型和方法 …… 109
8.3　实证研究 …… 113

第 9 章　建筑产业现代化项目管理创新 …… 116
9.1　采购模式创新 …… 116
9.2　组织管理创新 …… 119
9.3　招投标与工程报价创新 …… 122
9.4　质量安全管理创新 …… 124

附录：建筑产业现代化政策汇编 …… 128

参考文献 …… 199

第1章 概　述

1.1 建筑产业现代化发展背景

改革开放以来,我国建筑产业进入了一个快速发展时期。近十年来,建筑业增加值占国内生产总值的比重始终保持在5.7%以上。2015年,建筑业完成总产值高达18万亿元,增加值在全国GDP总量中所占比例接近7%,由此可见,我国建筑产业的国民经济支柱地位稳固。但是,建筑产业总体上仍然是一个劳动密集型的传统产业。面对党的十八大提出新型工业化、城镇化、信息化良性互动、协同发展的战略任务和挑战,建筑产业如何转变发展方式,选择什么样的发展路径,确立什么样的目标,如何加快产业转型升级步伐,值得深入思考。

今后较长一段时期,我国建筑产业还将面临城市化进程加快所形成的市场需求不断增长所带来的巨大发展空间。据测算,如果2020年城镇化率达到60%,将有1亿以上农民市民化,城市需要建设庞大的基础设施,以及大量的住房。然而与国外发达国家相比,现阶段我国建筑生产虽然总量巨大,但质量和性能不高,大量采用传统的现场、手工和粗放式生产作业模式,建筑产业现代化仍处在较为初期的发展阶段,存在"四低二高"突出问题:即建筑业标准化和工业化水平低、劳动生产率低、科技进步贡献率低、建筑质量和性能低,以及资源能源消耗高、环境污染程度高,对社会和环境产生沉重的消极和负面影响,不能适应新型工业化和可持续发展要求,大力提高建筑产业现代化水平已经迫在眉睫。社会和经济的可持续发展需求对传统建筑的生产方式提出了新的挑战,同时也为建筑产业现代化的发展带来了新的契机。因此,建设领域要大力推进建筑产业现代化,坚持走科技含量高、经济效益好、资源消耗低、环境污染少、人力资源优势得到充分发挥的新型工业化道路。

我国建筑产业现代化的探索已有许多年历程,住房与城乡建设部一直倡导实施住宅产业化工作,在推进产业化技术研究和交流的基础上,组织标准规范的编制修订工作,同时陆续建成一批住宅产业化示范基地,包括住宅开发、施工安装、结构构件、住宅部品等相关产业链企业,对推动我国建筑产业现代化的广泛实施奠定了基础。

与此同时,全国各地建设主管部门相继通过出台住宅产业化、建筑工业化、建筑产业现代化等鼓励政策和激励措施,推进产业化试点和示范工程建设,在技术研发、部品开发、标准规范、工程管理等方面都取得了很大进展，积累了许多成功经验。目前北京、上海、沈阳、深圳、南京、合肥等城市已经走在建筑产业现代化的前列，受到中央及各级政府的高度关注和大力支持。这些成功经验为我国未来推进建筑产业现代化提供了很好的借鉴。

1.2 建筑产业现代化发展意义

我国建筑产业经过三十多年发展，取得了巨大成效，也带动了整个社会和经济的发展。然而，建筑产业仍然存在生产力水平低下、生产方式粗放等诸多问题，行业快速发展过程中累积的矛盾日益凸现：大量的劳动力需求与人口红利消失的矛盾；低质低效的生产与更高的品质、工期等生产效率要求的矛盾；大量的建筑需求与有限的资源供应的矛盾；较大的环境污染、能耗与绿色环保、可持续发展要求的矛盾等。建筑产业的可持续发展遭遇瓶颈，如果不能得到妥善解决，在今后一段时间内将会影响经济和社会的可持续发展。因此，建筑产业亟须转变发展方式，进行产业转型升级。发展建筑产业现代化正是解决这些问题的有效途径。近年来，虽然我国积极推进建筑产业现代化的发展，取得了一定成效，但仍然缺乏完善的发展体系，没有形成目标清晰的、内容完善的顶层设计，建筑产业的生产经营方式仍然基本上沿用传统方式。对如何推进建筑产业现代化进行系统的研究，是走可持续发展道路和新型工业化道路的必然要求，对于加快建筑产业现代化进程，解决建筑产业现代化中存在的各种矛盾和问题，从而促进建筑产业现代化又好又快发展具有重要意义。

(1) 建筑业转型升级的需要

当前我国建筑业发展环境已经发生深刻变化，建筑业一直是劳动密集型产业，长期积累的深层次矛盾日益突出，粗放增长模式已难以为继，同其他行业和发达国家同行相比，我国手工作业多、工业化程度低、劳动生产率低、工人工作条件差、质量和安全水平不高、建造过程能源和资源消耗大、环境污染严重。长期以来，我国固定资产投资规模大，而且劳动力充足、人工成本低，企业忙于规模扩张，没有动力进行工业化研究和生产。随着经济和社会的不断发展，人们对建造水平和服务品质的要求不断提高，而劳动用工成本不断上升，传统的生产模式已难以为继，必须向新型生产方式转轨。因此，预制装配化是转变建筑业发展方式的重要途径。装配式建筑是提升建筑业工业化水平的重要机遇和载体，是推进建筑业节能减排的重要切入点，是建筑质量提升的根本保证。装配式建筑无论对需求方、供给方、还是整个社会都有其独特的优势，但由于我国建筑业相关配套措施不完善，一定程度上阻碍了装配式建筑的发展。但是从长远来看，科学技术是第一生产力，国家政策必定会适应发展的需要而不断改进。因此，装配式建筑必然会成为未来建筑的主要发展方向。

(2) 可持续发展的需求

在可持续发展战略指导下，努力建设资源节约型、环境友好型社会是国家现代化建设的奋斗目标，国家对资源利用、能源消耗、环境保护等方面提出了更加严格的要求，如我国制定了到 2020 年国内单位生产总值二氧化碳排放量比 2005 年下降 40%～45% 的减排目标。要实现这一目标,建筑行业将承担更重要的任务。我国是世界上新建建筑量最大的国家,采用传统建筑方式,建筑垃圾已经占到城市固体垃圾总量的 40% 以上,施工过程中的扬尘、废料垃圾也在随着城市建设节奏的加快而增加,在施工建造等各环节对环境造成了破坏,同时我国建筑建造与运行能耗约占我国全社会总能耗的 40%。在全寿命周期内最大限度地节约资源、保护环境和减少污染、与自然和谐共生的绿色建筑应成为建筑业未来的发展方向。因此,加速建筑业转型是促进建筑业可持续发展的重点所在。目前各地针对建筑企业的环境治理政策均是针对施工环节的,而装配式建筑目前是解决建筑施工中扬尘、垃圾污染、资源浪费等的最有效方式之一,其具有可持续性的特点,不仅防火、防虫、防潮、保温,而且环保节能。随着国家产业结构调整和建筑行业对绿色节能建筑理念的倡导,装配式建筑受到越来越多的关注。作为对建筑业生产方式的变革,装配式建筑符合可持续发展理念,是建筑业转变发展方式的有效途径,也是当前我国社会经济发展的客观要求。

(3) 新型城镇化建设的需要

我国城镇化率从 1978 年的 17.9% 到 2014 年的 54.77%,以年均增长 1.02% 的速度稳步提高。随着内外部环境和条件的深刻变化,城镇化进入以提升质量为主的转型发展新阶段。国务院发布的《国家新型城镇化规划》指出推动新型城市建设,坚持适用、经济、绿色、美观方针,提升规划水平,全面开展城市设计,加快建设绿色城市。对大型公共建筑和政府投资的各类建筑全面执行绿色建筑标准和认证,积极推广应用绿色新型建材、装配式建筑和钢结构建筑;同时要求城镇绿色建筑占新建建筑的比重将由 2012 年的 2% 增加到 2020 年的 50%。随着城镇化建设速度不断加快,传统建造方式从质量、安全、经济等方面已经难以满足现代化建设发展的需求。发展预制整体式建筑体系可以有效促进建筑业从"高能耗建筑"向"绿色建筑"的转变,加速建筑业现代化发展的步伐,有助于快速推进我国的城镇化建设进程。

1.3 建筑产业现代化战略思考

改革开放以来,我国建筑产业得到了长足的发展,取得了辉煌的成就,正在开展与推进的建筑产业现代化对于全国建筑产业的发展具有重大的战略价值,主要表现在:

(1) 未来 20 年是实现建筑产业现代化的战略机遇期

改革开放以来,经济的高速发展以及快速的城镇化给建筑产业带来了千载难逢的机遇,建筑产业经历了快速发展的历史时期。然而,未来 20 年我国大规模的城市建设将趋于平缓,这段时期可能是我国建筑产业实现现代化的最后机遇期,时不再来,机不可失,因此,我国建筑产业应当抓住这个历史机遇,尽早完成现代化升级转型。

(2) 推进建筑产业现代化有助于实现传统建筑产业向技术密集型产业转型

建筑产业通常被认为是传统产业,建筑产业具有现代化改造的基础和潜力往往被忽略,通过建筑产业的转型升级,传统产业有可能转变成为战略性新兴产业、高技术集成产业,从劳动密集型转向技术密集型甚至高新技术密集型产业,将会带动整个国民经济的腾飞式发展,实现我国从传统的建筑大国向建筑强国迈进。

(3)推进建筑产业现代化是贯彻"创新、协调、绿色、开放、共享"发展理念,实现新型城镇化,全面建成小康社会和富强、民主、文明、和谐的社会主义现代化国家的重要支撑和新动力

通过推进建筑产业现代化有利于提高工程建设效率和劳动生产率,促进建筑产业的集聚和集约发展;有助于在新型城镇化建设中实现集约高效、绿色低碳,全面提升城镇化的质量和水平;有利于降低资源能源消耗和施工环境影响,提升建筑品质,改善人居环境和生活质量。

第2章
建筑产业现代化的基本内涵和特征

建筑产业现代化是建筑产业从低端向中端、高端发展的高级形态。全面、正确理解建筑产业现代化的基本内涵和特征,首先需要对建筑产业现代化发展过程中涉及的工业化、产业化以及现代化等相关概念建立充分的理解和清晰的辨识。

2.1 建筑产业构成与产业链运行

2.1.1 建筑产业的构成

产业是指由利益相互联系的,具有不同分工的,由各个相关行业所组成的业态总称,尽管它们的经营方式、经营形态、企业模式和流通环节有所不同,但是,它们的经营对象和经营范围是围绕着共同产品而展开的,并且可以在构成业态的各个行业内部完成各自的循环。

根据产业的定义,建筑产业指的是,经营对象和经营范围是围绕着建筑产品而展开的,利益相互联系的,具有不同分工的,由各个相关行业所组成的业态总称。建筑产品表现为各种工厂、矿井、铁路、桥梁、港口、道路、管线、房屋以及公共设施等建筑物和构筑物总和。

根据《国民经济行业分类》(GB/T 4754—2002),我国行业分类中与建筑产品相关的生产经营行业包括:①建筑业(房屋建筑业、土木工程建筑业、建筑安装业、建筑装饰和其他建筑业),②房地产业(房地产开发经营、物业管理、房地产中介服务、自有房地产经营活动、其他房地产业),③制造业中和建筑产品相关的行业(木材加工和木制品业、家具制造业、非金属矿物制品业、金属制品业、通用设备制造业、专用设备制造业、电气机械和器材制造业),④科学研究和技术服务业中的工程技术业(工程管理服务、工程勘察设计、规划管理),⑤水利、环境和公共设施管理业(水利管理业、公共设施管理业)。

根据联合国统计司编制的《所有经济活动的国际标准行业分类》,与建筑产品相关的生产经营行业包括:①Manufacture of wood and of products of wood and cork, except furniture, Manufacture of other non-metallic mineral products, Manufacture of basic metals, Manufacture of fabricated metal products, Manufacture of machinery and equipment, Manufacture of furniture, Repair and installation of machinery and equipment;

②Construction(Construction of buildings, Civil engineering、Specialized construction activities); ③Real estate activities(includes acting as lessors, agents and/or brokers in one or more of the following: selling or buying real estate, renting real estate, providing other real estate services such as appraising real estate or acting as real estate escrow agents.); ④Architectural and engineering activities, technical testing and analysis, ⑤Water supply, sewerage, waste management and remediation activities。

结合以上分类,建筑产业中的行业可以分为以下 5 类(表 2-1)。

表 2-1 建筑产业中的行业分类

1. 建筑业	房屋工程建筑业	—
	土木工程建筑业	铁路、道路、隧道和桥梁工程建筑
		水利和港口工程建筑
		工矿工程建筑
		架线和管道工程建筑
		其他土木工程建筑
	建筑安装业	—
	建筑装饰业	—
	其他建筑业	工程准备
		提供施工设备服务
		其他未列明的建筑活动
2. 房地产业	房地产开发经营	—
	物业管理	—
	房地产中介服务	—
	其他房地产活动	—
3. 建筑材料、部品、设备制造业	建筑用木料及木材组件加工	—
	建筑用竹、藤、棕、草制品制造	—
	家具制造业	—
	水泥、石灰和石膏及其制品的制造	—
	砖瓦、石材及其他建筑材料制造	—
	建筑用玻璃及玻璃制品制造	—
	建筑用陶瓷制品制造	—
	建筑用金属及金属制品制造	—
	建筑专用设备制造	—

续表 2-1

4. 工程技术服务业	工程管理服务	—
	工程勘察设计	—
	规划管理	—
	工程科研、教育	—
	建筑相关的其他服务	—
5. 建筑设施管理业	水利设施维护和管理	—
	市政公共设施管理	—
	城市绿化管理	指城市园林绿化的建设和管理活动

综合以上分析，本书将建筑产业定义为：围绕着各种工厂、矿井、铁路、桥梁、港口、道路、管线、房屋以及公共设施等建筑物和构筑物等建筑产品而展开的开发、设计、咨询、建筑材料、设备成品、半成品的生产、施工安装和维护管理等不同分工的生产经营行业的总称，其最终目的是提供具有一定使用功能的建筑产品和设施。

2.1.2 建筑产业链构成及运行

（1）建筑产业链构成

建筑产业中相关企业形成"上游—中游—下游"典型、完整的现代建筑产业链，贯通了现代建筑产业的全过程运行链条。

1）上游：为建筑科技服务业和房地产业中的开发环节，其中，建筑科技服务业包括建筑相关新技术、新产品、新工艺的研发；建筑的工程地质勘察、规划设计；建筑的工程筹建、计划、造价、资金、预算、场地、招标、咨询、监理等服务；建筑技术交流与推广服务，如信息交流、技术咨询、技术孵化、科技评估和科技鉴定、技术认证推广等活动；建筑的节能服务：为建筑采暖空调、照明、电气等用能设施提供检测、设计、融资、改造、运行、管理的节能活动；建筑产业相关的教育、培训业。

2）中游：为建筑生产和制造业，包括建材行业、建筑环境设备和机械装备制造业、建筑构配件生产、建筑施工安装和建筑装饰装修。

3）下游：包括房地产业中的销售、交易和物业管理环节以及建筑运行管理、建筑能源服务、建筑环境管理、智能建筑、建筑信息化，以及其他与建筑相关的商贸服务业和会展金融业等配套服务业等。

不同的产业阶段其行业的产值和附加值也有所不同，如图 2-1。

由此可见，建筑全产业链的上、中、下游对产业发展都非常重要，做大中游，可以提高整个产业的规模，大力发展上游和下游，可以加强产业的集约度和附加值。

（2）建筑产业链运行

建筑产业链的运行过程涉及工程项目全生命周期过程，其运行过程及其与现代制造业的对比如图 2-2 所示。

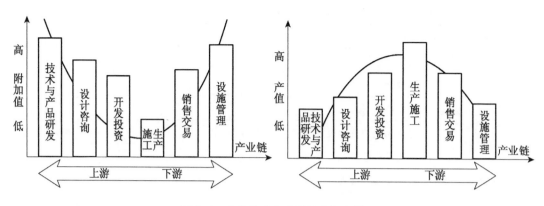

图 2-1 建筑产业产业链价值示意图

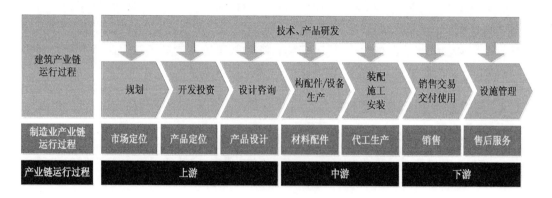

图 2-2 建筑产业链运行过程

2.2 工业化、产业化和现代化定义及评价标准

2.2.1 工业化

(1) 定义和特征

学术界关于工业化有很多定义,钱纳里等(1995)认为,工业化就是指制造业产值份额的增加过程,工业化水平可采用制造业在国民生产总值中的份额来衡量[1]。《新帕尔格雷夫词典》将工业化定义为:"工业化是一种过程。首先,一般来说,国民收入(或地区收入)中制造业活动和第二产业所占比例提高了;其次,在制造业和第二产业就业的劳动人口的比例一般也有增加的趋势。在这两种比例增加的同时,除了暂时的中断以外,整个地区的人均收入也增加了"[2]。国家经贸委课题组(2003)认为:工业化的过程,从本质上讲就是经济结构调整的过程和产业结构不断升级的过程[3]。张培刚(2007)将"工业化"定义为"一系列基于生产函数连续发生变化的过程,工业化决不应该仅局限于工业部门,而应该覆盖整个国民经济",不能"仅仅把工业化看做制造业(尤其是重工业部门)在国民经济中

比重的增加"[4]。按照张培刚的定义,工业化不仅是单纯的工业增长,还蕴含了对农业部门的改造和产业间协调发展的思想。厉以宁(2010)则认为工业化是指近代工业或现代工业的建立和推广并对一国社会经济发生有力作用的过程[5]。虽然上述定义有不同侧重,但是综合来看,工业化过程具有如下的特征:①工业化是一个演进的、长期的过程;②工业化存在产出、劳动以及其他生产要素的结构变化;③工业化伴随着经济增长与人均收入的提高。

(2) 阶段的划分

国内外经济学家如钱纳里、库兹涅兹、赛尔奎因等人,基于大量的工业化发展案例,采取实证分析等方法研究经济发展阶段和工业化发展阶段的关系。不同学者对发展阶段的划分不尽相同,其中具有代表性的是钱纳里和赛尔奎因的方法,他们将经济发展阶段划分为前工业化、工业化实现和后工业化三个阶段,其中工业化实现阶段又分为初期、中期、后期三个时期。判断依据主要包括人均收入水平、三次产业结构、就业结构、城市化水平等标准,参见表2-2。

表2-2 工业化不同阶段的标志

基本指标	前工业化阶段	工业化实现阶段			后工业化阶段
		工业化初期	工业化中期	工业化后期	
人均GDP(USD)	745~1 490	1 490~2 980	2 980~5 960	5 960~11 170	11 170以上
三次产业产值结构(产业结构)	A>I	A>20%, A<I	A<20%, I>S	A<10%, I>S	A<10%, I<S
第一产业就业人员占比(就业结构)	60%以上	45%~60%	30%~45%	10%~30%	10%以下
人口城市化率(空间结构)	30%以下	30%~50%	50%~60%	60%~75%	75%以上

(注:A代表第一产业,I代表第二产业,S代表第三产业)

冯飞等学者(2012)认为基于人均GDP指标衡量,我国已处于工业化后期阶段,但采用购买力评价的人均GDP高估了工业化发展水平;从三次产业结构判断,我国处于工业化后期的起步阶段;从就业结构看,处于工业化中期阶段;从城市化水平看则是刚迈入工业化中期门槛,但存在着因城市化滞后于工业化和城市化率统计数据的偏差而低估了工业化发展阶段。综合来看,我国的工业化总体上处于中期阶段,但已出现向后期阶段过渡的明显特征。工业化发展阶段的变化,意味着经济发展的驱动因素将发生改变,工业化中期阶段的经济增长主要依靠资本投入,而后期阶段就转变到主要依靠技术进步上来,工业化不同阶段的主要内容、驱动因素、贡献来源和增长理论如表2-3所示。

表 2-3 工业化不同阶段的主要内容、驱动因素、主要产业特征

工业化阶段	主要内容	驱动因素	贡献来源	增长理论
工业化前期	对自然资源开发	自然资源大量投入	劳动力、自然资源	马尔萨斯陷阱理论
工业化初期	机器工业开始代替手工劳动	劳动力大量投入	劳动力、资本、规模经济	古典增长理论
工业化中期	中间产品增加和生产迂回程度	资本积累	资本、规模经济、技术进步、劳动力	哈罗德-多马增长理论
工业化后期	生产的效率提高	技术进步	技术进步、资本、规模经济、劳动力	索洛的新古典外生增长理论
后工业化时期	学习和创新	新的知识	知识进步、人力资本、技术进步	罗默和卢卡斯的内生新增长理论

2.2.2 建筑工业化

(1) 定义和特征

与制造业深度结合的先进生产方式已是建筑工业化的内在要求和发展趋势。一方面,随着社会的发展,建筑作为一种产品或服务,工厂化生产技术被越来越多地运用到建筑生产上,并提供高质量、可负担的价格。另一方面,工业化建筑的生产方式介于制造业与建筑业的范畴之间,因此兼备了二者的特点,但工业化建筑比普通建筑更接近制造业(图 2-3)。建筑工业化通过提高建筑部品的工业化,提高现场生产的集约化管理水平,同时也保留了建筑业的最终现场安装的生产方式,因此建筑工业化过程特别适合采用制造业的先进生产方式,从而在大量生产的基础上满足差异性需求。

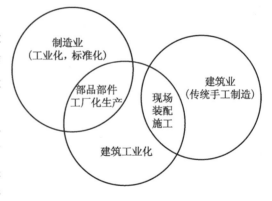

图 2-3 建筑工业化生产方式

建筑工业化包含:建筑部品、构件的标准化;建筑生产过程各阶段的集成化;部品生产和施工过程的机械化;建筑部品、构件生产的规模化;建筑施工的高度组织化与连续性;以及与建筑工业化相关的研究和实验。

其中,标准化、集成化、机械化和规模化是建筑工业化的四个特征。

① 标准化是建筑工业化的最基本特征,它直接导致构配件使用的通用性和构配件生产的重复性。只有当构配件的尺寸、规格、精度实现标准化,其才能够适用于不同规模、不同类型的建筑和环境,即满足通用性。在满足通用性的前提下,才会进一步引致出工厂对构配件生产的重复性,进而实现构配件制造方式由分散制作向工厂流水线生产的转移。

② 集成化是建筑工业化的重要特征。建筑工业化要求系统地组织从设计到施工的每一个环节,在设计阶段就要考虑施工阶段的组装问题,这就是所谓的"施工问题前置"以

及"设计可施工性"问题。一旦设计和计划确定,在工程实施的每一个阶段,都必须按计划进行,因为在精确的生产运作体系中,牵一发而动全身,局部的变动会带来系统性的混乱。

③ 机械化是建筑工业化的实施工具。完美的施工组织、统一的部品标准可以看做是实现建筑工业化的制度安排,而整个过程的推动力,则是生产和施工的机械化,它是建筑产业大幅提高生产效率和生产精度的核心内容。

④ 规模化是建筑工业化持续运转的前提。建筑工业化要求必须使用工厂中生产的通用建筑部品、构件,只有在各类部品、构件的生产企业或行业实现规模化生产的条件下,才会产生一个可以稳定而持续的提供一系列与各种不同建筑类型相对应部品、构件的市场,也才有可能在保证质量前提下大幅度降低生产成本。

以标准化推动机械化,以机械化推动构件规模化,以规模化促进工业化是建筑工业化发展的必然过程和客观规律。

(2) 阶段的划分

刘东卫等学者(2012)根据我国社会经济发展的宏观背景,从建筑工业化生产方式发展及技术发展的角度,将建筑工业化及技术发展过程划分为三个时期[6]:

① 建筑工业化及技术的创建期。本阶段建筑工业化及技术以大量建设且快速解决居住问题为发展目标,重点创立了建筑工业化的结构体系和标准设计技术,简单易行部分采用预制构件,最初随着西方发达国家的工业化技术经验的系统性引进,促进了构件预制化技术的研究工作,也推动了早期建筑工业化试验项目建设工作。

② 建筑工业化及技术的探索期。由于建设技术水平不能满足新形势下的需求,解决建筑快速生产与工程施工质量相矛盾的问题已成为当务之急。本阶段建筑工业化及技术以提高生产效率和工程质量为中心,多方面、系列化地进行工业化生产的技术和理论体系的综合研究、部品技术的系统应用和整体性实践的项目尝试。

③ 建筑工业化及技术的转变期。全社会资源环境意识的加强促进了建筑生产从观念到技术的巨变。本阶段建筑工业化及技术以建筑产业化为发展目标,由传统建造方式向工业化生产方式转变,对工业化建筑体系和集成技术进行了综合性研发,推动了建筑工业化建设。

刘美霞(2010)提出建筑工业化从启动到成熟一般要经历提高生产效率、提高产品质量和注重节能环保三个发展阶段[7]:

① 解决效率问题的起步阶段。这一阶段的主要特征是各类工业化技术和机械的推广应用,建筑的生产速度得到了极大的提升。

② 解决质量问题的稳步发展阶段。在这个阶段,建筑的规划、设计、使用功能等各方面都进行了改进,同时在保温、隔热、隔声等性能方面也有了大幅度的提升,工业化建筑向着既美观又实用、舒适的方向迈进。

③ 解决健康、环保问题的成熟阶段。这是一个更注重绿色环保、资源节约的阶段。工业化建筑开始采用更先进的技术、工艺,采用对人体更健康的材料,采用可循环使用、节约资源能源的材料,增加房屋的有效使用寿命,使用者开始从全寿命周期角度对建筑成本

进行评估。

虽然学者们对于建筑工业化过程的各阶段含义和特征有着不同的视角和看法，但是各阶段的划分方法基本类似，并与整个社会工业化发展的阶段性划分相对应。在之前研究的基础上，可以进一步将建筑工业化发展过程分为初期、中期和后期三个阶段，参见表2-4。

表2-4 建筑工业化发展过程的阶段划分

建筑工业化发展过程	建筑工业化过程阶段划分方法		工业化过程的阶段划分方法		
	刘东卫等学者	刘美霞等学者	冯飞等学者	主要内容	驱动因素
初期	①建筑工业化及技术的创建期	①解决效率问题的起步阶段	①工业化前期	对自然资源开发	自然资源大量投入
			②工业化初期	机器工业开始代替手工劳动	劳动力大量投入
中期	②建筑工业化及技术的探索期	②解决质量问题的稳步发展阶段	③工业化中期	中间产品增加和生产迂回程度	资本积累
后期	③建筑工业化及技术的转变期	③解决健康环保问题的成熟阶段	④工业化后期	生产的效率提高	技术进步
			⑤后工业化时期	学习和创新	新的知识

2.2.3 产业化

（1）概念及特征

产业化（Industrialization）是工业化的扩展，根据联合国经济委员会的定义，它主要包括：①生产的连续性（Continuity）；②生产物的标准化（Standardization）；③生产过程各阶段的集成化（Integration）；④工程高度组织化（Organization）；⑤尽可能用机械代替手工劳动（Mechanization）；⑥生产与组织一体化的研究与开发（Research & Development）。

国内对于产业化内涵的研究主要从产业化发展过程的角度来解释产业化的定义。如江红等学者（2000）提出"产业化"是使具有同一属性的企业或组织集成至社会承认的规模程度，以完成从量的集合到质的激变，真正成为国民经济中以某一标准划分的重要组成部分[8]。丁云龙和远德玉（2001）指出：一般说来，产业化具有大规模生产的涵义，即基于一项新技术开发而形成的产品，达到一定生产规模，从而实现收益最大化[9]。冯永德（2003）认为产业化是一个新概念，它是生产加工一条龙，贸工农一体化，生产链条延伸，最大限度地提高资源效益[10]。钟杏云（2003）认为由于产业的评判依据是产业的市场性和规模性，因此产业化的内涵又可以从产业的市场化角度和规模化角度来理解[11]。

夏清明（2004）认为产业化的基本特征主要包含四个方面：①市场化，即产业化的运作方式和科技研发要紧跟市场需求。②规模化，这是产业化发展的基础。即生产不仅要形成群体规模，而且要通过多种形式不断地扩散和推广，形成聚合规模效益。③一体化,这是产业化经营的核心。即在市场经济条件下,通过利益或产权的联结,将科研、生产、销售各环节联结为一个完整的产业体系,形成紧密的经济利益共同体。④现代化,这是产业化水平的标志。即产业化始终表现为一种动态行为,由初级产业向高级产业发展,由传统产业向现代产业进军的产业化过程。它包括科研、开发、推广以及生产各环节的现代化[12]。

因此,"产业化"的完整内涵既包括了"产业化"的结果,又包括了"产业化"的转变过程,这种过程包括从程度上的较低层次到较高层次、从范围上的较小范围到较大范围、从规模上的较小规模到较大规模的发展过程。

(2)阶段的划分

产业是指具有某种同类或类似属性的企业经济活动的集合。对于一般产业来说,从产业的产生到消亡一般要经过产业的形成、成长、成熟和衰退四个阶段,这四个阶段形成了产业的一个生命周期[13]。

① 形成阶段,产业的产品刚刚投入市场,但是市场规模还没有达到成为产业的规模性要求,或者市场机制在该市场发挥作用的程度还没有达到成为产业的市场性要求,即还没有形成真正意义上的产业。

② 成长阶段,产业的市场规模已经达到了成为产业的规模性要求,而且整个产业的规模以加速度继续扩大;产业的市场机制发挥作用的程度已经达到了成为产业的市场性要求,而且作用的强度在继续提高。

③ 成熟阶段,产业规模虽然还在继续扩大,但扩大的速度已经与成长期不一样了,而是以减速度的形式扩大。

④ 衰退阶段,产业的增长速度在下降,而且产业的整体规模也在缩小。产业发展到这一阶段最后可能走向消亡,也可能出现新生,并进入下一个产业的生命周期。

在形成阶段,产业的生产要素投入、产出规模和市场需求加速增长;在成长阶段,产业的生产要素投入、产出规模和市场需求保持较慢的增长态势,产业结构趋于长期的稳定;在衰退阶段,产业的生产要素数量和种类逐渐减少,产出规模逐步缩小,市场需求加速下降。产业发展生命周期中的四个阶段构成了一个S型曲线,如图2-4。

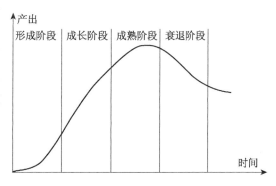

图2-4 产业生命阶段的一般形态

此外,王金武(2007)将产业形成和发展的过程划分为:产业化导入阶段、产业化发展阶段、产业化稳定阶段和产业化动荡阶段等四个阶段[14]。

① 导入阶段,是指产业的技术研究开发和生产技术的形成阶段,又可以划分为研发、产品化及商品化三个阶段。

② 发展阶段,是指全面开展生产技术成果的商业运作的初级阶段,包括小批量生产

和大规模生产两阶段,这一时期,生产技术逐步改进,制造工艺过程趋于成熟,产品和工艺不断地得到完善。

③ 稳定阶段,是指商业化运作成熟阶段,这一阶段整个产业全面盈利,生产规模依旧保持增长势头,但是趋于稳定,并出现一定程度的下降趋势。

④ 动荡阶段,新的相关技术或是产业开始崛起,旧的产业机制已经不适应市场,生产规模开始缩减,利润萎缩,企业开始收缩规模,整个产业体系呈现在动荡之中。

2.2.4 现代化

(1) 概念与特征

"现代化"是近现代以来人类文明演进的一种趋势,是一个世界性的动态发展过程。现代化内涵涉及经济、社会、政治、文化等多个方面,反映了整个社会系统的进化过程和即刻状态的表现形式。实质上,"现代化"是个动态、比较的概念,在不同的国际环境和不同的经济社会发展阶段,其内涵是不一样的。学术研究界对于现代化有众多的理解和认识,但主要可以分为三类:

① 经典现代化,以布莱克、亨廷顿、罗荣渠、丹尼尔·贝尔、马格纳雷拉等为代表。马格纳雷拉认为,现代化是发展中的社会为获得发达的工业社会所具有的一些特点,而经历的社会变革。塞缪尔·亨廷顿认为:"现代化是将人类及这个世界的安全、发展和完善,作为人类努力的目标和规范的尺度。现代化包括工业化、城市化,以及识字率、教育水平、富裕程度、社会动员程度的提高和更复杂的、更多元化的职业结构"。经典现代化的观点认为,现代化的文化和社会所具有的主要特点是宗教世俗化、观念理性化、经济主义、普及教育、实现城市化、福利化、流动化、信息传播。

② 后现代化,以美国殷格哈特(Inglehart)等为代表的学者,把 1970 年以来先进工业国家发生的变化称为后现代化。认为后现代化的核心社会目标是增加人类幸福,提高生活质量,而不仅是加快经济增长。

③ 第二次现代化,以何传启等为代表的学者认为,第一次现代化是从农业时代向工业时代、农业经济向工业经济、农业社会向工业社会、农业文明向工业文明的转变。第二次现代化是从工业时代向知识时代、工业经济向知识经济、工业社会向知识社会、工业文明向知识文明的转变。在完成第二次现代化后,人类社会还要进行新的现代化。

这些不同认识都有助于对现代化的思索和理解。在众多认识中至少有部分看法是大家公认的:现代化过程就是从传统社会向"现代"社会转变的过程,是一个社会逐步获得"现代性"的过程,是进步,不是退步;现代化是人类发生的社会和文化变迁的表现,是具有丰富内容的综合性活动,是一个基本标准、基本状态。现代化没有时间下限,"现代"可以无限延长。现代化没有领域限制,可以指人类活动各个方面的特点。关于现代化的总特征,不同学者有着不同的看法和结论。现代化的概念与特征总结见表 2-5。

表 2-5　现代化的概念与特征

现代化的概念与特征		
现代化概念分类		①经典现代化；②后现代化；③第二次现代化
现代化特征	罗荣渠等学者	①民主化；②法制化；③工业化；④都市化；⑤均富化；⑥福利化；⑦社会阶层流动化；⑧宗教世俗化；⑨教育普及化；⑩知识科学化；⑪信息传播化；⑫人口控制化
	亨廷顿等学者	①现代化是一个革命性的过程；②现代化是一个复杂的过程；③现代化是一个系统的过程；④现代化是一个全球性过程；⑤现代化是一个漫长的过程；⑥现代化是一个阶段性的过程；⑦现代化是一个趋同的过程；⑧现代化是一个不可逆转的过程；⑨现代化是一个进步的过程
	马崇明等学者	①现代化是一场革命；②现代化的变革涉及人类生活的所有领域和各个方面；③现代化具有世界性；④现代化具有鲜明的时代特征

(2) 阶段划分

唐志等学者(2003)对社会和产业的现代化发展划分为五个阶段并进行定性分析，即准备阶段、起步阶段、初步实现阶段、基本实现阶段、发达阶段[15]。

① 准备阶段，这是传统社会向现代发展的一个过渡阶段。在这一阶段已有较少的现代因素进入社会和产业系统。但这一阶段机械化操作水平、市场商业发展水平可能还比较低，资金的投入水平不高，文化、科技及管理水平尚处于传统产业生产状况。因此，这一阶段主要是为现代化发展作一定的基础准备。

② 起步阶段，这是现代化的进入阶段。这一阶段大量现代因素进入社会和产业系统。生产目标已从物品需求转向商品需求，现代因素对社会发展已经有明显的推动作用，处于现代化起步状态中。这一阶段，在产业的生产条件、产出结果和社会经济的保障方面，现代化的特征开始显露。

③ 初步实现阶段，是现代化较快发展阶段。这一阶段社会和产业的现代化实现程度进一步提高，不仅各方面投入水平较高，而且产出水平得到快速发展，已经初步具备现代化特征。

④ 基本实现阶段，这是现代化快速成长时期。这一阶段不仅各方面投入水平已经处于较大规模、较高程度的发展阶段，特别资金的投入已达到较高水平，产业的发展已逐步适应工业化、商品化和信息化的要求，生产组织、产业整体水平与商品化程度与社会工业现代化和社会现代化已经处于协调的发展过程中。

⑤ 发达阶段，这是现代化实现程度较高的发展阶段。这一阶段，不仅已有质的变化，与发达国家比较，其现代化水平已基本一致。这时社会与产业的生态、经济、社会三大效益协调发展，已进入可持续发展阶段，全面实现了现代化。

陈钦等学者(2006)认为现代化发展不仅要满足人们的物质需求，而且要实现人们对更高生活质量的追求。所以，对现代化的发展可以划分为五个阶段：萌芽阶段、开始阶段、发展阶段、基本实现阶段、成熟阶段[16]：

① 萌芽阶段，这是向现代化发展的准备阶段，这一阶段主要是为现代化发展奠定物

质基础阶段。

② 开始阶段,开始显露具有现代化特征的生产条件,社会和产业的工业化水平有所提高,现代化因素对社会和产业的发展已经有明显的推动作用。

③ 发展阶段,已经初步具备现代化特征,资本的投入产出水平较高,更多的科学技术得到应用,劳动生产率也得到提高,产业经营由粗放经营向集约化经营转变。产业结构趋向合理,经济增长质量与效益同步提高。

④ 基本实现阶段,第一、二、三产业协调发展,社会和产业发展已逐步实现市场化、工业化、商品化和信息化;生产组织、行业整体水平、商品化程度处于协调的发展过程中。先进的科学技术发展和应用促进了行业科技贡献率的提高,人才素质进一步提高。

⑤ 成熟阶段,现代化实现程度较高的发展阶段。这一阶段工业化程度高,产品附加值高,市场体系完善,科技水平较高,拥有较高素质的人才队伍。

2.3 建筑产业现代化的基本概念

2.3.1 概念的提出

2013年11月,全国政协主席俞正声在主持召开全国政协双周协商座谈会时提出:"建筑业是国民经济的重要物质生产部门,与整个国家经济的发展、人民生活的改善有着密切的关系。通过协商座谈会,大家对推进建筑产业现代化在节能节水、降低污染、提高效率等方面的重要性形成了共识。要按照转变经济增长方式、调整优化产业结构的要求,制订和完善推进建筑产业现代化的相关政策法规,积极抓好落实。"

从2013年下半年以来,中央领导同志多次批示要加强以住宅为主的建筑产业现代化法规政策标准的研究并积极推进。2013年年底,全国建设工作会议上明确提出了"促进建筑产业现代化"的要求。

至此,我国正式提出了"建筑产业现代化"的概念,"建筑产业现代化"具有深刻的内涵和意义,这一概念既是对我国过去提出的"住宅产业化""住宅产业现代化""建筑工业化"等概念的高度总结和概况,同时又具有更加广泛和深刻的内涵和意义。

2.3.2 建筑产业现代化的定义

目前,由于"建筑产业现代化"是一个新兴的概念,学术界和国家正式文件中还缺乏对其统一的定义。

住建部科技与产业化发展中心将建筑产业现代化的内涵解释为:新时期是以住宅建设为重点,以新型建筑工业化为核心,运用现代科学技术和现代化管理模式,实现传统生产方式向现代工业化生产方式转变并实现社会化大生产,从而全面提高建筑工程的效率、效益和质量。

中国建筑业协会副会长兼秘书长吴涛(2014)将建筑产业现代化定义为:以人文绿色

创新发展为理念,以顶层设计、统筹规划为先导,以现代科学技术进步为支撑,以工业化生产方式为手段,以工程项目管理创新为核心,以世界先进水平为目标,广泛运用信息技术、节能环保技术,将建筑产品生产全过程的融投资、规划设计、开发建设、施工生产、管理服务以及新材料、新设备的更新换代等环节联结为完整的一体化产业链系统,依靠高素质的企业管理人才和新型产业工人队伍,提高工程质量、安全生产水平和社会与经济效益,全面实现为用户提供满足需求的低碳绿色建筑产品[17]。

中国工程院院士肖绪文(2014)指出,推进建筑产业现代化,一是要把构配件生产工厂化、施工现场装配化放在重要位置。二是要用建筑施工过程信息化来降低管理成本和生产成本。三是要实现建造过程的绿色化,要走绿色低碳发展之路。在建筑材料的更新换代和建造方式上下功夫,广泛引入节能核心技术,坚持材料升级换代,降低建筑能耗,提高能源效益,促进经济可持续发展。要通过深入开展新技术应用示范工程和绿色施工示范工程,促进建筑设计标准系列化、构配件生产工厂化、现场施工装配化、建筑施工过程信息化。四是要实现资源配置的科学化[18]。

结合以上定义,本书作者将建筑产业现代化定义为:将现代科学技术和管理方法应用于整个建筑产业,以工业化、信息化、产业化的深度融合对建筑全产业链进行更新、改造和提升,为社会和用户提供性能优良的绿色建筑产品,实现建筑产业转型升级,打造产业核心竞争力,使整个建筑产业达到或超越国际先进水平的高级产业形态及其实现过程。

2.3.3 建筑产业现代化的阶段划分

对于建筑产业现代化发展的阶段划分应该参考当前的建筑产业化技术发展情况和相关行业政策,并结合各地区建筑产业技术水平差异大的特点,依据所在地区的实际情况来确定。

肖吉军(2004)根据建筑产业现代化发展阶段的要求和发展总体目标,将建筑产业现代化的实现过程大致上分为三个阶段:建筑产业现代化发展准备工作阶段、建立建筑产业现代化相关技术支撑体系阶段,以及建筑产业现代化基本实现阶段[19]。

① 建筑产业现代化发展准备工作阶段,包括各地制定建筑产业发展规划与技术政策。对传统技术进行改造,建立健全与建筑产业相关的标准体系,建立标准化机构,开展试点工作,并按产业化的方式进行生产。

② 建立建筑产业现代化相关技术支撑体系阶段,包括建筑所用材料和部品生产的工业化技术、标准化技术体系,进而大幅提高建筑产业的科技进步贡献率;加速发展与建筑相关的材料、部品和设备生产技术系列研究开发,形成规模生产和配套供应的生产体系。

③ 建筑产业现代化基本实现阶段,包括建筑产业现代化技术得到很大的提高,基本实现建筑所用材料、产品的通用化、系列化和生产、供应的社会化;建筑产品质量满足社会各项要求;环境生态技术得到大力发展,建筑环境有较大的改善;建立完善的质量控制体系和建筑性能综合评价体系,建筑科技含量进一步提高。

肖建章(2008)根据建筑产业现代化的发展目标和要求,建议将建筑产业现代化的发展过程划分为三个阶段:体系初步建立阶段、体系基本建成阶段、完善与推广阶段[20]。

① 体系初步建立阶段,包括编制城市工作方案及实施方案;建立完善的组织机构及运行机制;初步建立建筑产业现代化的法规、政策、标准及技术体系,并在局部关键技术方面取得突破;确定示范项目的建设。

② 体系基本建成阶段,包括制定符合地区经济和社会发展实际的建筑产业现代化发展规划和纲要;基本建立完善的法规、政策、标准及技术体系;基本形成行政手段与市场机制相互作用下的建筑产业现代化工作的推进局面;进行阶段性成果总结并予以推广。

③ 完善与推广阶段,包括在经验的基础上调整与完善,建立富有特色的法规、政策、标准与技术体系;基本形成以研发、生产、推广、应用等相互促进的市场推进机制为主导的建筑产业现代化发展的良好局面,起到示范引导作用。

因此,根据以上研究结果将建筑产业现代化发展过程划分为初期、中期和后期三个阶段,并进一步将前期研究成果总结为表2-6。

表2-6 建筑产业现代化发展过程的阶段划分

建筑产业现代化	现代化过程阶段划分方法		建筑产业现代化阶段划分方法	
	唐志等学者	陈钦等学者	肖吉军等学者	王金武等学者
初期	① 准备阶段	① 萌芽阶段	① 准备工作阶段	① 体系初步建立阶段
	② 起步阶段	② 开始阶段	② 建立支撑体系阶段	
中期	③ 初步实现阶段	③ 发展阶段		② 体系基本建成阶段
	④ 基本实现阶段	④ 基本实现阶段	③ 基本实现阶段	
后期	⑤ 发达阶段	⑤ 成熟阶段		③ 完善与推广阶段

2.3.4 建筑工业化、产业化、现代化三者区别与联系

(1) 工业化、产业化、现代化三者的区别与联系

建筑工业化和产业化相比,前者是指对生产建造方式的改造,而后者是对整个建筑产业的改造,推动建筑工业化是实现产业化的第一步,也是最核心的步骤,但并非全部。因此,产业化不仅包括建筑施工的工业化,还包括部品、构件生产的工业化,即部品、构件生产的标准化、规模化、集成化、机械化。而现代化则代表建筑产业在工业化、产业化基础上的信息化、绿色化,以及建筑产品的价值最大化,即建筑产业为适应信息时代和应对气候、环境变化等世界发展新要求,以及消费市场的新需求所做出的转变。

建筑产业的工业化、产业化、现代化需要以市场化为纽带,加快实现社会化供应和专业化分工,以促进高效产业链的融合。

(2) 三者之间的相互作用关系

在国家或地区的建筑产业发展过程中,工业化、产业化和现代化三者相互联系、相互作用,是一个有机的综合系统。通过工业化、产业化和现代化三者之间相互促进、共同发展、良性循环达到"三化"协调的目的。它们是相互推动、互为支撑的关系

(图 2-5)。建筑产业的发展支撑产业的工业化进程,工业化发展进一步推动产业化,产业化发展又带动现代化的进程,建筑产业现代化的发展又有效解决工业化和产业化进程中出现的一系列问题。准确把握"三化"协调发展的内在机制,有利于走健康、持续发展的建筑产业现代化之路。

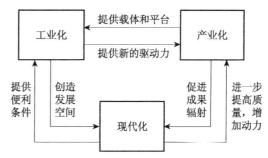

图 2-5 建筑工业化、产业化与现代化的"三化"关系图

(3) 三者发展过程中的顺序关系

根据之前研究相关研究成果的综合分析,可以确定将建筑产业现代化的发展划分为初期、中期、后期三个阶段;将产业化过程划分为准备期、初步发展期、快速发展期、成熟期四个阶段;将工业化过程划分为前期、初期、中期、后期、后工业化时期五个阶段。由于建筑产业现代化、产业化、工业化发展进程之间并不是完全独立的,而是相互影响、相互作用,发生时间具有重叠效应(图 2-6)。例如,当建筑工业化完成前期和中期工作任务后,建筑工业化过程进入中期发展阶段,同时产业化的发展进入准备阶段;而当建筑工业化进入后期的时候,产业化进入快速发展期;最后,在产业化进入成熟期同时影响建筑产业现代化过程进入后期发展阶段。由此可见,建筑产业的工业化、产业化、现代化三者之间的阶段性发展任务是相互联系、相互促进的,建筑产业现代化由初期到后期的渐进式发展主要得益于建筑工业化与产业化的多阶段、多目标的长期累积的结果,从而达到推动建筑产业现代化持续发展的目的,见图 2-6。

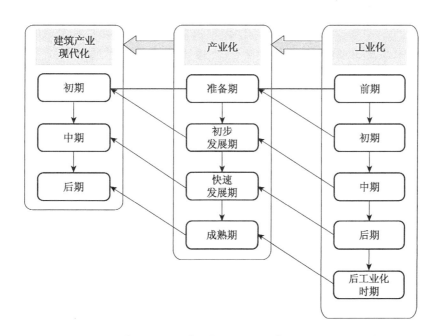

图 2-6 建筑产业现代化、产业化、工业化三者相互作用的顺序关系

2.4 建筑产业现代化的基本内涵

建筑产业现代化是以发展绿色建筑为方向,以新型建筑工业化生产方式为手段,以住宅产业现代化为重点,以"标准化设计、工厂化生产、装配化施工、成品化装修、信息化管理、智能化运行"为主要特征的高级产业形态及其实现过程。建筑产业现代化包括以下基本内涵[21],参见图2-7。

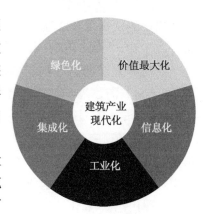

图2-7 建筑产业现代化特征示意图

(1)建筑生产工业化(工业化),用现代工业化的大规模生产方式代替传统的手工业生产方式来建造建筑产品。其基本内容是:建筑设计标准化,部品生产工厂化,现场施工装配化和精益化,产品供应成品化(结构装修一体化),从业人员专业化。

(2)产业链组织集成化(集成化),使用综合集成的方法对工程全生命周期的参与者进行组织,实现资源配置的最优化。其基本内容是:产业链结构完整化,产业组织协同化,产业布局合理化,产业生产规模化。

(3)管理手段和产品的信息化(信息化),使用信息技术辅助管理,提高建筑产品性能。其基本内容是:政府监管和企业管理信息系统的建立,BIM、智能化、物联网等先进信息技术在建筑生产过程和产品中的应用。

(4)建筑生产过程和建筑产品的绿色化(绿色化),提高建筑产业的环境友好度,实现建筑产业的"绿色发展、循环发展、低碳发展"。其基本内容是:建筑生产和使用过程中资源利用的集约化,环境影响的最低化,以及建筑产品的节地、节能、节水、节材、室内环境环保健康、室外环境和谐友好。

(5)建筑全生命周期价值最大化(价值最大化),建筑产业实现全生命周期的优化和价值增值。其基本内容包括:全生命周期质量的提高和成本的降低;产品使用功能的完善化、舒适化和智能化;利益相关者的满意等内容。

这"五化"也是一个渐进的过程,其中,工业化是核心和基础,集成化和信息化是发展手段,工业化与信息化之间高度融合,绿色化和价值最大化是发展目标和发展结果。

建筑产业是一个大产业概念,建筑产业现代化是将现代科学技术和管理方法应用于整个建筑产业,以工业化、信息化、产业化的深度融合对建筑全产业链进行更新、改造和提升。从产业建设项目构成上看,建筑产业现代化包括:以建筑工业化为基础的住宅建筑业、工业建筑业、公共建筑业、基础设施业等的现代化。从产业链构成上看,建筑产业现代化包括:以标准化设计为基础的规划设计业、以集成应用为基础的房地产开发业、以建筑工业化为基础的建筑业、以部品建材生产为基础的装备制造业,以及物流运输业等全产业链的现代化,使整个建筑产业链达到或超越国际先进水平。

2.5 建筑产业现代化的发展定位和优势

2.5.1 现代化建筑产业与传统建筑业的区别

建筑产业现代化是建筑产业从手工劳动走向机械化操作,从简单工艺走向复杂工艺,从个人的直接经验走向依靠科学技术,从低产出走向高效率,从粗放型管理走向集约化管理的过程;在企业经营方面,是从小规模走向大规模,从单一生产走向多元化经营,从封闭走向全球化开放的过程。现代化的建筑产业与传统建筑业的区别如表2-7所示。

表2-7 现代化的建筑产业与传统建筑业的区别

内容	现代化的建筑产业	传统建筑业
产业构成	产业链全过程	施工阶段为主
产业组织	一体化、集约化、协同化经营	缺乏合作、低端竞争
生产组织	集成化、全过程管理	各个阶段人为割裂、脱节
生产技术	标准化、集约化、集成技术	相对独立、单一
生产手段	工厂化、装配化、信息化	以低价劳动力、现场手工作业为主
生产要素	统一、协调、有机整体	自行投入、相对独立
生产目标	追求项目/产业链整体利益	追求企业各自效益

2.5.2 建筑产业现代化的发展定位

根据上述研究和分析,建筑产业现代化的发展定位包括:
① 理念:以人为本、绿色发展、智能发展、可持续发展。
② 标杆:世界先进水平。
③ 核心:推进建筑工业化,完善建筑产业链。
④ 重点:现阶段以住宅产业现代化为重点。
⑤ 手段:信息化助推建筑产业现代化。
⑥ 任务:实现建筑业转型升级,打造产业核心竞争力。
⑦ 目的:发展绿色建筑,提升建筑品质和性能。实现建筑价值最大化(社会价值:降低社会影响,提高从业人员素质;经济价值:提高劳动生产效率,提高科技进步贡献率,降低建筑成本;环境价值:降低资源能源消耗,减轻环境污染程度等)。

2.5.3 建筑产业现代化的优势

建筑产业现代化是以"标准化设计、工厂化生产、装配化施工、成品化装修、信息化管理、智能化运行"为主要特征的高级产业形态及其实现过程。这种集约集成、绿色低碳、高效高速的新型生产方式,克服了传统建筑业资源浪费多,环境破坏大,质量、成本、进度不可控,产业链集成度低,信息化程度不高等缺点,因此具有明显的优势。现代化建筑产业与传统建筑产业相比具有巨大优势,具体体现见表 2-8。

表 2-8　建筑产业现代化与传统建筑产业的比较优势

传统建筑产业	建筑产业现代化
品质、质量不稳定	无质量通病
能耗、污染高	低能耗低污染
生产效率低	生产效率高
管理相对落后	管理信息化
安全事故频发	安全事故降低
劳动强度大、作业条件差	劳动强度小、作业条件好
产业组织复杂	产业链的方式集成组织
恶性竞争、交易成本高	合作共赢、交易成本低

2.5.4　建筑产业现代化与相关概念的关系分析

在当前建筑产业界,政府、企业和学者先后提出了建筑工业化、绿色建筑、住宅产业现代化、成品住房等相关概念,并在实践加以试点、示范和推广应用,容易与建筑产业现代化概念和内涵产生混淆和误解,不利于建筑产业现代化概念的准确理解和示范实践,需要对相关概念关系进行区分和辨析。

(1) 建筑工业化:包含建筑部品、构件的标准化;建筑生产过程各阶段的集成化;部品生产和施工过程的机械化;建筑部品、构件生产的规模化;建筑施工的高度组织化与连续性;以及与建筑工业化相关的研究和实验。

(2) 住宅产业现代化:住宅产业现代化是指在住宅生产、经营活动中,引入先进科技与现代组织管理方式,采用工业化、产业化、社会化、信息化方式生产住宅,降低成本,提高劳动生产率,满足经济、适用、环保、节约资源、安全需求,全面提升住宅的综合性能、质量品质、绿色节能的过程。其主要特征为住宅设计标准化、部品部件生产工厂化、施工装配化、土建装修一体化、管理服务科学化、生产经营社会化。

(3) 绿色建筑:绿色建筑是指在建筑的全寿命周期内,最大限度地节约资源(节能、节地、节水、节材)、保护环境和减少污染,为人们提供健康、适用和高效的使用空间,与自然和谐共生的建筑。

(4) 成品住房:住宅在出售前,人们起居、卫生、饮食、学习等基本生活需求的功能空间一次合理设计并设置完成;水、电点位及设备所需配套端口一次设计并安装到位,顶棚、墙面、地面全部粉刷、镶嵌、铺装完成,厨房和卫生间的必要设备及用具安装完成,入住后能直接使用的住宅。

从以上定义和分析可以看出:建筑产业现代化与建筑工业化、住宅产业现代化、绿色建筑、成品住房等的关系表现为:

(1) 高度统一关系:建筑产业现代化不是凭空产生的,不是无源之水,与它们是高度统一关系,目标是一致的,是对它们的高度概括和凝练,是对建筑产业未来发展的顶层设计。

(2) 深入递进关系:建筑产业现代化是在它们基础上更加深入和广泛的概念,反映了产业发展的内在要求和必然规律。

建筑产业现代化和建筑工业化、住宅产业现代化、绿色建筑、成品住房等概念的关系如图 2-8 所示。

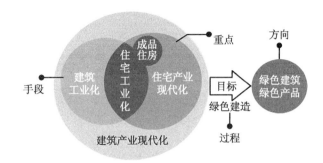

图 2-8　建筑产业现代化、建筑工业化、住宅产业现代化等概念的关系图

第3章
建筑产业现代化发展历程和特点

3.1 国外建筑产业现代化发展概况

国外建筑业产业现代化始于欧、美、日等发达国家,以住宅产业现代化为主要特征,在住宅全寿命周期过程中,引入现代科技成果与管理方式,采用现代工业化生产方式生产住宅,提高劳动生产率,降低建造和运营成本,满足节能、节水、节材、节地和环保需求,全面改善住宅的使用功能和居住质量。其发展过程大致可以分为三个阶段:

(1) 形成初期:20 世纪 50—60 年代,重点是建立工业化生产体系。第二次世界大战以后,随着大量军人的复员和婴孩出生率的激增,带来巨大的住房需求,由此推动了以解决房荒为重点的规模化、工业化住宅生产。

(2) 发展期:20 世纪 70—80 年代,住宅短缺问题得到缓解,人们已不再满足于有房可住,而是要求居住得更舒适、更合意,为此政府制定了各种技术性的指标,住宅建设的重点转移到提高住宅质量和性能。

(3) 成熟期:20 世纪 90 年代,受两次能源危机影响,人们的生态环保意识增强,90 年代后,各国纷纷提出城市和建筑的可持续发展,重点转向降低住宅生产和使用过程中的能耗、物耗,减少对环境的负荷,强调资源的循环利用,倡导可持续发展。

目前,在发达国家的住宅建设中,完全的工厂化住宅已经占据很大的市场比例:日本已经达到 20%~25%,美国为 31%,瑞典则高达 60% 以上。建筑产业现代化已经成为国际建筑产业发展的基本趋势。

3.1.1 美国

美国的建筑产业现代化进程是伴随着建筑市场的发育而成熟的。由于地广人稀,美国的建筑产业现代化明显不同于其他国家的产业化发展道路。

(1) 发展历程

1900 年,美国创制了一套能生产较大的标准钢筋混凝土空心预制楼板的机器,并用这套机器制造的标准构件组装房屋,实现了建筑工业化。

20 世纪 30 年代,美国共有 77 套利用不同材料建设的住宅体系,在厂商、市场、政府的互相作用下,以移动房屋为代表的工业化住宅得到改进。

20世纪30年代到40年代,由于工业化和城市化进程的加快,城市住宅的需求量剧增,需要建造大批住宅。而当时又处于经济萧条时期,为扩大内需、刺激经济的发展,美国政府制定了促进住房建设和解决中低收入者住房问题的政策和制度。通过采用建立住宅抵押贷款制度和担保制度鼓励私人建房、购房,以及使用联邦资金建筑公用房的政策,美国政府促进了建筑工业化的发展,使住宅建造走向大生产阶段。

1937年,美国政府颁布的住宅法意图推进廉租房的建设,但效果不佳,实际上演变为对中产阶级购房贷款的资助。

二战后,美国住宅设计和建造过程中逐渐开始采用模数化制度。并且在实际的建造过程,模块化制度得到了进一步的完善。

1949年,《住宅法案》(Housing Act)鼓励并支持私有企业尽量满足住宅市场需求,倾向于利用住宅产业来刺激整体经济的发展。

1968年,通过《住宅与城市发展法案》(Housing and Urban Development Act)计划在1968至1978年建造2 600万套住宅,其中600万套面向低收入与中等收入群体,并扩大公共房屋财政支出,为了防止贫民窟形成,鼓励建造分散的低层住宅单元,鼓励创新、开拓解决住宅问题的新途径。同年政府开始实施突破行动(Operation Breakthrough),鼓励企业进行工业化住宅研发,建立示范基地,促进大规模工厂制造住宅产品,旨在将分散的生产资源与市场集中起来,这一行动也标志着政府开始主导与推进住宅工业化。

1976年,美国住宅和城市发展部发布《国家工业化住宅建造及安全标准》,以此规范和促进工业化住宅的生产。同年通过的《国家工业化住宅建造及安全法案》(National Manufactured Housing Construction and Safety Act),成为美国住宅产业发展历程上的里程碑,规范了工业化住宅的生产与销售,促进了工业化住宅的社会化生产,也保障了消费者权益。

1997年,据美国工业化住宅协会统计,美国1997年新建住宅147.6万套,其中工业化住宅113万套,均为低层住宅,其中主要为木结构,数量为99万套,其他为钢结构。这取决于他们传统的居住习惯。

1998年,实施"节能之星住宅性能认定制度",由美国环保局(EPA)与美国能源部(DOZ)设立,将新建和既有建筑经过测试其节能效果之后,根据测试结果确定其节能等级,并授予标识,以鼓励业主建造节约能源的建筑。整个测评过程由一个工具软件完成,申请节能之星标识的建筑业主,需按测评软件的要求填写各项参数,并通过有关测试,测试结果按100分计,75分以上的建筑授予节能之星标识,并将该标识镶贴在建筑物上。

2001年,美国的工业化住宅已经达到了1 000万套,占美国住宅总量的7%,为2 200万美国人解决了居住问题。

2007年,美国的工业化住宅总值达到118亿美元,每16个人中就有1个人居住的是工业化住宅。

在美国，工业化住宅已成为非政府补贴的经济适用房的主要形式，因为其成本还不到非工业化住宅的一半。在低收入人群、无福利的购房者中，工业化住宅是住房的主要来源之一。据统计，美国70%的工业化住宅建造在私有房主的土地上，另外的30%是建在租用地或是他人（包括亲戚朋友）的土地上。

（2）美国建筑产业现代化特点

总结美国建筑产业现代化发展的特点主要体现在以下方面：

① 建立住宅的差异化销售政策，首先对住宅产品进行定位分析，确定其购买对象是富裕人群、中产阶层还是贫困阶层，向富裕人群提供高档商品住宅，向中产阶层人士提供一般住宅，向贫困居民提供集中居住的保障性住宅。

② 利用财政预算保障销售低利润住宅产品的开发商的利益，对其机会成本给予一定的经济补偿。

③ 制定严格的价格政策，根据地域等因素的不同，限制一般住宅和保障性住宅的价格，确保其在非富有人群的承受范围内。

④ 重视产业化住宅开发商科技研发实力的提升，在企业中进行新技术推广，促进企业和国内优秀研究院校的合作，加快新建造工艺、设备和建筑材料的更新速度，加大整个社会的参与程度，使住宅产业现代化在全国范围蓬勃发展。

⑤ 尊重市场经济体制，利用发达的金融系统与金融体制来促进个人与企业依据自己的情况积极解决住宅问题。

⑥ 在产业化住宅的建设上，美国以低层木结构小型住宅公寓为主流产品，建造过程中更加注重住宅的舒适性和个性化要求。

⑦ 在美国，住宅部品和构件基本已经实现社会化大生产，在市场上形成了一系列较为成熟的标准化产品体系。消费者能够根据供应商提供的产品目录依据自身喜好进行菜单式选择，然后再委托专业的建筑安装企业进行现场拼装建设。

经过几十年发展，美国建筑产业现代化已经达到非常高的水平，主要表现在：一是主体结构构件的通用化，二是各类制品和设备的社会化生产和商品化供应。

由于美国国土面积较大，人口密度较低，人均土地资源相对较为丰富，因而美国的产业化住宅基本上是以低层木结构的独立式小型住宅公寓为主。与美国相比，我国虽然土地总资源较为丰富，但由于人口基数大，人均土地资源则明显偏低，美国的住宅产业现代化建造模式在我国并不具备大规模推广的条件，但仍然可以借鉴其较为成熟的部品生产技术和经验，促进我国住宅部件市场的发展。

3.1.2 欧洲

二战结束后，由于战争对原有建筑的破坏和恢复期的人口迅速增长，欧洲等国家普遍出现了较为严重的缺房现象，各国亟须短时期内生产大量住宅建筑，满足民众的住房需求。因此，欧洲各国先后建立了一批完整的、系列化、标准化的住宅生产体系，希望借助工业化来提升住宅建造效率。从后期的实施效果来看，欧洲这一时期的建筑产业现代化建造不仅解决了民众的居住问题,而且对这些国家的战后经济复苏起到了关键性作用。

瑞典是欧洲国家发展建筑产业现代化的杰出代表,同时它也是目前实现建筑产业现代化建造比例最高的国家,其60%的产业化住宅是采用通用部件为基础建造的;与美国类似,瑞典的工业化住宅多为独户公寓式住宅,该种住宅及其部件已成为瑞典的重要出口产品。进入20世纪80年代以后,前期的建筑产业现代化目标已经基本实现,住宅供给已经能够满足民众的基本需求。与此同时,欧洲的建筑产业现代化也出现了一些新的变化,开始向提升住宅性能和满足多样化需求的发展目标迈进。瑞典建筑产业的先进性主要表现在以下方面。

(1) 在较完善的标准体系基础上发展通用部件

瑞典在20世纪40年代就着手建筑模数协调的研究,从50年代开始在法国的影响下推行建筑工业化政策,并开发了大型混凝土预制板的工业化体系,大力发展以通用部件为基础的工业化通用体系。在50年代到70年代大规模住宅建设时期,建筑部件的规格化逐步纳入瑞典工业标准(SIS)。1960年颁布"浴室设备配管"标准,1962年颁布"门扇框"标准,1967年颁布"主体结构平面尺寸"和"楼梯"标准,1968年颁布"集合式住宅竖向尺寸"及"隔断墙"标准,1969年颁布"窗扇、窗框"标准,1970年颁布"模数协调基本原则",1971年颁布"厨房水槽"标准等等,基本形成了集合式住宅各部件的规格、尺寸通用体系,并实现了模数协调。部件的尺寸、连接等的标准化、系列化为提高部件的互换性创造了条件,不但使通用体系得到较快的发展,而且节材、节能,使瑞典住宅产业逐步走上了可持续发展的住区模式。

(2) 依靠建筑技术的先进性拓展全球市场

瑞典住宅建设不仅解决了本国居民的居住问题,而且以其先进性,打入国际市场,对瑞典20世纪60至70年代经济腾飞起到了巨大作用,并且延续到现在。瑞典褚红色的小木屋等独立式住宅,在全世界闻名遐迩,独立式住宅建造业十分发达。像其他西方国家一样,长期以来瑞典以一户或两户的独立式住宅为主,独立式住宅90%以上是工业化方法建造的,瑞典的工业化住宅率是全球最高的,它不仅仅为本国生产住宅,全欧洲都在瑞典订购住宅。瑞典工厂生产线科技含量很高,生产出来的产品工业化程度高、生产技术先进、质量好、性能高、材料精致、加工精度高。瑞典大约有50多个工业化住宅公司中,有12家大型住宅公司,瑞典的住宅生产商向德国、奥地利、瑞士、荷兰,以及中东、北非出口工业化住宅。

(3) 政府通过标准化和贷款制度推动建筑工业化

瑞典政府早在20世纪40年代就委托建筑标准研究所研究模数协调,以后又由建筑标准协会(BSI)开展建筑标准化方面的工作。瑞典政府为了推动住宅建筑工业化和通用体系的发展,1967年制定《住宅标准法》,规定所建住宅如果使用符合瑞典国家标准等建筑标准的建筑材料和部品,实现住宅的标准化、模数化,该住宅的建造就能获得政府的贷款。政府还为低收入阶层和老年人提供住宅补贴,并支持非盈利性机构提供住宅低息贷款和利息补贴。

(4) 建筑工业化为瑞典形成成熟的居住区发展模式奠定了基础

尽管瑞典住宅每年的建设量,近15年来,每年不足30 000套,有大约一半是工厂制造好、到现场拼装的独立式小住宅,比较成规模地建设集合式住宅的项目并不多,但瑞典政府主导,确保新建的住区成为生态节能型住宅的典范,并吸引全球的人士前往参观,向各国展示其可持续发展的理念和技术,也促进了瑞典住宅产业对国际市场的拓展。

20世纪80年代开始,瑞典建筑工业化发展逐步走向成熟,建筑工业化的重点逐步转移到提高建筑质量和性能上。90年代以来,瑞典建筑工业化平稳发展,瑞典政府鼓励私人建造商和各地市政府主管机构建造与环境和谐的高性能住宅,继续保持在建筑工业化的领先地位,将工业化住宅和先进技术、产品出口到世界各地。

为了实现可持续发展,瑞典最大住宅银行于1995年宣布只向生态住宅开发商贷款,自1998年起瑞典政府开始专门拨款用于资助可持续发展项目,1998年到2002年期间,政府拨款达62亿瑞典克朗(合50多亿元人民币),目前瑞典仍然是全球建筑工业化率最高的国家。此外法国、德国、丹麦等国家在建筑工业化发展中也处于领先地位。

3.1.3 日本

日本建筑产业现代化是在满足住宅市场需求、提高住宅品质的过程中逐步发展起来。与欧洲市场相似,战后日本面临的最大问题就是住房紧缺,为了解决"房荒"问题,日本政府开始采用工厂生产住宅的方法进行大规模住宅建造。

(1) 发展历程

20世纪60年代,由于原有住宅受到战争破坏,导致住宅存量偏低;同时,由于经济不断恢复和社会稳定,日本国内人口出现了较为明显地增长,进而带动了日本住宅需求的急剧增加。但与需求急剧增加相矛盾的是,住宅市场供给受限于建筑技术人员和熟练工人的匮乏,供应严重不足。为了解决这一矛盾,日本提出了对住宅实行部品化、批量化生产的产业化战略,提出发展住宅产业的三大步骤:掌握现在与将来的住宅结构、推进标准化工作、寻求适当的住宅生产与供应体系。

1960—1973年,为了满足人们的基本需求,减少现场工作量和工作人员,缩短工期,日本建设省制定了一系列住宅工业化方针、政策,并组织专家研究建立统一的模数标准,逐步实现标准化和部件化。

1966年,日本制定新住宅建设五年计划,规定在新建住宅中工业化住宅(指预制构件住宅)所占比率达到15%,同年,建设省发布《住宅建设工业化基本设想》,其目标为"进行建筑材料和构配件的工业化生产,使施工现场作业转移到工厂,从而提高生产效率"。

通产省重工业局于1968年首次提出工业化住宅概念,其含义有三点:第一是资金和技术高度集中;第二是大规模生产;第三是社会化供应。主要思想是用工厂化和社会化大生产方式,来代替传统半手工、半机械的住宅建设,通过实现产业化,达到提高劳动生产率、提高建筑质量、降低成本、节省能源消耗、缩短工期、减轻劳动强度等目的。1969年制定了推动住宅产业标准化五年计划,提出住宅性能标准、材料、设备标准、结构安全标准。

20世纪70年代,日本掀起了建筑工业化的热潮,大企业联合组建集团进入建筑产业,在技术上产生了盒子住宅和单元住宅等多种形式,并且为了保证建筑质量和功能,建立了工业化住宅质量管理优良工厂认定制度,制定了《工业化住宅性能认定规程》。在这一时期,日本开始实施住宅技术方案竞赛制度,根据不同时期居民需求确定竞赛内容,实质为技术开发的一种方式,同时制订住宅性能标准,开展"住宅性能综合评价体系"研究,开始定量化评价住宅性能。这一时期,工业化生产的住宅占竣工总数的10%左右。

1982年在《今后的住宅产业及应采取的政策措施》中提出,建立部件化生产体系,以应对住宅建设从数量上增加转向质量上的提高,住宅产业从新建转向制造,解决城市环境恶化、居民生活方式发生变化、集合式住宅增加等问题。1985年后日本进入高品质住宅阶段,日本绝大多数住宅中采用了工业化部件,其中工厂化生产的装配式住宅约占20%。

1990年日本推出了采用部件化、工业化方式生产方式、高生产效率、住宅内部结构可变、适应居民多种不同需求的"中高层住宅生产体系"。该时期采用工业化生产方式建造的住宅占竣工住宅总数的25%~28%。

2000年通过了《住宅品质确保促进法》,建立住宅性能表示制度,将住宅性能认定的标准和方法从工业化住宅扩展到所有住宅。2000年后日本又开始注重长寿住宅的建设,提出了百年住屋计划。

日本也是率先在工厂车间里生产住宅及住宅部件的国家之一,部品化率普遍要求达到60%,大型企业则要求达到85%,由于日本地震非常频繁,抗震的轻钢结构工业化住宅约占全部工业化建造住宅80%左右,经过长期摸索则形成了盒子式、单元式、壁板式等具体结构形式。

(2)日本建筑产业现代化特点

日本建筑产业现代化的发展离不开政府的强力推进,以住宅工业化为主要特征,以住宅建设五年计划为框架,以立法、标准、住宅性能认定制度与住宅部品认定制度为基础,辅以产业、财政、税收政策,构成了住宅工业化发展的良性体系。

住宅建设五年计划是由《住宅建设计划法》立法规定的。全国十个地区分别制定自己的住宅建设五年计划,然后各都、道、府、县再以此为基础制定当地的计划,构成一个计划系统。在计划中制定住宅发展目标、人均住宅居住标准、公营住宅、公团住宅建设数量、新技术应用等内容。与《住宅建设计划法》相配套,日本还开展了"居住实态调查"与预测工作。其主要指标有建设完成情况、居住水平状况、住房产权情况、不同住宅结构建造情况、住宅产业影响带动相关产业发展情况等。调查与预测工作成为政府制定住宅政策的基础。除了住宅建设五年计划,住宅生产工业化促进补贴制度、住宅体系生产技术开发补助金制度与新部品研发的低息贷款有效促进了新技术的研发,提高企业利润,降低风险。

日本推行建筑产业现代化的特点主要体现在：

① 负责统一的管理和决策，早期的住宅产业结构设计工作由通产省领导，而技术开发工作由建设省领导，比较复杂的决策工作，由咨询单位提出问题和方案，最终由大臣决定。

② 明确发展目标，采取"五年规划"的模式，每个周期明确若干个住宅产业现代化科技攻关项目，不断地提高全国的产业化住宅的科技含量，同时强调住宅与人的结合，使其在设计、节能环保和智能方面体现出较强的整体性和生态适应性的优势。

③ 保证常年的财政拨款，支持产业化住宅开发企业进行高新技术的研发，保障企业在市场上的领先地位，使其充满活力。

④ 将住宅的标准化和模数化结合，使两者能相互匹配。

⑤ 在标准建立时，充分考虑住宅的实用性，将住宅的安全性、舒适性和美观个性等指标融入到标准中，使标准尽可能地满足使用者的需求。

⑥ 建立产业化住宅产品的评价体系，对每个已经完工的项目进行后评估，采用分级认证的方法，评选优秀项目，并对其给予奖励。

日本的建筑产业现代化进程之所以如此快速地发展，主要原因是得益于其积极培育大型住宅产业集团的发展战略。在日本，所谓住宅产业集团，是指"以专门生产住宅为最终产品，集住宅投资、产品研究开发、设计、构配件部品制造、施工和售后服务于一体的住宅生产企业，是一种智力、技术、资金密集型，能够承担全部住宅生产任务的大型企业集团"。日本的这种住宅产业集团发展模式对我国很有借鉴意义。

3.1.4　新加坡

新加坡建国伊始，政府面临房荒、就业和交通三个难题，其中住房问题最为突出，1960年2月新加坡成立了建屋发展局，开始全面负责公共住房的建设，经过半个世纪的努力，新加坡共建造了100万套组屋，90%的新加坡人拥有自己的住房。新加坡的建筑工业化在组屋的建设中得到发展，新加坡建筑工业化发展经历了三次尝试终于取得了成功。

第一次尝试，为解决房荒问题，新加坡建屋发展局于20世纪60年代开始尝试推行建筑工业化，用工业化的施工方法进行住宅建造。1963年，为了研究大板预制体系对当地条件的适应性，弥补传统建筑施工方法低效率的缺陷，新加坡建屋发展局尝试使用法国"Barats"大板预制体系建造10幢楼房，由于该项目在实施过程中遇到许多问题，如现场和工人的管理问题、财务问题，以及承包商缺乏经验等，造成项目的失败。

第二次尝试，1973年，为了加快住宅建设速度，减少劳动力的使用数量并从预制技术中获得效益，新加坡建屋发展局通过了采用丹麦的"Larsen & Nielsen"大板预制体系建造8 820套公寓住宅的合同。由于当时处于建筑工业化的发展初期，该项目的建造费用比使用传统的建造方法高16.7%，承包商为此建立了一个生产预制混凝土构件的工厂，但是，由于承包商管理方法不适应当地条件，建材价格上升导致财务危机加重，最终导致项目的失败。

第三次尝试,1981年和1982年,新加坡建屋发展局开始在公共住宅项目即组屋建设中推行大规模的工业化建设。为了得到适合新加坡本国国情的工业化建筑方法,建屋发展局分别和澳洲(2个)、法国、日本、韩国和新加坡的承包商签订了6个合约,并分别要求采用预制梁板、大型隔板预制、半预制现场现浇墙板和预制浴室及楼梯、预应力法和半预制等不同的建筑系统。

通过对工业化建筑方法的评估,新加坡决定采用预制混凝土组件,如外墙、垃圾槽、楼板及走廊护墙等进行组屋建设,并配合使用机械化模板系统,新加坡的建筑工业化由此开始稳步发展。随着这几个工业化项目的完成,建屋发展局把重点从大规模的工业化转向低量灵活的预制加工,随着预制技术优越性的显现,私人部门也越来越多地运用工业化建筑方法。

3.2 中国建筑产业现代化发展概况

3.2.1 发展回顾

1956年5月8日,国务院出台《关于加强和发展建筑工业的决定》,这是我国最早提出走建筑工业化的文件,文件指出:为了从根本上改善我国的建筑工业,必须积极地、有步骤地实现机械化、工业化施工,必须完成对建筑工业的技术改造,逐步地完成向建筑工业化的过渡。

到"一五"结束时,建工系统在各地建立了70多家混凝土预制构件加工厂,除了基础和砌墙外,柱、梁、屋架、屋面板、檩条、楼板、楼梯、门窗等基本上采用预制装配的办法。同时,在借鉴国外经验的基础上,我国建筑工业化重点发展标准设计,国务院指定国家建委组织各部一两年内编出工业和民用建筑的主要结构和配件的标准设计;建筑工程部在1956年内编出工业建筑通用的主要结构和配件的标准设计;各工业部和铁道、交通、水利、邮电、森林工业各部在1957年底前编出本部门专业建筑的主要结构、配件的标准设计;城市建设部在1956年内编出民用建筑的主要结构、配件的标准设计。由国家建委负责组织有关部,尽快地编出照明、采暖、防空、供水排水等技术规范,在短期内编出目前缺少的各种预算定额,并提出简化预算的办法。各有关部委负责编制该部所属设计机构必需的各种专业技术规范。这些标准设计和规范的陆续出台,为建筑工业化奠定了一定的基础。

20世纪80年代以后,全国建筑工业化的试点工作主要围绕以大板建筑为重点的墙体改革,在管理体制、设计标准化、构件装配生产工厂化、施工机械化等方面进行一系列的改革,取得一定成效,为我国大力发展建筑工业化积累了宝贵的经验。

由于计划经济体制下企业缺乏技术创新的动力,以至于直到90年代初,我国工业化建筑技术没有实质提高,建筑工业化水平几乎处于停滞状态。1994年国家"九五"科技计划,"国家2000年城乡小康型住宅科技产业示范工程"中系统化地制定了中国住宅产业化科技工作的框架。

1995年建设部发布了《建筑工业化发展纲要》。根据现行规范标准,工业化建筑体系是一个完整的建筑生产过程,即把房屋作为一种工业产品,根据工业化生产原则,包括设计、生产、施工和组织管理等在内的建造房屋全过程配套的一种方式。工业化建筑体系分为专用体系和通用体系两种。工业化建筑的结构类型主要为剪力墙结构和框架结构。施工工艺的类型主要为预制装配式、工具模板式以及现浇与预制相结合式等。原建设部于1996年出台了《住宅产业现代化试点工作大纲》,并于1998年7月专门组建了住宅产业化促进中心,负责推进我国住宅产业领域的技术进步和现代化建造工作。

1999年,国务院下发《关于推进住宅产业现代化提高住宅质量的若干意见》(国办发〔1999〕72号),成为推进我国住宅产业现代化的纲领性文件,文件明确界定了我国实施住宅产业现代化战略的指导思想、主要目标、工作重点和实施要求。在此纲领的指引下,我国在建筑产业现代化领域取得了很大进步。

1999年底原建设部制定了《商品住宅性能认定管理办法》,并于2005年编制并发布了《住宅性能评定技术标准》,提出了商品住宅性能评定的方法和内容,为住宅产业现代化的发展提供了重要保证。一些省、市、自治区也开始进行相应的认定工作,通过住宅性能认定的小区及时对外公布。住宅性能认定能够反映住宅的综合性能水平,体现节能、节地、节水、节材、环保等产业技术政策,倡导成品住宅建设,引导住宅科学开发和住房理性消费,是推进住宅产业现代化的重要工作机制。

2000年启动"国家康居住宅示范工程"建设。以住宅小区为载体,以推进住宅产业现代化为总体目标,通过示范小区引路,开发、推广应用住宅新技术、新工艺、新产品、新设备,提高住宅建设总体水平,从而带动相关产业发展,拉动国民经济增长。"国家康居住宅示范工程"项目在建造过程中积极贯彻国家"节能、节地、节水、治污"的方针和可持续发展理念,采用新型建筑结构体系,在小区的整体规划设计和科技应用水平上均发挥了很好的示范性作用。2001年由住房和城乡建设部批准建立的"国家住宅产业化基地"开始试行。

2004年中央经济工作会议上,胡锦涛同志明确指出,要大力发展"节能省地型"住宅,全面推广和普及节能技术,制定并强制推行更严格的节能节材节水标准。2005年政府工作报告中明确提出住宅产业化的目标是要生产出"节能省地型"的住宅。

2006年6月住建部下发《国家住宅产业化基地试行办法》(建住房〔2006〕150号)文件,"国家住宅产业化基地"开始正式实施,建立国家住宅产业化基地是推进建筑产业现代化的重要措施,其目的就是通过产业化基地的建立,培育和发展一批符合建筑产业现代化要求的产业关联度大、带动能力强的龙头企业,发挥其优势,集中力量探索住宅建筑工业化生产方式,研究开发与其相适应的住宅建筑体系和通用部品体系,建立符合住宅产业化要求的新型工业化发展道路,促进住宅生产、建设和消费方式的根本性转变。通过国家住宅产业化基地的实施,进一步总结经验,以点带面,全面推进建筑产业现代化。国家住宅产业化基地主要分为三种类型,即:开发企业联盟型(集团型)、部品生产企业型和综合试点城市型。

近几年来建筑产业现代化得到了迅速的发展。2011年江苏省、沈阳市被确立为建筑产业现代试点省市,发挥试点省市在建筑产业现代化发展中的示范引领作用。2014年国务院办公厅出台了《国务院关于大力发展装配式建筑的指导意见》,2016年住房与城乡建设部出台了《关于推进建筑业发展和改革的若干意见》。同时,各个省市结合自身情况也出台了相关文件推动建筑产业现代化的快速发展。此外,国家积极支持和鼓励高等院校和科研单位针对建筑产业现代化中的关键问题开展研究,如东南大学牵头国内一批知名高校和大型企业建立了"新型建筑工业化协同创新中心",通过各协同体间的深度合作,积极探索协同创新模式,促进资源共享,为建筑产业现代化创造出一流科研成果,培养一流创新人才。

3.2.2 发展现状

(1) 发展模式

近年来,我国在建筑产业现代化的进程中不断探索,取得了一些成绩,并初步形成了以下三种发展模式:

① 企业主导型。企业通过成立研究中心或者与科研单位合作,自主研发和推广建筑产业现代化,该模式以万科、长沙远大等典型企业为代表。比如,万科采用建筑产业现代化的建筑总面积已超过1 300万平方米。

② 政府主导型。政府出台相关政策文件,组建相应工作机构,从政府投资的保障房项目入手,逐步推进现代建筑产业工作;通过建立产业园区引进建筑产业现代化的优势企业;不断扩大建筑产业现代化技术和产品的应用领域。该模式以沈阳市为代表。

③ 协同创新发展型。一方面,政府出台建筑产业现代化相关政策,进行各类示范引领;另一方面,建筑产业相关企业积极参与建筑产业现代化实践,并通过与高校等研究机构的合作,开展共性技术、关键技术研究,逐步形成"政产学研"良性的协同创新机制。该模式以江苏省为代表。

(2) 标准技术体系

为促进建筑产业现代化快速健康发展,国家从"结构装配化、施工机械化、装修模块化、模数统一化"四个方面构建了建筑工业化标准体系。国家从标准的属性上将标准分为"综合标准、基础标准、通用标准、专用标准"四个层次,均列入建筑工业化标准体系,并可以通过国家工程建设标准化信息网查询。

同时,住建部组织编制了"建筑产业现代化国家建筑标准设计体系(民用建筑)"(图3-1)[22]。该体系按照主体、内装、外装三部分进行构建,其中主体部分包括钢筋混凝土结构、钢结构、钢-混凝土混合结构、木结构竹结构等;内装部分包括内墙地面吊顶系统、管线集成、设备设施、整体部品等;外装部分包括轻型外挂式围护系统、轻型内嵌式围护系统、幕墙系统、屋面系统等内容。体系主要适用于民用建筑。全装配单层工业厂房现有五十余本相关图集,已使用多年,体系较为完整,故该体系未列入。其他工业建筑可参考此体系相关内容使用。

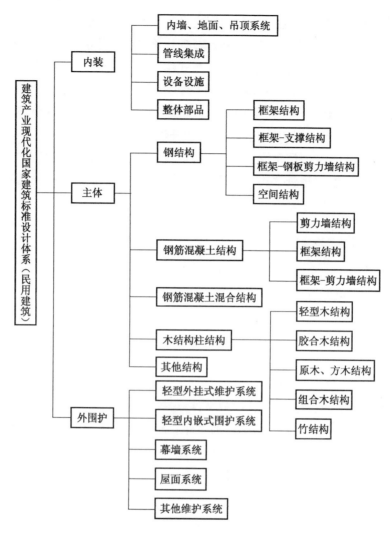

图 3-1 建筑产业现代化国家建筑标准设计体系(民用建筑)

(3) 政策措施

随着建筑产业现代化的不断推进,我国各地区结合本地区实际情况也逐步推出了相关政策措施,主要集中在行政引导、行政强制、行政激励三大方面。

① 行政引导

通过制定行政措施引导本地区建筑产业转型升级,促进建筑产业现代化发展过程,主要表现为建立组织领导小组、出台支持政策、开辟行政审批绿色通道等。详见表 3-1 所示。

表 3-1 我国建筑产业现代化行政引导政策

序号	政策措施	代表地区
1	组织架构:建立组织领导小组	沈阳
2	政策支持:列入住宅产业化项目的保障性住房,由于实施装配整体式住宅方式而增加的成本,经核算后计入该项目的建设成本	上海、福建、浙江、四川

续表 3-1

序号	政策措施	代表地区
3	政策支持:为建筑产业现代化开辟绿色通道	吉林、沈阳、四川、湖南
4	政策支持:在设计收费方面,要提高预制装配式建筑项目设计的收费标准;在招投标方面,要制订针对预制装配式结构设计和施工的定额和工程量清单计价规范;在工程质量管理方面,要制订预制装配式施工的工程质量安装和验收标准	浙江
5	政策支持:可邀请招标	湖南
6	政策支持:在物流运输、交通通畅方面给予支持	湖南
7	加强监测评价:加强部品生产目录管理,开展建筑工业化评价工作	浙江

② 行政强制

通过在保障性住房、政府工程中强制推广建筑产业现代化技术,促进建筑产业转型升级。详见表 3-2 所示。

表 3-2　我国建筑产业现代化行政强制政策

序号	政策措施	代表地区
1	保障住房、政府工程:在保障房建设和政府工程中鼓励或强制实施建筑产业现代化	北京、浙江、沈阳等
2	装配式技术:市政、地铁、城市道路建设中推广应用装配式建筑技术,以市政工程标准化建设为目标,在地下管廊、装配式过街天桥、装配式检查井、市政管道等项目采用装配式建筑技术	沈阳
3	招标投标:土地招拍挂环节加入建筑产业现代化、全装修比例等相关要求	北京、上海、宁夏、安徽、浙江、沈阳、陕西、四川、湖南

③ 行政激励

通过财政支持、税费优惠、金融支持等政策措施促进建筑产业各行业转型升级。详见表 3-3 所示。

表 3-3　我国建筑产业现代化行政激励政策

序号	政策措施	代表地区
1	财政奖励:对实施装配式施工的项目按照每平方米若干元的标准实行财政奖励或财政补贴	北京、上海、福建、济宁、绍兴、沈阳、陕西、湖南
2	面积奖励:奖励建筑面积、容积率,预制外墙不计入建筑面积等	北京、上海、吉林、福建、宁夏、安徽、浙江、沈阳、陕西、四川、湖南、黑龙江
3	专项基金:返还墙改基金或散装水泥专项基金	吉林、宁夏、浙江、沈阳、陕西、四川、湖南
4	专项基金:建筑节能专项资金资助	上海、浙江
5	性能认定:在城市基础设施配套费使用管理上对参与了住宅性能认定的新建住宅项目,适当予以减免。在城市基础设施配套费中予以适当补助	河北、宁夏、济南、安徽

续表 3-3

序号	政策措施	代表地区
6	全装修住宅：全装修住宅，按一定比例扣除装修费用后记税	四川、湖南
7	购房奖励：对开发产业化、全装修住宅或绿色建筑的开发商，以及购买产业化、全装修商品住宅的购房者，给以（公积金）贷款优惠（包括下浮利率、增加贷款额度和贷款期限等）	吉林、宁夏、安徽、四川、湖南、黑龙江
8	高新技术：将住宅产业化纳入高新技术产业（战略性新兴产业），或鼓励其申报高新技术产业（战略性新兴产业），享受高新技术产业政策及相关财税优惠政策	宁夏、浙江
9	高新企业：对符合产业化标准的新材料、新技术、新产品的研发、生产和使用单位，按照税法规定，予以减免企业所得税	吉林、宁夏、四川
10	金融支持：评价、信用等级方面的支持	安徽、陕西、湖南、黑龙江
11	销售政策：全装修、产业化的住宅项目可优先预售	银川、沈阳

（4）龙头企业

我国建筑工业化发展取得了丰硕的成果，相关企业在建筑工业化发展中抢先发力。目前，我国大力发展建筑工业化的企业主要有几类：工程总承包企业、房地产开发类企业、研发设计企业、部品部件生产企业以及咨询企业、机械设备生产企业等，如表 3-4 所示。

表 3-4 我国建筑产业现代化龙头企业

序号	企业类型	代表企业	企业特点
1	工程总承包企业	中国建筑总公司、上海建工、远大可建、中南建筑产业集团、龙信集团等	企业拥有先进的技术体系和高效的管理体系，能够自主承担建筑现代化中的设计、生产、制作、现场装配安装工作，解决了技术与管理脱节问题
2	房地产开发类企业	万科、中粮地产股份有限公司、北京金隅、江苏新城地产等	企业能够在上游供应环节进行部品、材料研发，并应用于自身住宅开发，寻找构配件、部品工业化生产企业，建立畅通有效的供应链体系
3	研发设计企业	上海华东发展城建设计（集团）有限公司、南京长江都市建筑设计股份有限公司等	企业具备针对建筑产业现代化中对部品部件的要求开展研发和集成设计能力
4	部品部件生产企业	杭萧钢构、威信广厦模块住宅工业有限公司、南京大地建设集团、江苏元大建筑科技有限公司、合肥西伟德混凝土预制构件公司等	企业主要从事建筑产业现代化、部品部件的设计与生产工作。针对不同的结构体系，有钢结构生产企业、混凝土预制构建生产企业等，同时也有模块化的建筑体系
5	部品一体化生产企业	北新建材、青岛海尔、圣象集团等	进行住宅部品、住宅设备的一体化集成化设计、生产与装配，应成为建筑产业现代化的重要力量

① 工程总承包企业

这些企业如中国建筑总公司、上海建工、远大可建、中南建筑产业集团、龙信集团等。

中国建筑总公司作为我国建筑业的领军企业，为适应新形势下建筑业的发展成立了中建科技集团，作为"中国建筑"科技创新发展的产业平台、技术研发平台和投资平台，中建科技开展研发设计、生产加工、装配建造、信息化管理、新型建材、产业联盟、顾问咨询和投资，进行建筑工业化的研发设计和产业化发展。中建总公司依托中国建筑品牌、资金、技术以及人才等丰富资源，通过设计先导，技术引领；合理布局，系统联动；产业平台，区域经营；EPC 五化一体（设计标准化、生产工厂化、现场装配化、主体装饰机电一体化、全过程管理信息化）发展。推动通过 EPC 工程总承包模式，应用 BIM 信息化技术打通设计与生产、生产与施工、主体与部品部件及装修的各个技术和管理环节，推动企业在建筑产业现代化过程中的稳健发展。

江苏中南建筑产业集团具有施工总承包特级资质，拥有预制装配整体式剪力墙结构体系（简称 NPC 体系），中南 NPC 技术核心就是上下层预制剪力墙、柱竖向钢筋的浆锚连接。采用 NPC 技术建造的项目，与传统施工方式相比，缩短工期近 1/3，每平方米耗水量比传统施工方法减少 63%，木模板使用量减少 87%，建筑垃圾产生量减少 91%。此外，还具有降音、降噪、防尘等特点，这项技术为国内建筑转型提供了一种全新的模式。

龙信建设集团是国家住宅产业化基地，拥有预制装配式整体框架结构、CSI 住宅体系等技术体系。从 20 世纪 90 年代以来龙信集团建筑产业化历程经历了三个阶段：1994—2012 年"全装修住宅的探索和实践"；2008—2015 年"CSI 住宅体系的研究和实践"；2010 年至今"预制装配式建筑的研究和实践"。龙信集团与日本鹿岛合作进行预制装配式主体结构的研究，并形成住宅和公建两种装配式结构体系：住宅中采用预制装配整体式钢筋混凝土剪力墙结构体系、公共建筑中采用预制装配整体式钢筋混凝土框架结构体系。建成了如龙馨家园老年公寓、龙信广场 5 号楼、南通政务中心停车综合楼等案例项目。

建筑工业化全产业链企业多是由大型施工企业或预制构件生产企业发展而来，从最初的施工安装或预制构配件生产为优势，不断加大研发力度，向标准设计、现场装配安装甚至建筑产品销售等方面延伸，实现全产业链整合。从国际建筑工业化发展路径来看，是未来建筑工业化的领军企业。

② 房地产开发类企业

这些企业如万科、中粮地产股份有限公司、江苏新城地产等。

万科是我国发展建筑产业现代化的房地产企业的典型代表。早在 1999 年万科集团建筑研究中心成立后，"万科客户体验中心""万科住宅产业化企业联盟"等机构也相继问世，万科一步步在集团和各地一线公司建立了庞大的机构网络，并从设计的标准化、生产过程的工厂化、现场装配化、产业链整合四大方面进行研发和推广实践。2007 年，万科住宅产业化研究基地落成，并获批成为"国家住宅产业化基地"。万科开始了技术成果向实践转化的住宅产业化推广应用阶段，一批试点在上海、深圳、北京等地实施。万科确立的目标是到 2014 年万科的住宅工业化率要达到 100%。目前万科住宅工业化的建筑总面积已经超过 1 300 万平方米,达到绿色三星标准的建筑达到了 100 多万平方米。

江苏新城地产作为最早一批踏上建筑工业化征程的地产企业之一,大胆探索"工厂化生产"模式。通过在房地产开发过程中对产业链的整合,探索出了适合自身发展的住宅工业化发展模式,推动了住宅工业化进程,实现了节能、减排、低碳和环保的目标。新城控股在常州投资的投资建设的新城帝景 36 号楼是当地首个集三星级绿色建筑、成品住房和装配式建筑于一体的省级建筑产业现代化示范项目,该项目总建筑面积 25 391.79 平方米,总体预制装配率 65%,采用了整体厨卫、新风系统、智能家居等绿色建筑成套技术。

房地产开发企业主要瞄准住宅产业现代化,选择住宅产业化的目的是为了更好地控制建筑质量,同时通过工业化生产缩短建造周期、提高资金周转率。房地产企业具有资金优势,但前期研发需要进行标准化体系设计、预制构件的试验,这并不是房地产企业所擅长的内容,房地产企业应在上游供应环节进行部品、材料研发,并应用于自身住宅开发,寻找构配件、部品工业化生产企业,建立畅通有效的供应链体系。从国际建筑工业化的发展路径来看,将成为未来建筑工业化的领军企业。

③ 研发设计企业

这些企业如上海华东发展城建设计(集团)有限公司、南京长江都市建筑设计股份有限公司等。

上海华东发展城建设计(集团)有限公司是中国基础设施建设与城镇发展领域的综合性设计企业。近年来,为了适应建筑市场的发展趋势和建筑业体制改革的要求,实现公司的战略发展目标,正式成立建筑工业化事业部。建筑工业化事业部主营五大业务:预制装配式或钢结构建筑前期咨询、方案设计;预制构件深化设计与优化;预制构件新技术与新产品研发;预制构件生产与施工安装技术咨询;预制建筑工程 BIM 技术应用咨询。

南京长江都市建筑设计股份有限公司拥有国家建筑行业甲级资质,承担过多项工业化建筑项目,开发出 7 种结构体系,具备国内一流的建筑产业现代化集成设计能力。2013 年,经江苏省科技厅、财政厅批准,成立了"江苏省长江都市绿色建筑工程技术研究中心",同时获批"江苏省建筑产业现代化示范基地——设计研发类",并于 2016 年投资成立了专门企业从事建筑产业现代化部品构件的研发、生产测试和生产模具研发。为全面开展装配式技术研究和工程化应用创造条件。

④ 部品部件生产企业

这些企业如杭萧钢构、南京大地建设新型建筑材料有限公司、合肥西伟德混凝土预制构件公司、江苏元大建筑科技有限公司等。部品部件工业化生产是建筑产业现代化的重要标志之一。根据建筑产业化现有部品部件形式的不同,从事部品部件生产的企业也有所不同。主要有钢结构生产企业、混凝土预制企业等。

杭萧钢构在 20 世纪 90 年代末就开始着力于住宅钢结构体系研发。2003 年,杭萧钢构斥资 10 亿元在萧山兴建了住宅钢结构构件生产基地,在桐庐兴建了住宅钢结构配套三板体系生产基地,引进全球领先的钢结构构件、内外墙板及楼承板生产设备和工艺,成套生产钢结构住宅产品。针对我国现有钢结构住宅建筑的不足,就结构体系、构件选型、墙体材料等方面系统研发。2009年由杭萧钢构设计、施工的全国最大的钢结构住宅示范工程——武汉世纪家园竣工,建筑面积26万平方米,由11栋22~24层的高层建筑住宅组成,是我国第一个完全国产化的高层钢结构住宅建筑项目。目前杭萧钢构年生产规模初步达到1 000万平方米、产值300亿元,成为引领我国钢结构住宅产业化的龙头企业。

南京大地建设新型建筑材料有限公司是大地建设集团全资子公司,主要生产和销售房屋工厂化预制构件、市政工厂化预制构件、装饰类构件及商品混凝土、预拌砂浆等系列产品。1998年,大地建设集团通过广泛调查研究,从法国PPB国际公司引进"预制预应力混凝土装配整体式框架结构体系"的设计、生产、施工安装成套技术,另外还配套了混凝土搅拌站和蒸汽养护设备,并设立了一个二级试验室,用以部品部件的研发工作。

威信广厦模块住宅工业有限公司引进英国先进城市建筑体系——模块3D建筑技术体系,是当前世界上最先进、最彻底的工业化住宅体系之一,该建造体系具有国际领先水平,通过精密的建造工艺、独特的集成搭建技术、严格的质量控制,全面提升建筑的综合质量和安全耐久性,有效地延长建筑寿命,大幅度地节约能源、水资源和建筑材料,为广大消费者提供舒适的绿色建筑。

⑤ 部品一体化生产企业

这些企业如北新建材、青岛海尔、圣象集团等。

早在1997年,海尔集团利用住宅电器的优势,成立住宅设施事业部,开始整体厨房、整体卫浴的生产和销售,并于2001年成立海尔家居集成股份有限公司,并提出装配式集成装修运作模式,并进行全国推广。2002年,海尔整体厨房投资1.83亿元,建成亚洲最大最先进的数字化专业整体厨房生产工厂,全套引进意大利SCM、德国HOMAG的世界顶级生产线,全程网络控制、条码扫描、完全按单生产,率先实现真正的工厂化柔性制造,11条流水线,年生产能力达到150 000套,实现了规模化生产。2003年,海尔家居在装配式集成装修基础上提出施工工厂化管理,有效提高施工质量和速度,并成功获得"国家住宅产业化基地"称号。2010年,海尔家居与日本骊住战略合作,提出集成装修标准化整体解决方案。

建筑工业化主要指的是建筑构配件的工厂化生产,但整个建筑产业的发展还需要建筑材料、建筑部品、建筑设备的配合。随着建筑产业现代化概念的发展,产业化链条的延伸,很多部品生产企业也加入了建筑产业现代化的队伍,进行住宅部品、住宅设备的一体化集成化设计、生产与装配,成为建筑产业现代化的重要力量。

3.3 国内外建筑产业现代化的经验与启示

3.3.1 我国建筑业现代化与发达国家的差距及原因

建筑产业现代化是世界各国住宅产业发展的一个共同方向。20世纪50年代,欧洲一些国家为解决房荒问题掀起住宅建筑工业化高潮,到60年代普及欧洲各国并扩及美国、加拿大、日本等经济发达国家。随着房荒问题的缓和,住宅建设从数量增加过渡到质量提高阶段,各国进一步探索和实施,使住宅产业向更加全面的现代化水平发展。经过几十年的发展积累,以美国、日本、欧洲等为代表的发达国家在建筑产业化发展方面取得了丰硕的成果,建筑产业现代化的优势得到了充分体现。以墙体材料为例,根据中国住宅产业网的数据显示,发达国家新型墙体材料已占整个墙体材料的60%～90%,新建住宅80%～90%采用高效保温材料。我国新型墙体材料虽有较快发展,但原有的墙体材料结构无明显变化,仍以黏土砖为主,其所占比重仍在90%以上,五大类新型墙体材料所占比重不到10%。

我国建筑产业现代化与先进国家相比还存有不少差距,主要表现在以下几个方面:

① 工程建设基本上仍是粗放型的,传统陈旧的技术仍在被大量采用。

② 建筑标准化滞后。建筑体系大多数局限于结构形式或施工技术。标准设计文件、建筑的模数标准、部品部件产品标准不健全。

③ 部品部件标准化和通用化程度太低。部品部件的配套性、通用性差。配套部品不全,材料以及配套产品品种少。

④ 建筑科技含量低。节电、节能、节水等先进环保技术还没有得到有效推广,新材料、新部品的优越性没有得到充分发挥。

⑤ 缺少相应的推进和保障措施,财税和金融支持政策不足,建筑产业现代化的推进缓慢,发展相对滞后。

我国建筑产业现代化发展滞后的主要原因有:

(1) 顶层设计缺位

建筑产业现代化的发展缺少全局性、系统性、统筹协调的发展规划,在全国范围内,没有具体的发展目标、发展步骤和发展布局的安排;在政策支持上,尤其是税收政策上,缺少国家层面的考虑和支持;缺少自上而下的产业链协调和整合,没有形成结构合理的覆盖住宅产业链的大型骨干企业或企业联盟,企业在粗放型的低水平上激烈竞争,由此就带来了一系列严重的资源浪费和质量问题。

(2) 技术支撑体系和模数标准亟待完善

缺乏成套技术体系和标准化体系,建筑技术的发展仍以单项技术推广应用为主,技术上缺乏有效的集成和整合,尚未形成完整系列的建筑体系。尤其是国外已比较通用的钢结构、木结构、装配式结构、混凝土砌块结构等新型建筑体系缺乏相应的配套技术及相关规范、标准,推行起来难度较大,难以形成规模效益。成套的标准化体系建设落后,没有形成适用范围广泛的模数标准和成套技术标准,难以大范围推广形成规模效益,降低成本。

(3) 产业组织和领导亟待加强

缺乏统筹全局、协调统一的领导决策机制和有效的工作机制。不少地区还没有建立开展建筑产业现代化的工作机制,缺乏具体的目标、步骤和措施。建筑产业现代化的工作主要局限在住宅小区的示范、试点项目上,未能形成引导住宅建设发展的完整产业链条以及与产业现代化相适应的成套技术体系。

(4) 建筑产业现代化试点亟待扩大

目前全国范围内包括国家住宅产业化基地在内的试点示范项目数量较少,尤其是国家建筑产业现代化综合试点城市数量更少,覆盖面小且地区发展不平衡,虽然对增加申报企业和城市的价值、提升项目品质与性能起到了一定的积极作用,但因宣传推广力度不够,示范效应有限。

(5) 建筑部品体系建设和管理亟待加强

建筑部品尚未形成系列化、规模化生产体系。建筑部品的配套性、通用性差、生产规模小,特别是规范部品生产的模数协调工作滞后,严重阻碍了标准化、通用化建筑部品体系的形成。此外,还缺乏部品的质量追踪管理机制,以加强部品全寿命周期的质量管理和质量责任的落实。

(6) 缺乏有效的技术经济政策

不能有效地调动社会各界推进建筑产业现代化的积极性。对形成产业现代化的建筑体系、部品体系和技术支撑体系,缺乏必要的优惠政策支持和调控手段,难以形成以市场为导向的自我发展、自我创新、自我完善的市场化激励机制。

(7) 市场培育和建设不足

目前,大部分房地产企业都不能很好满足消费者除了价格、质量和环境外的个性化需求。消费者对住宅市场,尤其是建筑产业现代化模式下开发的项目,缺少认识和认同;政策上缺少对消费者购买工业化建筑的支持和优惠。建筑产业现代化发展的市场驱动力不足,没有形成市场导向的建筑产业现代化发展模式。

3.3.2 国外建筑产业现代化对我国的启示

综合欧美、日本等发达国家实施建筑产业现代化战略的发展经验,结合我国建筑产业现代化发展现状,可以得到如下启示:

(1) 建筑产业现代化是未来发展的必然趋势

从已经实施建筑产业现代化战略的发达国家的发展经验来看,虽然实施建筑产业现代化战略的原因不同,但均取得了较好的效果,不仅提升了建筑的建造效率和质量,还大大节约了建造的时间和资源消耗,实现了建筑产业的集约化改造。建筑产业现代化对提升建筑生产供应链上下游各环节的效率、改善建筑品质均具有重大意义,是未来建筑产业发展的必然趋势。

(2) 建筑产业现代化是一个循序渐进的发展过程

建筑产业现代化的实现需要具备一定的物质基础和观念基础。我国现有的经济基础和技术水平还不适宜大规模发展建筑产业现代化。不顾经济和技术水平的落后,盲目追求建筑产业现代化的高水平、高速度、高档次,是客观现实规律所不允许的。从技术角度来看,我国的规划设计能力仍然较为落后,建筑部品部件标准化体系尚未形成,工业化生产所需的成套技术也还远远不能满足实际生产的要求。尽管建筑产业现代化是未来发展的大趋势,我国也应准确把握现实情况,立足现有条件,找到一种与我国现状相符合的发展模式,循序渐进地逐步实施。

(3) 运用金融工具发展住房市场

在美国,以住宅为主的房地产业经历了由低端到高端的三个阶段,即类制造业—服务业—类金融业。1983年联邦住房行政管理局(FHA)抵押贷款利率的限制解除后,美国的资产证券化真正发展起来,房地产业开始具备金融业的特点,能够运用各种金融工具来交易不动产。金融工具不仅提升了产业价值链,也提高了市场集中度。作为土地资源较充裕的国家,美国的房地产开发一直是低集中度行业,而随着金融创新对企业资产负债结构的改善,企业扩张速度能够加快2~3倍,2007年前十强的市场份额已由过去的10%提高到27%。

(4) 实施差别化的财税支持政策

从住宅供应方看,对于提供保障性住房的开发企业,以及进行技术研发和使用节能建筑材料的开发企业,美国、日本、德国、瑞典等政府会给予财税优惠。从住房需求方看,多数国家以收入界线标准划分人群,对于低收入的保障人群,直接提供住房或租住公共住房、发放住房券、房租补贴等;对于中等及以上收入人群,政府一般鼓励自置住房,支持政策包括减抵个人所得税、低息贷款或补助等。

(5) 开发企业是实现建筑产业现代化战略的核心力量

从国外的发展经验来看,建筑产业现代化战略的贯彻实施,除需要政府的正确引导和必要支持外,关键还需要调动起房地产开发企业的参与积极性,房地产开发企业是实现产业链整合的关键。我国的实际情况同样如此,房地产开发企业既承担着了解市场需求、引导市场发展的重任,而且还要积极参与推动建筑产品的创新、新型材料和先进技术的推广,因而其在建筑产业链中的地位非常关键。

日本的建筑产业现代化发展经验表明,依托开发企业组建建筑产业集团是推广建筑产业现代化的一条可行途径。其优势在于,产业化集团可以通过虚拟经营,集合资金运作、规划设计、开发建造、销售服务和部品生产等多项业务为一体,利用规模化的优势实现建筑建造的标准化和集约化。

(6) 以示范工程推进建筑产业现代化发展

实现建筑产业现代化是一个长期、艰苦的过程,日本是将整个过程分为若干个五年计划。这样各阶段都有明确的重点目标和工作任务,可以集中力量,分别击破难点,便可实现相对短时间内达到分阶段的目标,最终集合实现建筑产业现代化。日本政策鼓励对节能、智能化示范小区等各类试点工程,推广先进成熟的新材料、新技术、新设备、新工艺,坚持节地、节能、节材、节水原则,提高建筑科技含量;瑞典以可持续发展、"四节一环保"为理念的示范工程为载体,推广建筑产业现代化。

(7) 建筑产业现代化以住宅产业现代化为主要内容

国外的建筑产业现代化主要是在第二次世界大战后发展起来的,一方面战争带来的房荒问题使住宅需求巨大,加上当时劳动力严重不足,导致落后的建筑业生产方式不能满足大规模的建设需求,为了加快建设速度,各国开始采用工业化的生产方式来建造住宅;

另一方面,20世纪50年代各国经济的恢复与发展和技术水平的不断提高为建筑工业化的发展提供了坚实的经济与技术基础。在这样的背景下,以住宅作为研究和实践的主体,国外建筑产业现代化一步步发展起来,并从住宅领域逐步扩展到其他建筑领域。

(8) 建筑产业现代化需要政府各方面政策的扶持与引导

各国建筑产业现代化的发展与政府各方面政策的扶持和引导是分不开的,例如,在引导建筑商方面,瑞典政府于1967年制定了《住宅标准法》,规定只要按照瑞典国家标准和建筑标准协会的建筑制造的材料和部品来建造住宅,该住宅的建造就能获得政府的贷款。

(9) 标准化体系的建立是建筑产业现代化的基础

瑞典国家标准和建筑标准协会(SIS)出台了一整套完善的工业化建筑规格、标准。日本政府于1969年制定了《推动住宅产业标准化五年计划》,开展材料、设备、制品标准、住宅性能标准、结构材料安全标准方面的调查研究工作,并依靠各有关协会加强住宅产品标准化工作,1971—1975年,仅制品业的日本工业标准(JIS)就制定和修订了115本,占总数187本的61%。日本建设省还于1979年提出了住宅性能测定方法和住宅性能等级的标准。标准化体系的建立是企业实现住宅产品大批量、社会化、商品化生产的前提。

(10) 建筑部品和构配件的通用化是推进建筑产业现代化发展基础和根本保证

早在20世纪50年代,瑞典就开始大力发展以通用部品为基础的通用体系,丹麦在1960年的《建筑法》中规定,"所有建筑物均应采用1 m为基本模数,3 m为设计模数",并制定了一批必须采用的模数标准,从而保证了生产厂商构件产品的通用性。此外,美国和日本的主体结构构件基本都实现了通用化。

第4章
江苏省建筑产业现代化发展历程和发展规划

本章梳理了江苏省建筑产业现代化发展历程及发展道路,结合江苏省建筑产业现代化的发展趋势及阶段性发展目标,整理了相关专项发展规划,以便充分理解江苏省现阶段的重点工作和任务。

4.1 江苏省建筑产业现代化发展历程

江苏省在建筑产业现代化方面早有探索和行动,住宅产业化、建筑工业化、绿色建筑等方面工作一直走在全国前列。江苏省建筑产业现代化发展过程可以划分为三个主要的阶段:

4.1.1 酝酿期(2000年以前)

1966年,江苏建科院和广西建筑科学研究所等建筑科研机构开始研究和推广装配化程度较高的混凝土空心大板住宅工艺,并获得成功,为全国建筑工业化从工业项目继而转向民用项目的延伸打下基础[23]。

20世纪七八十年代,江苏在工程建设中大力推进标准化设计,印发了小学教室设计图册、图书馆设计图册等。90年代,开始了预制构件的标准设计和工厂化生产,如1992年,相继编制了120预应力混凝土空心板、预应力混凝土V形折板、预应力槽形板三项标准设计图集;1994年,推出了120、180冷轧带肋钢筋预应力混凝土空心板、预应力混凝土桁条、预应力钢筋混凝土折线形屋架、钢筋混凝土三角形屋架;2002年,还印发了预应力混凝土平板、SP钢绞线预应力混凝土空心板、预应力混凝土檩条、预应力混凝土挂瓦板、玻璃纤维增强水泥(GRC)轻质隔墙板、铝合金门窗、住宅排气道、保温隔热钢筋混凝土屋面板、蒸压轻质加气混凝土(ALC)板、预应力混凝土空心叠合板、W-LC轻质高强镁质复合墙、SGF型轻质高强保温墙板、FC轻质复合实心板、SMC环保轻质墙板等标准设计图集。这时期是江苏建筑产业现代化过程中的酝酿期、启蒙期,工厂生产主要以半机械化的预制构件(屋架、屋面板、楼板)、隔墙板为主,标准图集主要针对于空心楼盖[24]。此外,20世纪90年代南京大地建设集团引进了法国的预制预应力混凝土装配整体式框架结构(SCOPE)体系。

4.1.2 成长期(2001—2013 年)

从 2000 年起,江苏省根据国家《关于推进住宅产业现代化提高住宅质量的若干意见》(国办发〔1999〕72 号)、建设部《国家康居示范工程管理办法》(建住宅〔2000〕274 号)、建设部《商品住宅装修一次到位实施导则》(建住房〔2002〕190 号)等文件精神,分别在 2002 年 5 月颁布了《江苏省新建住宅全装修试点工作实施意见》,在 2002 年 6 月颁布了《江苏省创建"康居示范工程"实施意见》,在 2004 年颁布了《关于开展住宅性能认定试点工作的通知》。

"十五"期间,江苏省建筑产业现代化相关政策主要突出节能、智能、环保、生态等住宅建设的发展方向,实现住宅建设由粗放型向集约型增长方式转变。通过实施加快推进新建住宅全装修和康居示范工程,进一步提高江苏省住宅建设整体水平,带动相关产业发展,拉动国民经济增长,并为全省建立和完善多层次住房供应体系创造经验,实现社会、环境、经济效益的统一。另一方面,这一阶段的政策目标侧重于评价体系的建立和试点示范工程的实施,《江苏省新建住宅全装修试点工作实施意见》提出基本形成住宅装修成套技术和通用化的部品体系;《关于开展住宅性能认定试点工作的通知》提出在江苏省逐步建立起科学、公正、公平的住宅性能评价体系;《江苏省创建"康居示范工程"实施意见》提出 4~5 年内在全省具有条件的地方建成数个符合地方住宅产业现代化发展方向,能带动地方经济发展,并在地方起到先进示范作用,或具有主导住宅产品,重点突出的康居示范工程小区。这一系列相关政策的实施为江苏省建筑产业现代化的进一步发展奠定了坚实的基础。

"十一五"期间,江苏省实施的建筑产业现代化相关政策主要强调适应经济社会发展需要,把资源节约、环境友好、生态宜居的理念贯穿城乡规划建设管理的各个环节,加快建筑业、房地产业、市政公用事业、勘察设计咨询业发展升级,促进工程建设、城市建设、村镇建设模式全面转型。同时为了建设节约型社会,发展省地节能环保型住宅的要求,转变住宅建设方式,强调更新创新住宅产业化技术在政策的制定和落实过程中起到实质性的作用。这一阶段颁布的几项政策都比较重视"成品住房装修",提出以开发建设单位为主体,以装修工业化生产为目标,逐步提高装配化程度,在提高模数化、标准化、工厂化、多样化的产业发展水平等方面有所创新,通过一次装修完成成品住房。

进入 2010 年以后,江苏省建筑产业现代化经过多年的积累在成品住房开发建设、城乡一体化发展等方面取得了坚实的进展,新建住房中成品住房的比例和质量稳步提升,人居环境得到改善,以城市带、都市圈为主体的城镇空间结构初步形成,城乡建设水平不断提升,城乡建设水平居全国领先地位。同时为了推进成品住房开发建设,加快建筑产业现代化的发展势头,江苏省提出了到 2015 年,苏南城市中心城区新建住房中成品住房的比例达 60%以上,其他地区达 40%以上的总体建设目标,以及到 2015 年建立有效的节约型城乡建设推进机制,形成比较完善的成果示范推广体系,节约型城乡建设各项指标保持全国领先水平等的总体规划目标。在这些目标的引导下,新政策的实施更加侧重城乡一体化建设过程中建筑产业现代化发展的组织领导机制,强化各地方、各级政策支持,建立健全政府引导、市场运作、社会参与的多元投入机制,多渠道筹集资金。

《江苏建筑业发展"十二五"规划》中明确提出积极推进建筑工业化,形成20家以上有实力的、成规模的建筑工业化企业集团。在苏南、苏中建设建筑产业园,提高集约化程度,构筑江苏现代建筑产业的"产业高地、创新高地、服务高地",从根本上推动传统建筑业向现代建筑业转变。

2012年11月30日,由东南大学等5所高校、中国建筑工程总公司等15家行业领军企业共同组建的"新型建筑工业化协同创新中心"在南京揭牌成立,东南大学与南京江宁区共建的"中国建筑工业化创新示范特区"同日签约。

此外,2002年,由东南大学主编,江苏省建筑设计研究院、南京大地建设集团股份有限公司参编的《预制预应力混凝土装配整体式框架(世构体系)技术规程》(苏JG/T006—2002)经省建设厅组织的专家审查,批准印发,这是江苏为推广应用四新技术而试行的工程建设推荐性技术规程,标志着江苏建筑产业现代化以主体结构为核心制订标准的开始,这也是国内第一本以预制混凝土柱,预制预应力混凝土叠合梁、板为框架结构体系制定的第一本工程建设标准。

此后,江苏还编制了一些重要的地方标准,如《蒸压加气混凝土板应用技术规程》(DGJ32/J06—2004)《塑料门窗工程技术规程》(DGJ32/J62—2008)《铝合金门窗工程技术规程》(DGJ32/J07—2009)《住宅信报箱建设标准》(DGJ32/TJ94—2010)《SGF轻质高强保温墙板施工及验收》(苏JG/T008—2002)《三防模压工装板(VFC板)应用技术规程》(苏JG/T013—2004)等。一些部品、构件开始关注建筑的保温性能,如《塑料门窗工程技术规程》。2010年,经过工程应用和不断完善《预制混凝土装配整体式框架(润泰体系)技术规程》(苏JG/T034—2009)升级为行业标准,编号(JGJ 224—2010),在全国实施。2011年工程建设推荐性《自保温混凝土房屋结构技术规程》(苏JG/T029—2008)经过修编成为地方标准《装配整体式自保温混凝土房屋结构技术规程》(DGJ32/TJ133—2011),制定了《预置装配整体式剪力墙结构体系技术规程》(DGJ32/TJ125—2011),显示着江苏建筑产业现代化标准的先进性[24]。

4.1.3 发展期(2014年以后)

2014年江苏被住房和城乡建设部列为首批建筑产业现代化试点地区之一,引导推动建筑产业现代化在全国范围内的发展,江苏省加快了"政产学研用"协同创新发展的建筑产业现代化发展步伐。

2014年《省政府关于加快推进建筑产业现代化促进建筑产业转型升级的意见》(苏政发〔2014〕111号)(以下简称"111号文")发布,明确了装配式建筑发展的主要目标和重点任务,并建立了由15个省级部门组成的联席会议制度,加快了建筑产业现代化步伐。之后,各地也相继启动了建筑产业现代化推进工作,结合各地实际,把土地、规划、财政等方面政策落实到位。部分地区在落实省政府111号文的基础上,还进行了政策创新,如常州市武进区要求"自2016年1月1日起,全区行政区域内所有的新建民用建筑全部采用'预制三板'设计建造,逐步提高预制装配水平"。截至2016年7月底,全省11个设区市相继出台了落实省政府111号文的实施意见并初步建立推进机制,全省共11个设区市成立了由政府分管领导召集、相关部门负责人参加的推进建筑产业现代化领导小组或联席会议制度。

2015年是江苏省进入建筑产业现代化试点示范期的开局之年。在政策制定方面,《江苏省绿色建筑发展条例》要求各级建设主管部门应当会同相关部门建立和完善建筑产业现代化政策、技术体系,推进新型建筑工业化、住宅产业现代化;新建公共租赁住房应当按照成品住房标准建设;鼓励其他住宅建筑按照成品住房标准,采用产业化方式建造。建筑产业现代化专项引导资金的设立及《江苏省省级节能减排(建筑节能和建筑产业现代化)专项引导资金管理办法》,对开展建筑产业化示范的城市、企事业单位、工程项目、科研项目、技术人员给予了资金保障。《江苏省建筑产业现代化示范工作管理办法》为规范全省建筑产业现代化示范工作提供指引。《江苏省建筑产业现代化读本》推动了建筑产业现代化的知识普及。而《江苏省建筑产业现代化技术发展导则(暂行)》为积极引导建筑行业采用国内外先进的新技术、新工艺、新材料、新装备提供向导。

2016年是"十三五"的开局之年,也是全省建筑产业现代化试点示范期的关键之年。江苏省先后出台了《江苏省建筑产业现代化发展水平监测评价办法》(苏建筑产业办〔2016〕2号)《江苏省装配式建筑(混凝土结构)项目招标投标活动的暂行意见》(以下简称《意见》)《江苏省装配式建筑(混凝土结构)施工图审查导则(试行)》《江苏省建设领域"十三五"重点推广应用新技术和限制、禁止使用落后技术公告(建筑产业现代化)》《装配式结构工程施工质量验收标准》等文件。《意见》规定了满足条件的装配式建筑,可以采取邀请招标方式进行招投标。

此外,"十二五"期间,江苏省积极开展建筑产业现代化技术调研,对建筑装配整体式混凝土结构、钢结构、钢混结构、复合(竹)木结构等建筑结构体系进行研究,编制了《装配整体式自保温混凝土房屋结构技术规程》(DGJ32/TJ133—2011)《预置装配整体式剪力墙结构体系技术规程》(DGJ32/TJ125—2011)《轻型木结构建筑技术规程》(DGJ32/TJ129—2011)《蒸压陶粒混凝土保温外墙板应用技术规程》(苏JG/T053—2013)《复合玻璃纤维增强混凝土板幕墙应用技术规程》(苏JG/T055—2013)《型钢辅助连接装配整体式混凝土结构(金砼体系)技术规程》(Q/320282SSE—2014)《模块建筑体系施工质量验收标准》(Q/321191ACZ002—2014)《钢筋桁架叠合板》(苏G25—2015)和《预制装配式住宅楼梯设计图集》(苏G26—2015)等技术规程。而通过对江苏省建筑产业现代化标准体系的研究,根据建筑产业现代化在我省各地区的推广情况以及标准编制现状,相关专家还对江苏建筑产业现代化标准的编制制定了近期计划(表4-1)和长远计划(表4-2)[24]。

表 4-1　江苏省建筑产业现代化标准编制近期计划

序号	标准领域	标准名称	编制建议
1	建筑设计	装配式(住宅)建筑设计规程	近期
2	建筑设计	装配式混凝土结构围护墙板技术规程	近期
3	建筑设计	装配式建筑全装修技术规程	近期
4	装配式混凝土结构	预制装配整体式混凝土框架(框剪)结构技术规程	近期
5	装配式混凝土结构	装配式混凝土结构施工规范	近期
6	装配式混凝土结构	预制装配混凝土夹芯外墙板技术规程	近期
7	装配式混凝土结构	装配混凝土结构现场连接施工质量控制与验收规程	近期
8	钢结构	钢结构模块建筑技术规程	近期
9	钢结构	民用钢结构防火技术规程	近期
10	木结构	混合结构建筑设计规范	近期
11	木结构	木结构连接技术规程	近期
12	木结构	木结构人行桥技术规范	近期
13	建筑部品	标准化建筑外窗	近期
14	建筑部品	活动式遮阳一体化建筑外窗	近期
15	建筑部品	标准化附框	近期
16	建筑部品	居住建筑标准化外窗系统应用技术规程	近期
17	建筑部品	整体卫浴标准	近期
18	建筑施工与管理	装配式混凝土结构连接节点检测技术规程	近期
19	建筑施工与管理	装配式结构工程施工质量验收规程	近期

表 4-2　江苏省建筑产业现代化标准编制远期计划

序号	标准领域	标准名称	编制建议
1	建筑设计	装配式建筑信息应用技术规程	远期
2	装配式混凝土结构	预制装配混凝土结构房屋全寿命管理技术规程	远期
3	装配式混凝土结构	既有建筑工业化方式改造加固技术规程	远期
4	钢结构	矩形钢管混凝土结构技术规程	远期
5	木结构	木材和木质材料机械紧固连接的试验方法	远期
6	木结构	木结构用胶黏剂试验方法	远期
7	木结构	木结构建筑抗火设计规范	远期
8	木结构	结构用工程木	远期
9	木结构	木结构用胶黏剂	远期
10	木结构	木结构加固技术规范	远期
11	建筑施工与管理	装配式混凝土构件质量验收规程	近期

4.2 建筑产业现代化阶段性发展目标

4.2.1 全国建筑产业现代化阶段性发展目标

自正式提出实施建筑产业现代化以来,全国建筑产业现代化的推进工作可以分为准备期、初期、中期和后期四个阶段,每个阶段可实现的目标如下:

第一阶段,准备期(2015年之前):积累、完善和夯实建筑产业现代化的发展基础。该阶段以建筑产业现代化的发展基础不断完善为主要特征。通过总体规划制定、标准化体系建设、政策制度建设、市场建设等,不断积累、完善和夯实建筑产业现代化的发展基础。内容包括:

① 完成建筑体系标准化建设,建立包含优良部品材料目录、技术、产品以及管理标准、标准图集等在内的标准化体系;

② 出台相关优惠政策和保障措施,从建筑产业的综合监管、财税、金融、土地、科研等方面支持建筑产业现代化的发展;

③ 培育示范企业、示范园区和试点城市,初步整合建筑部品部件生产工厂和装配施工企业,形成生产能力和产业链整合发展态势,发展国家级和省级的示范基地。

第二阶段,初期(2016—2020年):初步实现建筑产业现代化,优势区域基本实现建筑产业现代化。该阶段以示范区域、示范企业、示范项目的发展为主要特征。通过龙头企业带动以及试点示范项目和试点区域的应用推广,初步形成与建筑产业现代化相适应的设计理论方法、标准规范体系、结构体系、部品体系和产业链生产力布局,初步实现建筑产业现代化,优势区域基本实现建筑产业现代化。内容包括:

① 实现建筑工业化水平的跨越式发展,大幅度提升新建建筑的装配化率,大力发展土建装修一体化,全面提高新建成品建筑(以住宅为主)比例,优化工业化生产的工艺和流程,明显降低生产成本;

② 整合包括开发投资企业、设计企业、部品部件生产企业、机械设备生产企业、现场装配施工企业、装饰装修企业、园林绿化企业在内的生产和供应产业链,形成建筑产业现代化技术研发和部品工业化生产、展示、集散、经营、服务等集散区,申报成功并发展国家级试点示范城市;

③ 培育形成能整合建筑产品的所有环节,包括部品的研发制造、建筑的设计、工程的施工等,实现"一站式"式流程结构的建筑产业集团或建筑产业战略联盟,形成龙头企业和全国知名建筑产业现代化品牌;

④ 增加国家和省康居示范工程、住宅性能认定、绿色建筑项目的申报,加强宣传,使民众完全认同和接受建筑产业现代化的产品。

第三阶段,中期(2021—2030年):基本实现建筑产业现代化,优势区域率先实现建筑产业现代化。该阶段以试点工程影响力的进一步扩大,形成整体竞争力为主要特征。形成一批引领行业发展的建筑产业现代化龙头企业,建成完备的建筑产业现代化政策体系、产品体系、技术装备体系以及综合效益高、辐射面广的建筑产业链生产力布局体系,提高建筑产业链核心竞争力和品牌影响力,基本实现建筑产业现代化,优势区域率先实现建筑产业现代化。内容包括:

① 建筑工业化水平和发达国家基本看齐,建筑部品化率、装配化率、新建成品建筑(住房)率、产品质量和性能等方面基本达到先进发达国家水平,基本完成整个建筑产业及其产品服务的转型升级;

② 整合包括开发投资企业、设计企业、部品部件生产企业、机械设备生产企业、现场装配施工企业、装饰装修企业、园林绿化企业、物业管理企业、咨询机构、经纪机构等在内的建筑产业的完整产业链,实现产业链的优化和升级,培育并完善多个可以整合建筑产业完整产业链的建筑产业集团以及一批龙头企业;

③ 优势地区在全国范围内形成产业链的竞争优势,以产业联盟及建筑产业集团的形式在全国推广,形成以研发、设计、生产、推广、应用等相互促进的市场推进机制为主导的建筑产业现代化发展的良好局面;

④ 将建筑产业发展成为资源节约、环境友好、生产效率高、产品价值高的现代化高新技术产业。

第四阶段,后期(2030年以后):全面实现建筑业现代化。该阶段以建筑产业现代化全面达到或超越发达国家水平为主要特征。建筑产业现代化水平达到或超过发达国家,建筑部品化率、装配化率、新建成品建筑(住房)率、产品质量和综合性能等方面达到或超过先进发达国家水平,全面完成建筑产业及其产品服务的转型升级。

4.2.2　江苏省建筑产业现代化阶段性发展目标

结合江苏省实际发展情况,江苏省建筑产业现代化的发展分为三个阶段,且各阶段的具体目标如下:

(1) 试点示范期(2015—2017年)。到2017年年底,建筑强市以及建筑产业现代化示范市至少建成1个国家级建筑产业现代化基地,其他省辖市至少建成1个省级建筑产业现代化基地。全省建筑产业现代化方式施工的建筑面积占同期新开工建筑面积的比例每年提高2~3个百分点,建筑强市以及建筑产业现代化示范市每年提高3~5个百分点。培育形成一批具有产业现代化、规模化、专业化水平的建筑行业龙头企业。初步建立建筑产业现代化技术、标准和质量等体系框架。

(2) 推广发展期(2018—2020年)。建筑产业现代化的市场环境逐渐成熟,体系逐步完善,形成一批以优势企业为核心、贯通上下游产业链条的产业集群和产业联盟,建筑产业现代化技术、产品和建造方式推广至所有省辖市。全省建筑产业现代化方式施工的建筑面积占同期新开工建筑面积的比例每年提高5个百分点。

(3) 普及应用期(2021—2025年)。到2025年年末,建筑产业现代化建造方式成为主要建造方式。全省建筑产业现代化施工的建筑面积占同期新开工建筑面积的比例、新建建筑装配化率达到50%以上,装饰装修装配化率达到60%以上,新建成品住房比例达到50%以上,科技进步贡献率达到60%以上。与2015年全省平均水平相比,工程建设总体施工周期缩短1/3以上,施工机械装备率、建筑业劳动生产率、建筑产业现代化建造方式对全社会降低施工扬尘贡献率分别提高1倍。

4.3 江苏省建筑产业现代化专项发展规划

4.3.1 建筑产业现代化规划及目标

作为江苏省政府"十三五"专项规划方案之一,《建筑产业现代化"十三五"规划》是根据《中共中央国务院关于进一步加强城市规划建设管理工作的若干意见》《江苏省国民经济和社会发展第十三个五年规划纲要》《江苏省人民政府关于加快推进建筑产业现代化促进建筑产业转型升级的意见》等文件精神要求,结合江苏实际制定的。该规划是首次直接针对建筑产业现代化的规划,规划期为2016—2020年,规划将明确"十三五"期间江苏省建筑产业现代化的发展方向、主要目标、重点任务和保障措施,是全省推进建筑产业转型发展的指导性文件。

"十三五"时期的主要发展目标是:建筑产业现代化的市场环境基本成熟;技术体系、生产体系、市场推广体系和监管体系日益完善;一批以产业链为纽带,具有现代化、规模化、专业化水平的龙头骨干企业发展壮大,建筑产业现代化生产方式成为建筑主要生产方式。到2020年,全省建成国家级建筑产业现代化基地20个,省级示范城市20个,示范基地100个,示范项目100个,装配式建筑比例达到30%,成品住房比例达到50%以上,率先建成全国建筑产业现代化示范省份。

4.3.2 住宅产业现代化专项规划

住宅产业现代化是以产业科技化、设计标准化、生产工厂化、施工装配化、装修一体化、经营社会化和管理信息化为主要特征和重要手段的住宅生产方式不断变革的过程,它是实现建筑产业现代化的重要举措之一。《住宅产业现代化"十三五"规划(2016—2020)》主要明确"十三五"期间,作为建筑产业现代化推进重点的住宅产业现代化的发展方向、主要目标、重点任务和保障措施。

建筑产业现代化是对建筑工业化、住宅产业现代化、绿色建筑、成品住房等概念的高度概括和凝练,是对建筑产业未来发展的顶层设计,同时也是在它们基础上的深入研究。因此,与建筑产业相关的规划方案不仅仅局限于《建筑产业现代化"十三五"规划》和《住宅产业现代化"十三五"规划》,建筑业、勘察设计行业、建筑节能和绿色建筑、装配式建筑、推进建筑信息模型及建筑科技等专项发展规划中也应当含有建筑产业现代化相关的目标和任务。

4.4 江苏省建筑产业现代化重点工作和任务

4.4.1 构建建筑产业现代化生产体系

(1) 以示范城市、示范基地建设为抓手,推进重点区域、重点产业的率先发展,逐步优化生产力布局,整合各类生产要素,形成规模化的产业链。

(2) 在建筑标准化基础上,以混凝土预制叠合楼板、楼梯板和内外墙板等构配件的推广使用为先导,实现建筑构配件、制品和设备的工业化大生产。

(3) 逐步以现代化方式改造传统建筑产业,推动建筑产业生产经营方式走上专业化、规模化的道路,并形成符合建筑产业现代化要求的设计、生产、物流、施工、安装和建设管理体系。

(4) 加快转变开发方式,大力推进住宅产业现代化,使建筑装修一体化、住宅部品标准化、运行维护智能化的成品住房成为主要开发模式。

4.4.2 促进企业积极转型升级

4.4.2.1 建筑产业全行业转型升级

(1) 实施万企转型升级工程,发挥市场主体作用,引导开发、设计、工程总承包、机械装备、部品构件生产、物流配送、装配施工、装饰装修、技术服务等行业企业适应现代化大工业生产方式要求,加快转型升级。

(2) 在全产业链上发挥各自作用,实现相互促进,共同升级:①发挥房地产开发企业集成作用,发展一批利用建筑产业现代化方式开发建设的骨干企业,提升开发建设水平。②发挥设计企业技术引领作用,培育一批熟练掌握建筑产业现代化核心技术的设计企业,提升标准化设计水平。③发挥部品生产企业支撑作用,壮大一批规模合理、创新能力强、机械化水平高的部品生产企业,鼓励大型预拌混凝土、预拌砂浆生产企业,传统建材企业向预制构件和住宅部品部件生产企业转型。④发挥施工企业推动作用,形成一批设计施工一体化、结构装修一体化以及预制装配式施工的工程总承包企业。⑤鼓励成立包括开发、科研、设计、部品生产、物流配送、施工、运营维护等在内的产业联盟,向产业链上下游延伸,优化整合各方资源,实现融合互动发展。

4.4.2.2 建筑产业现代化相关企业转型升级

以市场为导向,注重科技、质量、品牌的战略发展,采取先进的经营管理方法,支撑企业整体转型升级。具体而言:

(1) 选择战略转型方向,根据当前建设行业绿色化、现代化、集成化的特点,准确定位,寻求企业的最佳发展路径。

(2) 树立品牌,以工程项目为载体,高端示范,标杆引领,积极推进创精品工程。

(3) 建立合理的企业科技架构与创新体系,保证研发投入,大力开展科研活动,以工程标准、施工工法、企业专利等为突破口,走拥有企业自主知识产权与核心技术的科技创新之路,为企业的后期发展提供动力。

(4) 加快信息化建设,从企业自身管理到项目管理,都能实现高效的信息化管理。

(5) 以人为本,实施人才优先战略,为人才发展创造良好环境,留住人才,用好人才。

4.4.3 提升建筑产业国际化水平

2015年7月江苏省政府常务会议专题研究建筑业发展工作,认为当前和今后一个时期推动建筑业发展的基本思路之一就是要围绕建筑业提质、增效、升级总要求,引导建筑业企业抢抓国家"一带一路"等重大战略布局发展机遇,不断提升境内外建筑市场的竞争力和占有率,巩固江苏建筑"铁军"品牌。为此,江苏主动对接"一带一路"战略,创新"走出去"方式,以政府组织召开"推介会"形式,助力省内优秀企业开拓国际市场。2016年9月在俄罗斯成功举办建设领域合作推进会;10月,在澳门成功召开"江苏—葡语国家基础设施建设高层圆桌会议",为建筑企业"走出去"发展创造条件。

(1) 江苏建筑产业相关企业应按照江苏省"三个国际化"的战略部署,提高建筑行业企业、市场和人才的国际化水平,推动建筑产业现代化发展,做好企业的专业整合,深化技术水平,做大做强核心业务,提供多元化增值服务,尝试进入工程咨询、设计咨询、项目论证、项目管理以及后期运营和维护等利润高的领域。

(2) 通过"引进来"与"走出去"相结合,引进国际先进的技术装备和管理经验,并购国外先进建筑行业企业,整合国际相关要素资源,提升企业核心竞争力,推动省内大型成套设备、建材、国际物流等建筑相关产业发展。

4.4.4 提高人才队伍建设水平

(1) 通过"千人计划""双创计划""333工程"等,引进和培养一批建筑产业现代化高端人才。

(2) 通过校企合作等多种形式,培养适应建筑产业现代化发展需求的技术和管理人才。

(3) 以职业技术学院为试点,开展一批建筑现代化技能人才培训。培训重点关注与传统生产方式不同的技术培养和实际操作。在总结试点经验的基础上,逐步增加培训基地,多层次、多形式进行人才培养。

4.4.5 提高科技创新能力

(1) 加强产学研合作,健全以企业为主体的协同创新机制,推动建筑行业企业全面提升自主创新能力。引导各类创新主体共建具有技术转移、技术开发、成果转化、技术服务和人才培育等多种功能的联合创新载体,培育和组建一批工程研发中心、共性技术服务中心、行业协同创新中心。如东南大学牵头创建的"新型建筑工业化协同创新中心",以及大地建设、龙信集团、中南集团、江苏元大集团等建筑企业集团与东南大学、南京工业大学、南京长江都市建筑设计股份有限公司等研发、设计机构开展的产学研合作。

（2）按照抗震设防和绿色节能要求，加大装配式混凝土结构、钢结构、钢混结构等建筑结构体系研发力度，尽快形成标准设计、部品生产制造、装配施工、成品住房集成等一批拥有自主知识产权的核心技术。尤其是围绕预制装配式混凝土结构、钢结构、全装修的先进适用技术、工法工艺和产品开展科研攻关，集中力量攻克关键材料、关键节点连接、钢结构防火防腐、抗震等核心技术，突破技术瓶颈，提升成果转化和技术集成水平。

4.4.6　推广先进适用技术

（1）针对装配式混凝土结构、钢结构、钢混结构、复合竹木结构等建筑结构体系以及部品部件技术、外墙保温装饰一体化技术、门窗节能遮阳一体化技术等展开适用性研究，明确各技术体系的优缺点和适用范围，指出技术发展方向，指导地方政府和企业选择、应用适合的结构技术体系和部品部件。

（2）积极引导建筑行业采用国内外先进的新技术、新工艺、新材料、新装备，定期发布推广应用、限期使用和强制淘汰的技术、工艺、材料和设备公告。

（3）推广应用成套绿色建筑技术。加强建筑产业现代化与绿色建筑的结合，大力发展和应用太阳能与建筑一体化、结构保温装修一体化、门窗保温隔热遮阳新风一体化、成品房装修与整体厨卫一体化，以及地源热泵、采暖与新风系统、建筑智能化、水资源再生利用、建筑垃圾资源化利用等成套技术。

4.4.7　构建江苏省建筑产业现代化标准体系

（1）结合江苏省现行标准体系和抗震设防、绿色节能等要求，加快研究制定基础性通用标准、标准设计和计价定额，构建部品与建筑结构相统一的模数协调系统，研发相配套的计算软件，实现建筑部品、住宅部品、构配件系列化、标准化、通用化。

（2）鼓励企业确立适合建筑产业现代化的技术、产品和装配施工标准，尽快形成一批先进适用的技术、产品标准和施工工法，经评审后优先推荐纳入省级或国家级标准体系。

4.4.8　建立健全监管体系

（1）改革招投标管理体制。江苏省正在研究改革招投标管理体制，以满足建筑产业现代化发展要求，目前已制定《关于装配式建筑招投标活动的若干意见》，主要考虑在试点示范期（2015—2017年），对于装配式房屋建筑项目的设计、施工、监理等的招投标，可以采用邀请招标方式发包，鼓励招标人采用设计、部件生产、施工一体化的工程总承包模式建设装配式房屋建筑项目，并允许联合体投标，装配式房屋建筑项目可以采取资格预审等举措。

（2）完善工程造价管理制度。对建筑产业现代化工程计价体系进行专项课题研究，研究编制建筑产业现代化的计价定额及相关费用政策，为装配式建筑提供计价依据。主要包括编制预制装配式建筑预算定额、装配式建筑的工期定额,完善人工工资单价和社会保障费、公积金等费用的计取方法和费用标准,研究部品构件制作和运输综合定额,形成"购入构件"的完整"落地价",为"设计施工一体化"的工程总承包模式的推行创造条件。

(3)完善质量验收管理制度。江苏省正在研究质量验收管理体制,明确建设单位、设计单位、施工单位、监理单位、预制构件生产厂的质量责任,制定相关验收要点。主要包括将装配式混凝土建筑的预制构件制作、施工安装、装饰装修、机电安装等全部工程量纳入施工总承包管理,建立预制混凝土构件生产首件验收和现场安装首段验收制度等。

第5章
建筑产业现代化项目技术体系与创新

建筑产业现代化项目相关技术体系的完善和创新是一项重要的基础性工作,对推动建筑产业现代化发展提供了关键技术支撑。本章阐述了装配式建筑技术体系中相关的混凝土结构技术体系、钢结构技术体系、木结构技术体系和关键技术研究,并对绿色建筑技术体系、成品建筑技术体系、BIM 技术体系及技术体系集成做了简要介绍。

5.1 装配式建筑技术体系

5.1.1 混凝土结构技术体系

预制装配式混凝土结构是建筑产业现代化技术体系的重要组成部分,通过将现场现浇注混凝土改为工厂预制加工,形成预制梁柱板等部品构件,再运输到施工现场进行吊装装配,结构通过灌浆连接,形成整体式组合结构体系。预制装配式混凝土结构体系种类较多,其中预制装配式整体式框架(框架剪力墙)目前主要的结构体系包括:世构(SCOPE)体系、预制混凝土装配整体式框架(润泰)体系、NPC 结构体系、远大体系、双板叠合预制装配式整体式剪力墙体系、鹿岛体系、预制装配整体式结构体系等。

(1) 世构(SCOPE)体系

1) 技术体系简介及适用范围

世构体系是预制预应力混凝土装配整体式框架体系,是由南京大地集团于 20 世纪 90 年代从法国引进的装配式建筑结构技术。该体系采用现浇或多节预制钢筋混凝土柱,预制预应力混凝土叠合梁、板,通过钢筋混凝土后浇部分将梁、板、柱及节点连成整体的新型框架结构体系。在工程实际应用中,世构体系主要有以下三种结构形式:一是采用预制柱、预制预应力混凝土叠合梁、板的全装配框架结构;二是采用现浇柱,预制预应力混凝土叠合梁、板的半装配框架结构;三是仅采用预制预应力混凝土叠合板,适用于各种类型的结构。

安装时先浇筑柱,后吊装预制梁,再吊装预制板,柱底伸出钢筋,浇筑带预留孔的基础,柱与梁的连接采用键槽,叠合板的预制部分采用先张法施工,叠合梁为预应力或非预应力梁,框架梁、柱节点处设置 U 型钢筋。该体系关键技术键槽式节点避免了传统装配式节点的复杂工艺,增加了现浇与预制部分的结合面,能有效传递梁端剪力,可应用于抗震设防烈度 6、7 地区,高度不大于 45 米的建筑。当采用现浇柱、墙的框架—剪力墙结构时,高度不大于120～110米。与现浇结构相比,周转材料总量节约可达80%,其中支撑可减少50%;主体结构工期可节约30%,建筑物的造价可降低10%左右。

2)应用情况与执行标准

南京大地建设集团与东南大学、江苏省建筑设计研究院等联合编制的《世构体系技术规程》(苏JG/T006—2002)被江苏省建设厅正式批准为工程建设推荐性技术规程,编号为苏G 11—2003的《预应力混凝土叠合板图集》被批准为省级标准图集,《世构体系施工工法》被批准为省级标准图集。编号为JGJ 224—2010的《预制预应力混凝土装配整体式框架结构技术规程》已发行。世构体系代表性的应用工程实例有:南京审计学院国际学术交流中心、南京金盛国际家居广场、红太阳家居广场迈皋桥店等。

3)成本分析与技术发展应用趋势

应用预制预应力混凝土装配整体式框架结构体系的框架结构与现浇结构相比,周转材料总量节约可达80%,其中支撑可减少50%;主体结构工期可节约30%,建筑物的造价可降低10%左右。经测算,每100平方米预制叠合楼板与现浇楼板相比:钢材节约437千克,木材节约0.35立方米,水泥节约600千克,用水节约1 420千克。

(2)预制混凝土装配整体式框架(润泰)体系

1)技术体系简介及适用范围

该体系是由台湾润泰集团结合成熟技术,开发的一种装配式结构体系,由预制钢筋混凝土柱、叠合梁、非预应力叠合板、现浇剪力墙等组成,柱与柱之间的连接钢筋采用灌浆套筒连接,通过现浇钢筋混凝土节点将预制构件连成整体。该结构体系预制柱采用多螺柱箍筋以及钢筋角部布置,叠合板为带钢筋桁架的非预应力叠合板,可用于抗震设防烈度7度及以下地区,高度不超过110 m的建筑。

2)应用情况与执行标准

润泰体系是结合欧日技术创新研发的新技术,在江苏省内已完成的项目有润泰精密(苏州)有限公司—预制工厂、华东联合制罐第二有限公司整厂迁建工程等工程。形成的执行标准有江苏省地方标准《预制混凝土装配整体式框架技术规程》(苏JG/T034—2009)。

3)成本分析与技术发展应用趋势

润泰体系可使工程施工速度大大提升,钢筋自动化技术使柱钢筋整体用量较传统方法节约13%。润泰体系外挂墙板防水处理较好,柱钢筋连接更符合抗震规范,润泰体系存在胖柱的问题,不易于住宅项目中推广应用。

(3)NPC结构体系

1)技术体系简介及适用范围

NPC(New Prefabricated Concrete Structure)结构体系是南通中南集团于2008年前后从澳大利亚引进的装配式结构技术,剪力墙、柱、电梯井等竖向构件采用预制,水平构件梁、板采用叠合现浇形式;竖向构件通过预埋件、预留插孔浆锚连接,水平构件与竖向构件连接节点及水平构件间连接节点采用预留钢筋叠合现浇连接,从而形成整体结构体系。

2) 应用情况与执行标准

该结构体系已应用于海门中南世纪城工程、南通军山半岛 E 岛工程、中南集团总部大楼项目、南通中南世纪花城项目工程、南通中央商务区 A03 项目、沈阳中南世纪城项目工程及中南集团在各地推行的各大城市综合体项目。该结构体系于 2011 年形成江苏省地方标准《预制装配整体式剪力墙结构体系技术规程》(DGJ 32/TJ125—2011)。

3) 成本分析与技术发展应用趋势

该结构是目前江苏省内唯一的全预制装配式剪力墙结构,已完成项目经专家鉴定测算,整体预制装配率达到 90%,每平方米木模板使用量减少 87%,耗水量减少 63%,垃圾产生量减少 91%,并避免了传统施工产生的噪音。该体系施工时竖向钢筋连接施工较为复杂,建筑高度受到一定限制,可用于抗震设防烈度 7 度及以下地区。

(4) 远大体系

1) 技术体系简介及适用范围

叠合楼盖现浇剪力墙结构体系是由长沙远大住宅工业(江苏)有限公司在江苏省应用的装配式结构体系,其结构体系的特点是:竖向承重结构体系采用现浇剪力墙,水平结构楼盖体系采用叠合楼盖,其中梁为叠合梁,楼板为叠合楼板,围护结构在剪力墙上采用外墙挂板。叠合板的预制部分是采用带三角形钢筋桁架的预制叠合楼板,叠合板吊装就位后,现场安装面筋,然后整体浇注成型。轻质填充墙与叠合梁采用下悬拉结方式连接。

2) 应用情况与执行标准

"远大体系"设计时可套用混凝土结构设计国家规范,操作相对简单,已承接溧阳保障房项目 10 万平方米。

(5) 双板叠合预制装配式整体式剪力墙体系——元大体系

1) 技术体系简介及适用范围

双板叠合预制装配式整体式剪力墙体系是由江苏元大建筑科技有限公司从德国引进的装配式结构体系,该体系由叠合梁、板、叠合现浇剪力墙、预制外墙模板等组成,剪力墙等竖向构件部分现浇,预制外墙模板通过玻璃纤维伸出筋与外墙剪力墙浇成一体。双板叠合预制装配式整体式剪力墙体系的特色是预制墙体间的连接由 U 型钢筋伸入上部双板墙中部间隙内,两墙板之间的钢筋桁架与墙板中的钢筋网片焊接,后现浇灌缝混凝土形成连接。

2) 应用情况与执行标准

江苏元大建筑科技有限公司与东南大学合作编制江苏省地方标准,已承接宿迁保障房项目 10 万平方米。已完成的经典工程有宿迁美如意帽业有限公司、江苏元大样板楼等项目。长江都市采用江苏元大建筑科技有限公司开发的双板叠合剪力墙产品,在宿迁建成江苏高烈度区(8 度 0.30g)最高的预制装配整体式剪力墙结构高层建筑(33.3 米)。

3) 成本分析与技术发展应用趋势

元大公司的生产线在国内处于一流水平,能实现高自动化高质量构件生产,但其剪力墙钢筋连接没有试点工程,图纸上的连接在现场较难实现,将转向竖向结构现浇、水平构件叠合的模式。目前考虑利用双板结构研发新型自保温墙结构体系。

(6) 预制柱-现浇剪力墙-叠合梁板体系——鹿岛体系

1) 技术体系简介及适用范围

该体系是龙信集团从日本鹿岛建设引进装配式结构体系,由叠合梁、非预应力叠合板等水平构件,预制柱、预制外墙板、现浇剪力墙、现浇电梯井等组成的结构体系。柱与柱之间采用直螺纹浆锚套筒连接,预制柱底留设套筒;梁柱构件采用强连接方式连接,即梁柱节点预制并预留套筒,在梁柱跨中或节点梁柱面处设置钢筋套筒连接后混凝土现浇连接。

2) 应用情况

该技术体系已应用于海门南部新城龙馨家园、老年公寓等项目。

3) 成本分析与技术发展应用趋势

鹿岛体系制作工艺精准,有许多专有技术,但是造价偏高,目前可能要达到现浇体系的2倍。

(7) 预制装配整体式结构体系——长江都市体系

1) 技术体系简介及适用范围

该体系是由长江都市建筑设计股份有限公司开发的预制装配整体式结构体系,主要包括预制装配整体式框架-钢支撑结构(适用于保障房项目)、预制装配整体式框架-剪力墙结构(适用于公寓、廉租房)、预制装配整体式剪力墙结构。

2) 应用情况与执行标准

目前已完成的代表性项目有:南京万科上坊全预制保障性住房项目、龙信预制装配式老年公寓、苏州玲珑湾53#、55#高层住宅项目等。

3) 成本分析与技术发展应用趋势

采用叠合板技术使工程综合造价降低了2%,与现浇板相比,所有施工工序均有明显的工期优势,一般可节约工期30%。每百平方米建筑面积耗材与现浇结构相比:钢材节约437千克,木材节约0.35立方米,水泥节约600千克,用水节约1 420千克。

5.1.2 钢结构技术体系

钢结构建筑是采用型钢,在工厂制作成梁柱板等部品构件,再运输到施工工地进行吊装装配,结构通过锚栓连接或焊接连接而成的建筑,具有自重轻、抗震性能好、绿色环保、工业化程度高、综合经济效益显著等诸多优点。装配式钢结构符合我国"四节一环保"和建筑业可持续发展的战略需求,符合建筑产业现代化的技术要求,是未来住宅产业的发展趋势。

钢结构体系可分为:空间结构系列、钢结构住宅系列、钢结构配套产业系列等。我国在工业建筑和超高、超大型公共建筑领域已经基本采用钢结构体系。江苏钢结构体系发展体现在三个方面:①轻钢门式刚架体系,以门式刚架体系为典型结构的工业建筑和仓储建筑。目前,凡较大跨度的新建工业建筑和仓储建筑中,已很少再使用钢筋混凝土框架体系、钢屋架-混凝土柱体系或其他砌体结构。②空间结构体系,采用各种空间结构体系作为屋盖结构的铁路站房、机场航站楼、公路交通枢纽及收费站、体育场馆、剧场、影院、音乐厅和会展设施。这类大跨度结构本来就是钢结构体系发挥其轻质高强固有特点的最佳场合,其应用恰恰顺应了江苏经济、文化和社会建设迅猛发展的需求。③以外围钢框架-混凝土核心筒或钢板剪力墙等组成的高层、超高层结构体系。钢框架-混凝土核心筒结构宜在低地震烈度区采用,在高地震烈度区,宜采用全钢结构。

对于钢结构住宅,框架体系、轻钢龙骨(冷弯薄壁型钢)体系主要适用与3层以下的结构;框架支撑体系、轻钢龙骨(冷弯薄壁型钢)体系、钢框架混凝土剪力墙体系主要适用于4~6层建筑;钢框架混凝土核心筒(剪力墙)体系、钢混凝土组合结构体系适用于7~12层建筑,12层以上钢结构住宅可参照执行;外围钢框架-混凝土核心筒结构、钢板剪力墙结构适用于高层与超高层建筑。钢结构住宅宜成为防震减灾的首选结构体系。

5.1.3 竹木结构技术体系

(1) 轻型木结构体系

轻型木结构体系源自于加拿大、北美等地区,主要以 2×4(英制)、2×6(英制)等尺寸的规格材为结构材,通过不同形式的拼装,形成墙体、楼盖、屋架。其主要抵抗竖向力以及水平力,该结构体系是由规格材、覆面板组成的轻型木剪力墙体,具有整体性较好、施工便捷等优点,适用于民居、别墅等房屋。缺点是结构适用跨度较小,无法满足大开口、大空间的要求。

(2) 重型木结构体系

1) 梁柱框架结构

梁柱结构是重型木结构体系的一种形式,其又可分为框架支撑结构、框架-剪力墙结构,框架支撑结构是框架结构中加入木支撑或者钢支撑,用以提高结构抗侧刚度。框架-剪力墙结构是以梁柱构件形成的框架为竖向承重体系,梁柱框架中内嵌轻型木剪力墙为抗侧体系。梁柱框架结构可以满足建筑中大洞口、大跨度的要求,适用于会所、办公楼等公共场所。

2) CLT 剪力墙结构

正交胶合木(CLT)是一种新型的胶合木构件,是将多层层板通过横纹和竖纹交错排布,叠放胶合而成的构件,形成的CLT构件具有十分优异的结构性能,可以用于中高层木结构建筑中的剪力墙体、楼盖,能够满足结构所需的强度、刚度要求。同时,CLT的表面尺寸、厚度均具有可设计性,在满足可靠连接的前提下,可以直接进行墙体与楼盖的组装,极大地提高工程的施工效率。缺点是CLT所需木材量较多。

3) 拱、网壳类结构体系

竹木结构的拱、网壳类结构与传统拱、网壳类结构在结构体系上没有区别,仅在结构材料有不同。竹木结构拱、网壳适用于大跨度的体育场馆、公共建筑、桥梁中,是采用现代工艺的胶合木为结构件,通过螺栓连接、植筋连接等技术将分段的拱、曲线梁等构件拼接成连续的大跨度构件,或者空间的壳体结构。该类结构体系由于材料自身弹模的限值,在不同的适用跨度范围内,可选合适的结构形式。

江苏目前竹木结构体系工程的应用中,轻型木结构体系的别墅建筑、重型框架-剪力墙体系的会所、办公建筑居多,同时也有少量的具有代表意义的重型拱、网壳类结构体系的建筑、桥梁。但总体而言,江苏竹木结构体系技术还处于起步阶段,在材料、构件、结构三个层面的相关规范、标准还不完善,尤其是结构体系技术的规范尚缺,目前还达不到建筑产业现代化的技术要求。

5.1.4 关键技术研究

在现有技术体系的基础上,对装配式建筑关键技术开展相关研究工作,为我国建筑产业化深入持续和广泛推进提供强大的技术支撑。表5-1是关于装配式建筑关键技术研究的项目和内容要点,这些研究成果及形成的有关技术标准能丰富我国装配式建筑技术标准体系[3]。

表5-1 装配式建筑关键技术研究项目和内容要点

序号	关键技术研究项目	研究主要内容
1	装配式节点性能研究	1. 与现浇结构等效连接的节点:固支 2. 与现浇结构非等效连接的节点:简支、铰接、接近固支 3. 柔性连接节点:外墙挂板
2	装配式楼盖结构分析	1. 与现浇性能等同的叠合楼盖:单向板、双向板 2. 预制楼板依靠叠合层进行水平传力的楼盖:单向板 3. 预制楼板依靠板缝传力的楼盖:单向板
3	装配式结构构件的连接技术	1. 采用预留钢筋锚固及后浇混凝土连接的整体式接缝 2. 采用钢筋套筒灌浆或约束浆锚搭接连接的整体式接缝 3. 采用钢筋机械连接及后浇混凝土连接的整体式接缝 4. 采用焊接或螺栓连接的接缝 5. 采用销栓或键槽连接的抗剪接缝
4	预制建筑技术体系集成	1. 结构体系选择 2. 标准化部品集成 3. 设备集成 4. 装修集成 5. 专业协同的实施方案

5.2 绿色建筑技术体系

5.2.1 围护结构保温隔热体系

(1)墙体保温技术

在建筑围护结构中,外墙围护结构的热损耗较大,墙体又是外围护结构的主要组成部分,墙体外保温技术是我国大力推广的建筑节能技术。在2004年《外墙外保温技术规程》

的规范下,外墙外保温技术在我国发展起来,主要为膨胀聚苯板等有机材料薄抹灰和阻燃性能更好的无机保温材料薄抹灰外保温系统等。有机材料外保温系统保温隔热性能好,耐久性好,但是却不能满足防火性要求,应用中存在潜在危险。无机材料外保温系统总体上传热系数大且国内生产质量和施工质量还不过关,耐久性差。在欧美国家,普遍采用岩棉板和有机保温板,质量好、耐久性好,并正在研制二氧化硅气凝胶等可持续发展材料。外保温技术存在施工难度大、工艺要求高,且施工不当会出现开裂、脱落等情况。随着建筑产业现代化技术的发展,相关企业不断研发出装饰保温一体化下的新型外墙材料,为控制建筑成本、提高施工速度提供了新的方法和思路。

与外保温技术相比,内保温施工简单,造价较低,但是在热桥的处理上很容易出现问题,造成墙体内表面易产生裂缝、结露、潮湿,甚至发霉现象。目前常用的墙体内保温材料主要有模塑聚苯乙烯板、挤塑聚苯乙烯板、保温砂浆、硅酸铝保温涂层等。

墙体自保温技术是指墙体自身的材料具有节能阻热的功能,其优势在于将建筑围护和保温材料合二为一。由于自保温墙体材料抗压强度相对较低,易出现开裂情况,适用于低层建筑承重或填充墙。

(2) 屋面节能技术

种植屋面是一种将建筑艺术和绿化技术融为一体的现代技术,将建筑物的空间潜能与绿化植物多种效益相结合。通过种植屋面,可降低城市热岛效应、减少温室气体排放、降低建筑能耗。蓄水屋面就是在刚性防水屋面的防水层上蓄一水层,利用水蒸发时,能带走大量水层中的热量,消耗屋面的太阳辐射热量,从而降低屋面向室内的传热量。蓄水屋面蓄水深度在150~200毫米为浅蓄水,600毫米以上为深蓄水,屋面要求全年蓄水,其中以雨水作为主要水源。通风屋面是指在屋盖设置架空通风间层,使上层表面起着遮挡阳光的作用,利用分压和热压作用把间层中的热空气不断带走,以减少传到室内的热量,从而达到隔热降温的目的。该技术适用于夏热冬冷地区和夏热冬暖地区[4]。

(3) 门窗节能技术

门窗是建筑外围护结构的重要组成部分,是建筑通风、采光的唯一途径,其产品质量和性能与人们在室内舒适度密切相关。尽管门窗的面积占建筑外围护结构的1/5~1/3左右,但传热损失占建筑外围护结构热损失的40%左右。建筑门窗应考虑采光、隔声、通风、气密性、防水性和热工性能要求,应选用符合相应标准和功能要求的节能门窗。在选取门窗材料时,应优先选用塑料窗、铝塑复合、钢塑复合、木塑复合窗以及断桥铝合金窗等;玻璃可采用中空玻璃、真空玻璃和低辐射镀膜等新型节能玻璃。在门窗安装过程中,安装质量应符合国家标准《建筑节能工程施工质量验收规范》(GB 50411)及《建筑装饰装修工程质量验收规程》(GB 50210)相关要求。门、窗框与墙体之间的缝隙应采用高效保温材料填实封堵,再用弹性密封胶密封,以减少该部位的开裂、结露和空气渗透。

江苏在建筑门窗的标准编制、新技术、新产品推广应用方面一直走在全国前列,编制了《居住建筑标准化外窗系统应用技术规程》(DGJ 32/J157—2013),率先在居住建筑上推广应用标准化外窗、遮阳一体化窗,淘汰传统的门窗湿法安装,强制实施具有节能性能的标准化附框干法安装,大大提高了建筑外窗产业现代化水平。

5.2.2 节水与水资源利用技术体系

(1) 供水系统节水技术体系

绿色建筑供水系统节水技术主要包括:①采用分质供水,分质供水技术按照"高质高用、低质低用"的用水原则,加大建筑中水、雨水、海水等非传统水源的利用,可大幅度提高建筑节水率与非传统水源利用率。②避免管网漏损,防止管网损漏是提高节水效率的重要途径,目前城市给水管网漏损率一般都高于10%,造成严重的水资源浪费。绿色建筑管网漏失主要集中在室内卫生器具漏水、屋顶水箱漏水和管网漏水,表现为跑冒滴漏,重点发生在给水系统的附件、配件、设备等的接口处。③限定给水系统出流水压,给水系统超压出流不仅直接造成了水资源的浪费,还会造成高压出水形成射流外溢,影响正常使用,噪声大,接口易磨损,影响高低层水量平衡等其他危害。④降低热水供应系统无效冷水出流量,科学合理地设计、安装、管理和使用热水系统,减少热水的浪费,是建筑节水重要环节。⑤使用节水器具,卫生器具的用水量占住宅用户总用水量的很大一部分,在公共建筑中比例更高,推广和使用节水型器具与设备是建筑节水的主要途径之一。⑥绿化节水灌溉技术,随着人民生活水平的提高,城市绿化面积不断增加,绿化灌溉用水量逐年增长。因此,绿化灌溉设计时应考虑采用节水技术以降低该部分较大的绿化用水量[5]。

(2) 中水处理与回用

日本为解决许多地区的过量开采地下水,造成地面严重下沉,海水倒灌等许多问题,自20世纪60年代设计了中水回用系统。我国中水利用起步较晚,但随着城市用水的日益紧张,特别是北方地区,中水技术得到较快的发展。中水因用途不同有三种处理方式:①将其处理到饮用水的标准而直接回用到日常生活中,即实现水资源直接循环利用,这种处理方式适用于水资源极度缺乏的地区,但投资高、工艺复杂;②是将其处理到非饮用水的标准,主要用于不与人体直接接触的用水,如便器的冲洗,地面、汽车清洗,绿化浇洒,消防,工业普通用水等,这是通常的中水处理方式;③工业上可以利用中水回用技术将达到外排标准的工业污水进行再处理,一般会加上软化器,RO、EDI/混床等设备使其达到软化水、纯化水、超纯水水平,可以进行工业循环再利用,达到节约资本、保护环境的目的。

中水处理主要采用的方法是物理化学处理法、生物处理法和膜处理法等。物理化学处理法是利用物理、化学原料去除污染物的一种方法,常用的有过滤法、混凝沉淀气浮法、活性炭吸附法。生物处理法主要用于处理洗涤剂,技术可靠,运行费用较低。膜处理法一般用于前两种方法之后对水的进一步处理,该方法去除率高,但设备投资和处理成本都较高。

(3) 雨水收集利用

城市雨水的收集利用在国外的发达城市已有几十年的历史。其经验和方法,对我国城市特别是对一些严重缺水的城市很有借鉴意义。城市中大面积的硬质不透水表面导致了城市雨水大量排放、地下水位降低等一系列问题,而城市中屋面的面积占去了整个城市硬质表面的30%左右,采用种植屋面可以吸收汇集部分雨水,增加城市雨水的回收利用,减缓雨水排放,改善城市水环境。

绿色建筑小区雨水主要可分为:路面雨水、屋面雨水、绿地及透水性铺地等其他雨水。雨水资源化综合利用技术主要包括雨水分散处理与收集系统、雨水集中收集与处理系统、雨水渗透系统。绿色建筑雨水收集与利用是一项复杂的系统工程,主要包括了雨水的集蓄利用(收集)、雨水的间接利用(渗透等)、雨水的直接利用(回用等)和雨水的综合利用。随着雨水管理体制和水价的科学化、市场化,通过一批示范工程,必将能实现城市雨水利用的标准化和产业化。

5.2.3 供热系统节能技术

目前常用的供热技术有:①太阳能采暖,若太阳能采暖房设计合理,基本不用增加建筑成本,集热墙的建造与粘瓷砖费用基本一样,无运行费用,与建筑一体化、同寿命。太阳能采暖房具有经济、高效、方便、耐用、设备成本低等特点。到目前为止,太阳能采暖房已在内蒙古、辽宁、山西、山东等地广泛应用。②热泵技术采暖,热泵是通过动力驱动做功,从低温热源中取热,将其温度提升,送到高温处放热。由此可在夏天为空调提供冷源,在冬天为采暖提供热源。根据可利用的低温热源构成不同的热泵技术,主要有空气源热泵采暖、土壤源热泵采暖、地下水地源热泵采暖、地表水地源热泵采暖。③地面辐射采暖,目前地面辐射供暖应用主要有水暖和电暖两种方式,有低温热水地板辐射供暖系统、普通电热地面供暖系统、相变储能电热地面供暖系统等技术体系。④顶棚、墙壁辐射板采暖,安装于顶棚或墙壁的辐射板供热/供冷装置是一种可改善室内热舒适并节约能耗的新方式。由于是辐射方式换热,使用这种装置时,夏季可以适当降低室温,冬季适当提高室温,在获得等效的舒适度的同时可降低能耗。⑤生物质能采暖,生物质能是重要的可再生资源,预计在21世纪,世界能源消费的40%将会来自生物质能。生物质是植物光合作用直接或间接转化产生的所有产物。目前,作为能源的生物质主要是指农业、林业及其他废弃物,如各种农作物秸秆、糖类作物、淀粉作物、油料作物、林业及木材加工废弃物、城市和工业有机废弃物以及动物粪便等。生物质能利用技术可分为生物质气体燃料、生物质液体燃料、生物质固体燃料。

5.2.4 智能室内环境测控系统

(1) 自然通风利用技术

通过在设计时对建筑形体及外门窗位置的考虑,使建筑两侧产生正负气压,有利于建筑的自然通风;通过对室内空间布局及门与通道的位置,在建筑内部形成空气对流,使入室空气能流向生活区及人体高度的范围;利用天井、楼梯间等增加建筑内部开口面积,便于引导自然通风;通过在楼梯间和走廊设置通风竖井,实现楼层的热压通风;在建筑外立面合适部位设置开启扇,室外空气在风压通风的作用下可顺畅地贯穿流过建筑,从而实现自然通风。为实现自然通风、自然采光同时又满足防火要求,可将室内楼梯间设计成为一个多功能综合体,楼梯间井道利用高强度单片铯钾防火玻璃建成,使得玻璃通风道同时解决了室内楼梯间的自然采光需求。

(2) 新风系统

新风系统是根据在密闭的室内一侧用专用设备向室内送新风,再从另一侧由专用设备向室外排出,在室内会形成"新风流动场"的原理,从而满足室内新风换气的需要。新风系统在室内送风的同时对进入室内的空气进行过滤、灭毒、杀菌、增氧、预热(冬天)。系统排风经过主机时与新风进行热回收交换,回收大部分能量通过新风送回室内。

(3) 智能照明控制系统

智能照明控制系统是利用先进电磁调压及电子感应技术,对供电进行实时监控与跟踪,自动平滑地调节电路的电压和电流幅度,改善照明电路中不平衡负荷所带来的额外功耗,提高功率因素,降低灯具和线路的工作温度,达到优化供电目的。智能照明控制系统可在照明及混合电路中使用,适应性强,能在各种恶劣的电网环境和复杂的负载情况下连续稳定地工作,同时还将有效地延长灯具寿命和减少维护成本。

5.2.5 可再生能源建筑应用技术

(1) 太阳能利用技术

太阳能是自然界分布最广泛的新能源之一,成为可再生能源可以利用的新型能源之首。太阳能光热技术和太阳能光伏技术已经在新建建筑中普遍推广,但因为需要通过增加机械设备来获取太阳能,因此在既有建筑中的应用还不多。太阳能光热利用是通过转换装置把太阳辐射能转换成热能,利用形式有太阳能热水系统、太阳能采暖系统、太阳能制热系统。其中,通过屋顶集中设置太阳能集热板、分户设置储热水箱及辅助电加热的太阳能热水系统,是目前常用的利用方式。但目前普遍加装的是真空管太阳能热水系统,成本高,不利推广。平板式太阳能热水系统成本低且结实耐用,以及供热稳定的空气源热泵辅助加热太阳能热水系统具有更高的推广价值。太阳能光伏利用则是以光电发电为主,光伏系统主要由太阳能电池组、蓄电池、控制器及逆变器等几个主要部件组成。

(2) 地热能源利用技术

地热能源的利用是通过地源热泵系统将来自于地下的低温热源转换成需要的高品质热源,实现建筑供暖。地源热泵是一种利用地下浅层地热资源(包括地下水、土壤或地表水等)的既可供热又可制冷的高效节能空调系统。地源热泵系统中,由于土壤源热泵系统具有土壤环境较为稳定、维护费用低、环境影响力小等特点,是目前应用在新建建筑中最为广泛的一种地源热泵系统。地下水源热泵利用地下水作为热源,输入少量高品位电能,从而实现低位热能向高位能的转换。地表水源热泵系统利用地表水中所存储的太阳能资源,由于其热泵机组冬季运行水温比室外气温高,夏季则低于室外,因此可得到较高的制冷制热值。地下水源和地表水源热泵系统存在易腐蚀、易结垢问题等问题,由于地表水在冬季有冻结的可能性,该系统只适用于较为温暖的地区。地源热泵-太阳能复合供热采暖系统白天利用地源热泵供暖,晚上由地源热泵和太阳能共同供暖,成为地源热泵系统新的发展方向。

在选用可再生能源建筑应用设施设备时,应与建筑主体、周围环境保持协调美观。各类可再生能源建筑应用系统的设计应与建筑主体进行一体化设计,设计和施工应当符合相关工程建设强制性标准的规定,确保系统安全可靠。

5.3 成品建筑技术体系

5.3.1 住宅部品体系

住宅部品是具有相对独立功能的建筑产品,是由建筑材料或单个产品(制品)和零配件等,通过设计并按照标准和规程在现场或工厂装配而成,且能满足住宅建筑中该部位规定的功能要求。例如:整体厨卫、复合墙体、组合门窗等。住宅部品具有一定的技术特性和相对完善的使用功能,也可说住宅部品是建筑产品的技术集成和整合。因此,住宅部品技术体系是构成成品建筑技术体系的基础。住建部住宅产业化促进中心从满足工业化的住宅建造方式出发,并依照住宅建筑的部位和功能要求,将住宅部品体系分为四个子系统[5],见表5-2。

表5-2 住宅部品体系系统构成

序号	住宅部品子系统	住宅部品主项
1	J:结构部品体系	J1000:基础结构 J2000:楼面结构 J3000:主体结构
2	W:围护部品体系	W1000:外墙围护 W2000:屋面 W3000:外门窗 W4000:外饰面
3	N:内装部品体系	N1000:内隔墙 N2000:厨房 N3000:卫生间 N4000:内装修 N5000:内门窗 N6000:内楼梯 N7000:排烟换气设施
4	S:设备部品体系	S1000:暖通空调系统 S2000:给水排水系统 S3000:燃气设备系统 S4000:电器与照明系统 S5000:消防系统 S6000:楼电梯系统 S7000:新能源系统 S8000:智能化系统

5.3.2 成品建筑集成化技术

(1) 住宅部品集成化方式

住宅部品的集成是实现成品建筑集成化的关键。通过将各个相对独立又相互关联的住宅部品体系有机组合,从而优化系统过程、扩大系统功能。目前住宅部品的集成可通过制造集成与施工集成两种方式实现。制造集成是指通过在工厂内已基本完成部品集成化工作,运输到施工现场后与主体结构或其他住宅部品进行组装,通过组装获得整体性的新技能。施工集成是指在协调制造标准与设计施工标准的基础上,住宅部品在施工现场通过彼此配合和接口优化,达到融合、协调的目的,使部品性能达到最优。施工集成既包括建筑结构与围护结构集成,还包括住宅部品与围护结构和部品与部品的集成。

(2) 菜单式和套餐式装修

以设计、施工和装修一体化模式取代建筑与装修分离的传统模式,积极推行住宅全装修,按成品住房标准交付模式。菜单式装修将装修项目和材料组合成不同的、固定的装修产品,并将产品编列成清单,以便让需求者(买方)选择的一种销售方式。菜单式装修分为基础共性菜单、个性零点菜单及个人特色菜单。对于个性化要求不高的地面、墙面及厨房、卫生间等住宅基础部分提供一次性装修到位。菜单式装修较好地解决了成品住宅装修的个性化问题。套餐式装修是由菜单式装修发展而来,指装修中的部品、材料部分(包括地砖、地板、橱柜、洁具、门及门套、墙面漆等)全面采用品牌部品材料并加上人工和辅料,共同组合后完成的一套家装工程。套餐式装修模式更加适应全装修成品住宅的工业化发展方向。

5.3.3 整体卫浴技术

住宅卫生间,是住宅中供居住者进行便溺、盥洗、洗浴等活动的空间,是住宅内最重要,也是最复杂的功能空间。卫生间的设计和施工,一直是住宅建设中的重点和难点,在《住宅设计规范》(GB 50096—2011)的条文说明中,明确提出"卫生间的地面防水层,因施工质量差而发生漏水的现象十分普遍,同时管道噪声、水管冷凝水下滴等问题也很严重",说明既有的湿法作业工艺,并未从根本上解决住宅卫生间防水问题。整体卫浴是用一体化防水底盘或浴缸和防水底盘组合、壁板、顶板构成的整体框架,配套各种功能器具,形成的独立卫生单元;具有淋浴、盆浴、洗漱、便溺四大功能或这些功能之间的任意组合的集成化内装部品。整体卫浴主要类型有:①SMC 壁板,加单色或彩色覆膜,主要用于经济型宾馆、保障房和刚需类商品住宅;②PET 彩钢壁板,底盘为 SMC 彩色覆膜、SMC+瓷砖或 SMC+石材,主要用于高级住宅;③瓷砖或石材壁板,底盘为 SMC+瓷砖或 SMC+石材,主要用于高级住宅和高级别墅。

整体卫浴是基于建筑产业现代化理念的卫生间成套解决方案,以工厂化生产和现场干法作业组装为特点,较好地解决了住宅卫生间的防水和质量问题通病,成为建筑产业现代化内装的核心部品。随着全装修住宅的不断普及,逐渐实现住宅整体卫浴设计和安装施工的标准化、模块化,流程化。

5.3.4 成品建筑技术支持体系

成品建筑技术支持体系包括:①集成化技术,主要指用社会化生产、系列化供应、装配化施工的模式进行规模化建造住宅的技术,它既包括了结构部件的集成,又包括了装修时装修部品与结构部件间的集成及装修部品之前的集成;②标准化技术,主要指住宅部品生产上的规格化、系列化和配套化,是实现住宅与部品、部品与部品的接口技术的基础;③新型结构技术、新型材料技术,如横孔连锁混凝土空心砌块、预制带肋底板混凝土叠合楼板、复合特殊陶瓷成分的低污染性保护漆、树脂性涂膜防水材料等,在满足"四节一环保"要求的同时,还具有施工方便快捷、质量稳定可靠、建造费用低廉等特点。

5.4 BIM技术体系

5.4.1 基于BIM的协同设计技术

建筑产业现代化涉及多个专业,在设计阶段没有较好地解决各专业设计间的冲突问题,致使相关问题延伸至施工和运维阶段,从而导致一系列的问题。协同设计被认为是解决这些问题的有效方法。协同设计是指基于信息技术平台,设计参与各方就同一设计目标进行实时沟通与协作。协同设计的主要目的是提高设计效率,减少或消除设计问题。在设计阶段,利用3D/BIM技术为协同设计提供必要支持,通过建立信息模型,可为其他专业设计人员提供实时模型数据,实现相互间信息流的高效传输,见图5-1。

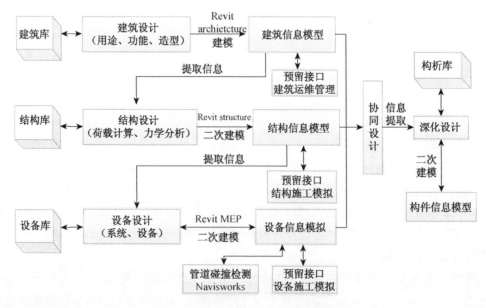

图5-1 基于BIM的协同设计流程

标准化设计是降低建筑产业现代化成本和提高产业集成度的重要手段,在设计阶段建立信息模型的过程中,各专业人员应建立具有标准化的户型、产品、构件等信息库。另一方面,利用 BIM 可扩展性强的特点,在建立信息模型的过程中,还应设置预留接口。根据项目后期需求,可通过 C++等编程语言,实现信息模型的二次利用。在构件深化设计阶段,利用 BIM 可视化技术实现预制构件节点的三维模型,包括连接节点设计、构件信息模型,并且每个构件设有唯一的身份标识,保证模型文件能精确地提取需要的数据。

BIM 的三维技术可以在前期进行碰撞检查,快速、全面、准确地检查出设计图纸中的错误和遗漏,减少图纸中平立剖面之间、建筑图与结构图之间、安装与土建之间及安装与安装之间的冲突问题。依托 BIM 技术开展包括能耗、日照、舒适环境、碳排放等在内的建筑性能分析,并根据分析结果进行方案优化设计。

5.4.2 建设阶段 BIM 应用技术

(1) 虚拟施工技术

虚拟施工思想提倡全方位的施工过程模拟,不仅模拟施工进度,而且模拟施工资源等信息。借助 BIM 技术可以进行项目虚拟场景漫游,在虚拟现实中身临其境地开展方案体验和论证。可以直接了解整个施工环节的时间节点和工序,清晰把握施工过程中的难点和要点,发现影响实际施工的碰撞点。通过优化方案减少设计变更和施工中的返工,提高施工现场的生产率,确保施工方案的安全性。

(2) 4D 模拟技术

4D 建模是 3D 加上项目发展的时间,用来研究可建性(可施工性)、施工计划安排以及优化任务和下一层分包商的工作顺序的。在施工阶段,通过 BIM 直观的掌控项目施工进度,基于 BIM 模型以及工程量清单完成工程进度计划的编制,对工程进度实际值和计划值进行比较,早期预警工程误期,动态控制整个项目的风险。实现了不同施工方案的灵活比较,发现了影响工期的潜在风险。当设计变更时,BIM 亦能迅速更新工程工期。

(3) 5D 模拟技术

工程量统计结合 4D 的进度控制,就是 BIM 在施工中的 5D 应用。5D 是基于 BIM 3D 的造价控制,工程预算起始于巨量和繁琐的工程量统计,有了 BIM 模型信息,工程预算将在整个设计、施工的所有变化过程中实现实时和精确。借助 BIM 5D 模型信息,计算机可以快速地对各种构件进行统计分析,进行工程量计算,保证了工程量计算的准确性。在对内成本中可进行核算对比和分包班组工程量核对,还可以作为索赔的支撑。5D 模拟为项目部提供更精确灵活的施工方案分析以及优化,BIM 可以实现精确管理,实现实际进度与计划进度对比,进度款支付控制,成本与付款分析等应用。

未来 10 年,BIM 技术在 4D、5D 建模的基础上考虑建筑性能的提升,如能耗、日照、噪音、风环境、热舒适度、安全、紧急疏散、碳排放等。

(4) 基于 BIM 技术的数字化加工方式

工厂化构件生产采用 BIM 信息技术,可实现设计与预制工厂的协同和对接,准确表达构件的空间关系、各种参数。通过将 BIM 信息数据输入数字加工系统，可实现对预制构件进行数字加工，能够提高建筑企业的生产效率和产品质量。应用 BIM 技术和数字加工技术，扩大钢筋混凝土构件、钢构件、幕墙、管道等构件与设备的工厂化加工比例，提高建筑产业现代化应用水平。

5.4.3　运维阶段 BIM 应用技术

（1）基于 BIM 技术的运营维护系统

依托 BIM 竣工交付模型，通过运营维护信息录入和数据集成，建立基于 BIM 的运营维护系统。通过该系统对建筑的空间、设备资产进行科学管理，对可能发生的灾害进行预防，降低运营维护成本。通常将 BIM 模型、运维系统与 RFID、移动终端等结合起来应用，最终实现诸如设备运行管理、能源管理、安保系统、租户管理等应用。

（2）数据集成与共享

将规划、设计、施工、运维等各阶段包含项目信息、模型信息和构件参数信息的数据，全部集中于 BIM 数据库中，为 CMMS、CAFM、EDMS、EMS 以及 BAS 等常用运维管理系统提供信息数据，使得信息相互独立的各个系统达到资源共享和业务协同。

（3）运维管理可视化

目前在调试、预防和故障检修时，现场运维管理人员依赖纸质蓝图或者其实践经验、直觉和辨别力来确定空调系统、电力、煤气以及水管等建筑设备的位置。亟待运用竣工三维 BIM 模型确定机电、暖通、给排水和强弱电等建筑设施设备在建筑物中的位置，使得运维现场定位管理成为可能，同时能够传送或显示运维管理的相关内容。

5.4.4　BIM 与新技术结合

（1）BIM 与物联网技术

物联网是指通过各种信息传感设备，如射频识别（RFID）装置、红外感应器、全球定位系统（GPS）、激光扫描仪等，按照约定的协议，把任何物品与互联网连接，进行信息交换和通信，以实现智能化识别、定位、跟踪、监控和管理的一种网络。通过装置在各类物体上的电子标签、传感器、二维码等经过接口与无线网络相连，从而赋予物体智能。BIM 与物联网技术的结合是建筑产业现代化发展的未来趋势。

RFID 是一种非接触的自动识别技术，一般由电子标签、阅读器、中间件、软件系统四部分组成，它的基本特点是电子标签与阅读器不需要直接接触，通过空间磁场或电磁场耦合来进行信息交换。通过 BIM 结合 RFID 技术，将构件植入 RFID 标签，每一个 RFID 标签内含有对应的构件信息，以便于对构件在物流和仓储管理中实现精益建造中零库存、零缺陷的理想目标。在运维阶段，对照明、消防等各系统和设备进行空间定位，即把原来的编号或者文字表述变成三维图形位置表示，实现三维可视化查看。把原来独立运行并操作的各设备，通过 RFID 等技术汇总到统一的平台上进行管理和控制，便于对机电设备运行状态进行远程监控。

(2) BIM 与 Web 应用技术

Web 技术是 Internet 的核心技术之一,它实现了客户端输入命令或者信息,Web 服务器响应客户端请求,通过功能服务器或者数据库查询,实现客户端用户的请求。本平台的开发主要运用了 Web 技术中的 B/S 核心架构。B/S 架构对客户端的硬件要求很低,只需要在客户端的计算机上安装支持的浏览器就可以了,而浏览器的界面都是统一开发的,可以降低客户端用户的操作难度,进而实现更加快捷、方便、高效的人机交互。

(3) BIM 与地理信息系统

地理信息系统(GIS)着重于宏观与地理空间资讯的相关应用,呈现建筑物外观及其地理位置。而 BIM 着重于建筑物内部详细信息以及微观空间信息的记录与管理。将 GIS 与 BIM 有机融合,则可以将建筑本身信息和外部环境信息(如地形、邻近建筑、管线设施等)有效集成起来,以达到对外提供建筑物信息和对内整合外部信息,以辅助建筑物规划设计所需等目的。

GIS+BIM 超大规模协同及分析技术,是针对百万平方米以上超大型的园区和城镇设计使用的大规模三维协同技术,包括了市政、道路等公共设施。利用三维模型开展一系列性能化分析(日照、抗震、抗风、交通、疏散、火灾、防汛、节能、环境影响分析等)的集成应用技术。并通过超大项目群性能模拟仿真分析,在项目施工开始之前就将其最优的规划设计方案遴选出来,使得项目建成后既对其周围环境产生的不利影响最小,又能实现单体建筑的使用功能最优。

(4) BIM 与云计算技术

云计算是分布式计算技术的一种新扩展,其最基本的概念,是透过网络将庞大的计算处理程序自动分拆成无数个较小的子程序,再交由多部服务器所组成的庞大系统经搜寻、计算分析之后将处理结果回传给用户。透过这项技术,网络服务提供者可以在数秒之内,达成处理数以千万计甚至亿计的信息,达到和"超级计算机"同样强大效能的网络服务。

BIM 与云技术结合意义深远,但是就目前而言,主要有两点作用:其一,减少硬件设备的投入,节约成本。具体实施上,通过使用云计算服务提高约数倍的可视化渲染速度,相当于 1 台计算机完成了多台计算机的渲染任务。云渲染适合对效果要求不太高、数量多、周期短、迅速反馈的场合。其二,云存储增强了异地跨平台协作的可实施性。通过将图纸、BIM 模型、照片、文本等工程资料上传到云空间后,可以通过联网的计算机、手机、平板电脑终端进行快速查阅和批注。无论是设计师、现场施工监理人员还是身在异地的业主都可以实时地查阅分级的工程文件。

5.5 技术体系集成与实践

5.5.1 万科全装修住宅一体化设计技术

万科在成品住宅项目开发全过程中,通过整合各种设计资源和技术资源,研发出资源配置高、产品性能最优化的一体化设计技术。一体化设计通过对规划设计、建筑设计、全装修设计、园林景观设计、设备精细化设计、部品部件标准化设计、供应商产品设计的全方位整合,提供终端设计产品和服务。

万科全装修一体化设计的优势主要体现在:①通过装修设计与建筑设计同步,项目整体性强、资源共享,节约设计成本;②通过全装修设计与建筑设计统一,提前发现设计冲突,可减少土建与装修、装修与部品之间的冲突和通病;③使用空间在全装修设计中得到充分合理利用,如厨房、卫生间、储藏收纳功能空间、细节的人性化设计等,实现空间细节人性化;④设备精细化设计与建筑设计、装修设计同步,中央空调、地暖、净水软水、智能设计、同层排水系统等实现设备配置合理化、配合统一化,提高住宅使用功能;⑤通过部品工程化、模数化设计,在确保产品质量的前提下,实现了快速生产;⑥通过一体化设计,项目杜绝二次浪费,节能环保、缩短工期,节约了建造和装修成本。

5.5.2　Vision 3D 模块建筑技术体系

Vision 3D 模块建筑技术体系由威信广厦模块建筑有限公司开发,指先浇注建筑核心筒体,再将工厂制作的带有精装修的建筑空间模块通过专用连接件与核心筒相连,建筑空间模块上下通过模块中的钢筋焊接连接,形成结构体系。应用 Vision 3D 模块建筑技术体系,可将住宅分成若干个空间,以建筑模块的形式在工厂生产线上组装,精装修、软装甚至连清洁工作均可在工厂完成,在施工现场则像搭积木一样搭建模块,实现了设计、制造、搭建、验收为一体的集成化技术体系。

Vision 3D 模块建筑技术体系主要特点有:①实行设计标准化,Vision 3D 模块建筑体系是将建筑的功能空间设计划分成若干个尺寸适宜运输的标准化"六面体空间模块",设计流程标准化,但户型结构灵活多样,不受外立面形状限制;②实现建筑部品部件生产工厂化,应用 Vision 3D 模块建筑技术体系,除了地基、核心筒和外立面,其他工作均可在工厂流水生产线上用工业化的手段完成;③实现土建装修一体化,Vision 3D 模块在工厂制造的过程中,也同时完成了室内精装修,水电管线、设备设施、卫生器具以及家具安装。

Vision 3D 模块建筑技术体系主要优势有:①工业化程度彻底,主体部分 85% 以上的建筑体包括精装修都在工厂完成;②可以建高层建筑,可以建造楼层较高的建筑,100 米以下精装修住宅性价比最高,适用于主流的住宅市场;③可采用钢混结构,可以灵活地与传统混凝土现浇方式相结合使用,解决大跨度空间的建造需要,广泛适用于住宅、办公楼、酒店等,特别是保障性住房和精装修住宅;④可利用异形模块,可以利用异形模块的方式解决户型和外立面个性化设计的需要;建造速度快,施工周期减少约 50%,仅为传统建筑方式的一半。

第6章
建筑产业现代化示范城市、基地、项目建设：江苏实践

自 2015 年起，江苏省财政每年安排资金支持省级建筑产业现代化示范城市、示范基地和示范项目的建设，重点支持建筑产业现代化技术和产品的普及应用，计划到 2020 年建成 20 个示范城市、100 个示范基地和 100 个示范项目。

截至 2016 年年底，全省已经确立 10 个示范城市、68 个示范基地、26 个示范工程、48 个科技攻关项目和 5 个人才实训基地，参见图 6-1。省级财政投入资金达到 4.7 亿元，覆盖除泰州以外的所有设区市，主要集中在南京、常州、苏州、南通、扬州。江苏省建筑产业

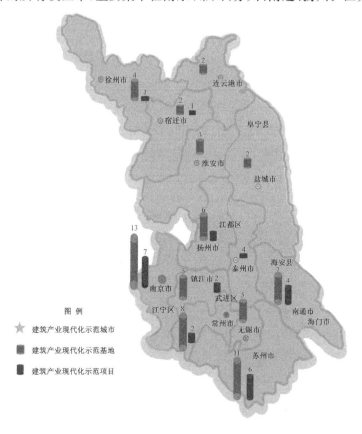

图 6-1 江苏建筑产业现代化示范城市、基地和项目分布图

现代化示范城市、示范基地和示范项目补助标准如表6-1所示。

表6-1 江苏省建筑产业现代化示范城市、示范基地和示范项目补助标准

项目类型	地区类型	补助标准(万元/个)	备注
示范城市	省辖市	≤5 000	分三年安排
	县(市、区)	≤3 000	分三年安排
示范基地		≤100	当年安排
示范项目		≤250	当年安排

6.1 示范城市建设

示范城市是指具有一定的建筑产业现代化发展基础,通过创建示范,大力推进建筑产业现代化技术和产品在本地区的普及应用,实现本地区建筑产业现代化水平大幅提升,其发展水平和发展模式在全省应具有较强的示范和引领作用,创建期一般为3年。现阶段全省共有10个建筑产业现代化示范城市,分别是2015年确立的南通市、镇江市、海门市、常州市武进区、南京市江宁区和扬州市江都区及2016年确立的扬州市、苏州市、海安县、阜宁县。

6.1.1 示范城市的创建要求

(1) 创建工作目标清晰。根据111号文的要求,在省辖市或县级行政区(县级市、县、原县(市)改区)范围内积极推进建筑产业现代化发展。编制建筑产业现代化发展规划,成立由政府分管领导牵头的工作机构,明确牵头责任部门,建立各部门协同推进的工作机制。制定示范城市创建实施方案,明确三年的示范创建期内,新建建筑装配化率、装饰装修装配化率、新建成品住房比例、工程建设总体施工周期缩短程度、建筑业劳动生产率、建筑产业现代化建造方式对全社会降低施工扬尘贡献率等指标的目标值,目标值应在全省起到较好的示范带头作用。

(2) 开展政策措施创新。以市、县(市)人民政府名义发布贯彻落实111号文的文件,在财政支持、税费优惠、金融支持、用地支持、行政许可、项目安排等方面,结合各地实际,制定具体操作细则。针对新建政府性项目(政府主导的保障性住房、政府投资的公共建筑、市政基础设施工程),制定强制性政策;针对市场项目,落实土地出让、财政支持、税费减免等激励性政策。

(3) 探索管理机制创新。从项目立项、土地出让、规划审批、工程招标、设计审查、造价定额、质量安全监管等方面积极探索创新管理体制和监管模式,在全省范围内起到良好的示范带动作用。

(4) 推进工作成效显著。大力推进建筑产业现代化技术和产品在本地区的普及应用,建筑产业现代化的市场环境逐渐成熟,体系逐步完善。通过三年的示范创建,省辖市至少建成3个省级建筑产业现代化示范基地、5个省级建筑产业现代化示范项目,县级行

政区(县级市、县、原县(市)改区)至少建成1个省级建筑产业现代化示范基地、3个省级建筑产业现代化示范项目。

6.1.2 现有示范城市分布图

江苏建筑产业现代化示范城市分布如图6-2所示。

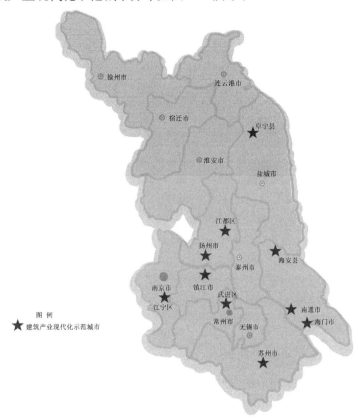

图6-2 江苏建筑产业现代化示范城市分布图

6.2 示范基地建设

示范基地是指以推动建筑产业现代化发展为目标,具有完整的发展规划和目标、有效的管理制度和运行机制,成熟的技术、产品或平台,在全省同行业内处于领先地位,具有引领、辐射作用的相关单位。江苏省建筑产业现代化示范基地分为集成应用、设计研发、部品生产、人才实训四类,培育期一般为3年。现共有68个,其中集成应用类7个、设计研发类26个、部品生产类35个,各个生产基地地区分布情况如表6-2所示。

6.2.1 集成应用类示范基地创建要求

(1)单位为具有项目开发、策划、管理、设计、施工、部品构件生产等能力的产业集团、产业联合体、城市新建区域或开发区建设主管部门。

表 6-2　江苏建筑产业现代化示范基地分布

基地类型	南京市	镇江市	常州市	无锡市	苏州市	南通市
集成应用类(个)	1	1	0	0	3	2
设计研发类(个)	7	2	3	1	3	2
部品生产类(个)	5	2	5	4	5	3
基地类型	徐州市	连云港市	宿迁市	淮安市	盐城市	扬州市
设计研发类(个)	2	1	1	1	1	2
部品生产类(个)	2	1	1	2	1	4

(2) 单位应具备较强的组织协调能力、建筑产业现代化集成应用能力,在全省处于领先地位,能起到示范、辐射作用。建立研发、生产、建造相结合的推广应用机制。

(3) 有较强的技术支撑能力。拥有工程技术中心或相应研究机构,能够承担关键技术研究,三年内拥有一定数量的自主知识产权科技成果,形成具有自主知识产权的技术体系。企业技术标准体系、质量控制体系和服务体系完备,积极参与编制适合建筑产业现代化的技术、产品和装配施工等相关标准规范。

(4) 有良好的管理及经费保障能力。根据自身条件及优势,制定基地发展规划和目标,明确基地建设内容、进度计划以及经费保障,建立健全有效的管理和运行机制。

(5) 应用成果丰硕。在省内持续开展建筑产业现代化项目建设,推广应用成熟的结构体系、部品部件、成套技术,三年内装配式建筑占新开工面积比例不小于20%,且累计达到10万平方米以上。

6.2.2　设计研发类示范基地创建要求

(1) 申报单位为行业领域具有较强影响力的科研院所、设计单位、技术标准编制单位以及技术协同创新中心等。

(2) 在建筑产业现代化方面具有较强的技术力量和科研创新能力。积极参与建筑产业现代化相关标准规范的编制,承担各级标准化技术的攻关工作。承担过建筑产业现代化领域省部级科技项目、标准编制项目或设计项目,对行业技术进步、产业转型升级有较强的引导和推动作用,具有明显的典型示范和引领意义。

(3) 根据自身条件及优势,提出具体的发展目标、技术措施、保障条件及实施计划,建立健全有效的管理和运行机制。

(4) 积极开展符合建筑产业现代化方向的建筑结构体系、成套技术等基础性、通用性、关键共性技术研究,三年内获得一定数量的专利或专有技术。

(5) 具有技术水平高、成果转化和产业化实践经验丰富的专兼职人员构成的人才队伍。其中,具有高级职称的10人以上,有1~2名以上领军人才。

(6) 有一定数量的专业领域的研发设备,有相对独立集中的研发场所。

6.2.3　部品生产类示范基地创建要求

(1) 申报单位为具有一定产业化规模的部品(构件)生产企业,包括部品类(整体厨卫、标准化门窗等)、构件类(预制混凝土构件、钢或木结构构件等)企业。

(2) 占地面积不小于100亩,基地的平均投资强度、全员劳动生产率居国内同行业前列。

(3) 具有每年为20万平方米装配式建筑(预制率达30%以上)或10万平方米成品住房提供相关预制部品(构件)的生产能力。

(4) 企业部品生产有严格的质量控制标准,部品质量符合国家和省相关标准要求,管理规范,有健全的组织管理制度和完善的基地建设管理制度。拥有成套生产设备,且技术先进,自动化水平高。

(5) 生产部品(构件)技术先进,应用性强,具有推广应用价值和良好的市场前景。

6.2.4　现有示范基地分布图

江苏建筑产业现代化示范基地分布如图6-3所示。

图6-3　江苏建筑产业现代化示范基地分布

6.3　示范项目建设

示范项目是指采用建筑产业现代化技术和产品的项目,主要包括住宅建筑、公共建筑和市政基础设施等,实施周期一般不超过2年。现阶段江苏省共有建筑产业现代化示范项目26个,其中各地区项目分布情况如表6-3所示。

表 6-3　江苏建筑产业现代化示范项目分布

地区	南京	苏州	徐州	常州	南通	泰州	扬州	镇江	宿迁
示范项目数量(个)	7	6	1	2	4	1	2	2	1

6.3.1　示范项目创建要求

(1) 工程项目主要包括住宅建筑、公共建筑和市政基础设施三类，项目完成立项审批或核准手续，通过建筑施工图设计审查，实施周期不超过两年。

(2) 项目按照建筑产业现代化方式建造，技术体系成熟可靠，单体建筑预制化率达到30%以上。

(3) 项目积极采用太阳能建筑一体化、结构保温装修一体化等节能与建筑一体化技术。积极采用标准化门窗、整体厨卫等标准化部品。

(4) 优先支持使用建筑信息模型(BIM)技术进行设计施工的项目。

(5) 住宅类项目中，优先支持具备一定规模、装饰装修装配化率达到50%以上的成品住房，优先支持达到绿色建筑2星级以上标准、达到国家住宅性能认定2A级以上标准的住房。

6.3.2　现有示范项目分布图

江苏建筑产业现代化示范项目分布如图6-4所示。

图 6-4　江苏建筑产业现代化示范项目分布

6.4 展示基地建设

6.4.1 集成应用类示范基地展示

(1) 南京大地建设集团有限公司

南京大地建设新型建筑材料有限公司是大地建设集团全资子公司,主要生产和销售房屋工厂化预制构件、市政工厂化预制构件、装饰类构件及商品混凝土、预拌砂浆等系列产品。1998年从法国PPB国际公司引进"预制预应力混凝土装配整体式框架结构体系"(世构体系)通过消化、吸收和再创新,形成了新型结构体系设计、生产及施工成套技术,是国内新型建筑工业化发展中最早引进,也是目前发展应用最成熟的技术,至今已成功应用于500多万平方米的各类建筑,另外还配套了混凝土搅拌站和蒸汽养护设备,并设立了一个二级试验室。

(2) 苏州金螳螂建筑装饰股份有限公司

金螳螂装饰是金螳螂集团旗下的一家全资子公司,是中国装饰行业首家上市公司,已连续13年成为中国装饰百强第一名。目前,金螳螂装饰已拥有包括一体式木家具、装配化木制品、单元式幕墙、铝合金隔热门窗在内的26条生产线,生产能力达600万平方米。

(3) 龙信建设集团有限公司

龙信建设集团在住宅产业化方面将自己定位为成为住宅产业化的整体服务商,建立自己的龙信发展模式。公司从1997年开始住宅精装修的尝试,并于2002年逐步提升到住宅全装修;从2008年开始进行模块化拼装式全装修的研发,经过近5年的实验验证,目前已近进入推广应用阶段。2009年3月龙信建成国家级住宅性能研发基地,到2010年建立住宅产业化基地,2011年获批成为国家住宅产业化基地,在住宅产业化方面,拥有预制装配式整体框架结构、CSI住宅体系等技术体系。

(4) 江苏中南建筑产业集团有限公司

中南建筑为施工总承包特级资质企业,是国家级住宅产业化示范基地,拥有国家级工法——全预制装配整体式剪力墙结构(NPC)体系施工工法(简称NPC体系)技术体系,已竣工建筑产业现代化项目超过110万平方米,在建项目超过100万平方米,已完成一体化装修10万平方米。其预制装配剪力墙结构边缘构件加强与浆锚连接技术体系创新研究在2013年被住房和城乡建设部列为科学技术项目。

(5) 威信广厦模块住宅工业有限公司

威信模块建筑体系是由混凝土核心和预制集成建筑模块组合而成的结构体系。模块在工厂先进的装配线上,以制造业的工艺要求,实现预制标准化生产,在制造过程中,同时完成室内精装修、水电管线的敷设及卫生洁具、厨具、家具等设备的安装。该体系源自英国专利技术,是当前世界上最先进、最彻底的工业化住宅体系之一。威信广厦拥有的生产线年产可达 20 万平方米建筑模块,2015 年生产建筑模块 13 258.44 平方米(1 202 个 3D 模块)。

6.4.2 设计研发类示范基地展示

(1) 南京长江都市建筑设计股份有限公司

南京长江都市建筑设计股份有限公司拥有国家建筑行业甲级资质,2013 年以来承担过 14 项工业化建筑项目,开发出 7 种结构体系,获得相关专利 18 项,具备国内一流的建筑产业现代化集成设计能力。

(2) 常州市建筑科学研究院股份有限公司

常州市建筑科学研究院在绿色建材方面主要关注混凝土外加剂、建筑节能保温系统、高铁新材料、干粉砂浆-预拌砂浆、新型墙材配套砂浆、特种砂浆、彩色砂浆,以及加固、修补、家装等功能性材料的研究和应用。2013 年以来承担建筑工业化项目 7 项,获得相关专利 23 项。

(3) 苏州设计研究院股份有限公司

苏州设计研究院拥有甲级设计资质,设有专门的建筑产业化和 BIM 等产品专业化部门。自 2013 年以来设计建筑产业现代化项目 20 万平方米,承担建筑产业现代化相关研究 4 项,获得相关专利 5 项。

(4) 苏州市工业园区设计研究院

苏州市工业园区设计研究院拥有甲级设计资质,主要提供工程设计、工程总承包、工程监理及管理三大核心服务,自 2013 年以来设计建筑产业现代化项目 8 万平方米,承担建筑产业现代化相关研究 3 项,获得相关专利 35 项。

(5) 江苏镇江建筑科学研究院集团股份有限公司

镇江建筑科学研究院已经全面开展绿色建筑和建筑节能领域的科技攻关。研究院建有"镇江市建筑节能检测中心"和"镇江市建筑能效识别评价中心"以及"镇江市绿色建筑研究中心"等机构,能开展各类建筑节能和绿色建筑咨询和服务项目。自 2013 年起,共完成建筑产业现代化相关研究项目 2 个。

(6) 江苏省苏中建设集团

苏中建设集团以工业与民用建筑为主,集建筑设计、设备安装、装饰装潢、市政公用工程、消防工程及海外工程业务于一体,是集设计与施工一体化的大型总承包企业。公司以项目为依托,在节能减排、绿色建筑、住宅产业化等方面均有研发、积累相关成套技术和管理经验。自 2013 年以来,苏中建设集团共参与建筑产业现代化项目设计 140.8 万平方米。

此外,徐州东大钢结构建筑有限公司、江苏筑森建筑设计有限公司、龙信建筑集团有限公司、江苏南通三建集团有限公司、南通承悦装饰集团有限公司、江苏中建工程设计研究院有限公司和江苏盛世机电工程有限公司等均有参与建筑产业现代化产品的研究工作。

6.4.3　部品生产类示范基地展示

（1）南京金中建幕墙装饰有限公司

南京金中建幕墙装饰隶属于金中建企业集团，是拥有国家设计甲级、施工一级资质，集建筑外装饰工程产品研发、工程设计、生产制造、安装施工、售后服务为一体的专业企业。目前南京金中建拥有6条生产线，年生产能力达200万平方米，2015年产量达120万平方米。

（2）南京旭建新型建材股份有限公司

南京旭建成立以来主要致力于新型绿色节能建材研发制造与新型装配式墙体施工工法的升级创新，以便提供符合绿色节能建筑标准的新型装配式墙体工程一站式服务。目前，公司拥有一个研发中心、两个生产基地、三条专业化蒸压轻质加气混凝土（ALC）制品生产线，年生产能力达70万立方米，仅2015年上半年产量已达21万立方米。

（3）江苏宏厦门窗有限公司

江苏宏厦门窗公司是专业生产铝合金门窗、遮阳型铝合金一体化节能窗、PVC塑料门窗和各种建筑幕墙的企业。目前，公司已经具有铝合金门窗生产线、中空玻璃生产线、塑料门窗生产线、铝型材隔热穿条生产线、外遮阳保温片生产线等共计35条，年能生产标准化门窗40万平方米，附框2 000万平方米。

（4）宜兴市赛特新型建筑材料有限公司

宜兴市赛特新型建筑材料是一家主营钢结构制造系列产品及服务的企业。其主要在装配式建筑施工技术及安装设备方面具有较强的实力。目前，该公司拥有1条生产线，年生产能力达10万平方米。

（5）徐州中煤百甲重钢科技有限公司

徐州中煤百甲重钢科技是已经具有轻型钢结构、重型钢结构、钢网架和设备钢结构四大系列产品的大型专业化公司，公司业务主要为提供钢结构领域的设计咨询、加工制造、现场安装和维护等。目前，公司已经拥有4个生产基地，年加工能力：钢结构8万吨、网架6万吨。

（6）常州绿建板业有限公司

常州绿建板业主要产品为太空板，又称发泡水泥复合板，是以周边钢围框、内置桁架与发泡水泥芯材及面层复合而成的轻质构件产品，其广泛用于大跨度的工业厂房、大型公用设施及装配式住宅。至今，公司已向市场提供产品600万平方米。

（7）长沙远大住宅工业（江苏）有限公司

长沙远大住宅工业（江苏）是隶属于远大住宅工业集团的全资子公司，该公司是国内第一家从事建筑工业化体系研发和产业化应用的综合型企业。目前，该公司在江苏拥有3条生产线，年生产能力达50万立方米。

(8) 苏州科逸住宅设备股份有限公司

苏州科逸住宅设备股份有限公司成立于2006年8月,主要研发和生产优质的住宅产业化内装部品,以整体浴室、整体厨房为起点,向用户提供住宅内装工业化整体解决方案。目前在苏州工业园区、苏州相城区、泰州以及浙江温州、安徽芜湖建成投产五个工厂,年生产整体浴室能力20万套,是目前世界规模最大的整体浴室产业基地之一。2012年获住建部授牌"国家住宅产业化基地",公司已逐步发展成为中国整体浴室行业的领军企业,整体浴室的产能和销售额均占全行业的60%以上,出口30多个国家和地区,并返销整体浴室技术的起源地——日本。

(9) 江苏欧野建筑节能科技有限公司

江苏欧野建筑节能科技有限公司成立于2013年,主要从事保温板、真金板、保温一体板、免拆模板等与建筑节能保温、隔热系统及外墙保温、防水、装饰一体化系统等各类产品的生产加工。目前拥有6条生产线,年生产能力达43.2万立方米。

(10) 江苏远翔装饰工程有限公司

江苏远翔装饰工程有限公司成立于2003年,是以生产经营节能型铝合金门窗、塑钢门窗、幕墙、装饰装修等为主的综合型企业。生产车间拥有各种完整的节能型铝合金门窗、节能型塑料门窗和节能型幕墙生产线,门窗年生产能力达30万立方米。

(11) 江苏绿野建筑发展有限公司

江苏绿野建筑发展有限公司主要从事房屋预制构件的研发、生产、销售和安装活动,具有1条年生产能力达20万立方米的生产线。

(12) 江苏华江祥瑞现代建筑发展有限公司

江苏华江祥瑞现代化建筑发展有限公司是华江集团旗下的参股子公司,主要从事钢筋混凝土结构件、PC构件、干混砂浆、墙体保温材料等产品的研发与生产。目前已经拥有2条装配式混凝土预制构件生产线,年生产能力达12万平方米。

(13) 江苏建华新型墙材有限公司

江苏建华新型墙材有限公司是建华集团旗下成立于2011年的一家集研发、生产、设计为一体的专业化新型建材企业。公司规划建成11条、年成产能力达160万平方米的陶粒钢筋混凝土轻质内隔墙板。目前已建成2条,年生产能力达10万平方米。

(14) 江苏元大建筑科技有限公司

江苏元大建筑科技有限公司成立于2009年11月,是全国最早一批从事预制装配式建筑构件、部品工业化生产的企业。目前,企业已经形成集设计、研发、生产、示范应用于一体,完全运用现代工业化的组织和生产手段,达到了建筑设计标准化、构件生产工厂化、建筑部品系列化、现场施工装配化的住宅建造全过程的工业化水平。引进德国进口SOMMER建筑工业化预制件自动化生产线和配套的柔性钢筋网片加工生产线,建成国内先进的工业化住宅构件部品生产线,具备年产双面叠合墙板、叠合楼板、内墙、外墙、楼梯阳台空调板等预制装配式混凝土构件、部品130万平方米,钢筋桁架楼承板、钢结构维护体系内墙等100万平方米的生产能力。

(15) 龙信集团江苏建筑产业有限公司

龙信集团具有56年历史的资深总承包特级资质企业,集研发设计、总承包施工、房地产开发、工厂化生产、金融投资、职业教育培训等多元化经营的大型综合性企业。2011年被住建部评为"国家住宅产业化基地"。

公司与日本鹿岛合作进行预制装配式主体结构的研究,并形成住宅和公建两种装配式结构体系。即住宅中采用预制装配整体式钢筋混凝土剪力墙结构体系和公共建筑中采用预制装配整体式钢筋混凝土框架结构体系。2015生产部品部件2 000立方米。

(16) 南通科达建材股份有限公司

南通科达建材股份有限公司成立于2011年,下设科达商砼、科达幕墙、科达木业、科达住工等多个分公司,拥有金属门窗工程专业承包和预拌商品混凝土专业承包资质。目前,科达公司拥有2条门窗、构件生产线,年生产能力达8万立方米。且公司规划有2条装配式住宅PC构件自动化生产流水线,设计年产量达15万立方米,主要用于生产混凝土预制叠合板、预制楼梯、预制梁、柱、阳台板及空调板等PC构件。

(17) 南通市康民全预制构件有限公司

南通市康民全预制构件有限公司是南通中南建筑工业化发展有限公司2008年成立的海门技术研发基地。该基地主要从事预制墙板、叠合板、梁、楼梯、空调板/天沟、外墙挂板及预应力预制梁/板的生产,现有生产线3条,年生产能力为3万立方米。

6.5 新型建筑工业化协同创新中心建设

2012年11月30日,由东南大学牵头,联合同济大学、浙江大学、湖南大学、清华大学等五所高校,中国建筑工程总公司、中国冶金科工股份有限公司、中国建筑科学研究院、中国建筑设计研究院、中国电子工程设计院、万科企业股份有限公司、台湾润泰集团、南京长江都市建筑设计股份有限公司、苏州设计研究院股份有限公司、南通建筑工程总承包有限公司、南京栖霞建设股份有限公司、南京建工集团、南京大地建设集团、江苏新城地产股份有限公司、江苏金土地建设集团等十五家行业领军企业与研究机构共同组建的"新型建筑工业化协同创新中心"在南京成立。

6.5.1 协同创新体组建的主要内容

协同创新体的组建主要涉及4个方面的内容:

(1) 建立组织框架,建立以中心理事会为核心的组织架构,通过咨询委员会、学术委员会、执行委员会、评价委员会负责中心的运行和产学研项目的管理;

(2) 协同创新平台的建立,构建现代结构技术创新平台、装配制造技术创新平台、先进支撑技术创新平台、人才培养创新平台、示范推广创新平台5个协同创新平台,并由首

席科学家负责,5个创新平台将下设多个技术中心;

(3) 建设建筑工业化示范特区,以"南京江宁——中国建筑工业化创新示范特区"为载体,集成协同创新中心的各个职能部门和专项项目,通过核心区、展示区和新城区等进行协同创新;

(4) 政产学研的全面合作,通过政府的参与支持、体制机制改革、兄弟院校科研合作和建筑工业化企业的参与,形成协同创新的新机制。

建筑工业化协同创新体的组建和运行框架如图6-5所示。

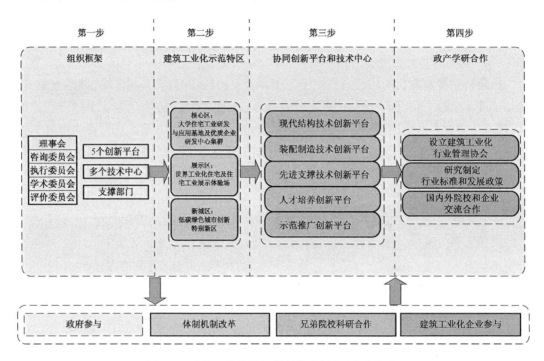

图6-5　建筑工业化协同创新体的创建和运行框架

6.5.2　协同创新中心组织架构

协同创新中心将由核心成员的代表组成项目理事会,负责协同创新组织的日常运作和发展。而外围成员则在理事会的协调组织下参与到各相关工业化项目当中去。组织架构如图6-6所示。

中心理事会由20家发起单位的领导组成。理事长由牵头单位的主要负责人担任。中心理事会在政府部门的指导下,组织成立专门的委员会,制定遴选章程和考核章程,确定协同创新中心的人员规模和经费预算等。

协同创新中心实施理事会领导下的主任负责制。主任由理事会审议推荐任命,全权负责日常运行管理。中心理事会下设咨询委员会、学术委员会、执行委员会和评价委员会委员会,各个委员会分别由协同创新中心核心单位的代表,以及政府和建筑行业的知名专家和学者共同组成。理事会下设理事长、副理事长和秘书长,各委员会下设主任、副主任和秘书长。执行委员会下设的五大创新平台负责人即平台首席科学家由执行委员会主任推荐,理事会审议批准任命。各创新平台下设技术中心,中心可以根据工作需要设立多个研究组或专项。

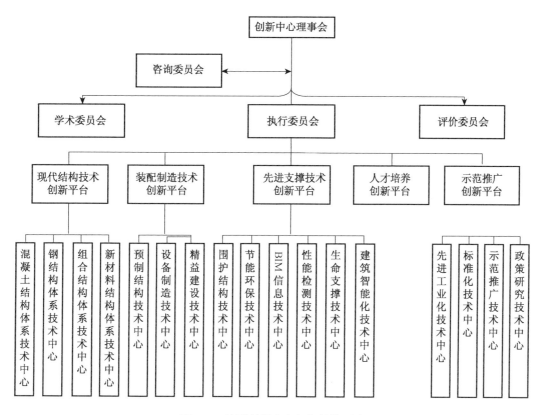

图 6-6 协同创新中心组织结构形式

6.5.3 协同创新中心创新平台建设

五大创新平台均由首席科学家负责,由高校和龙头企业牵头,围绕以下研发任务分工展开协同创新研究:

(1) 现代结构技术创新平台

研究目标:开发适合我国新型建筑工业化发展的合理建筑结构体系。合理的结构体系是发展新型建筑工业化的前提,其中,模数化、模块化、标准化是保障其工业化建造效率的核心,合理的预制装配式结构体系和高效便捷的围护体系开发是其关键,将充分考虑不同结构体系的适用范围和地区、各自的结构性能,如抗震、防火、防风、抗腐蚀、耐久性等。

平台下设4个技术中心,包括:混凝土结构体系技术中心、钢结构体系技术中心、新材料结构体系技术中心、组合结构体系技术中心。

(2) 装配制造技术创新平台

研究目标:进行部品设计与制造技术、现场装配施工技术、装配连接和装备技术的创新,并设计出适应新型建筑工业化体系的项目管理模式。将各类新型工业化建筑与合理工程结构体系进行集成,提供成套技术支撑,加强部品标准化建设,实现部品的通用化和高性能,保障预制部品结构性能的高效和节点连接构造对结构整体性的正向作用及其施工便捷性。研究新型建筑工业化专用装备开发与应用技术,提高工业化程度的关键,特别注意的是应提高安装定位精度。通过贯彻精益建造思想,形成适应于中国新型建筑工业化开展的项目管理模式。

平台下设 3 个技术中心,包括:预制装配技术中心、设备制造技术中心、精益建造技术中心。

(3) 先进支撑技术创新平台

研究目标:发展与新型建筑工业化相关的各类支撑技术,提高新型工业化建筑物的性能、促进工业化建筑节能环保、为新型建筑工业化提供全寿命期智能化的信息管理和生命支撑体。

平台下设 6 个技术中心,包括:围护结构技术中心、节能环保技术中心、BIM 信息化技术中心、性能检测技术中心、生命支撑技术中心、建筑智能化技术中心。

(4) 人才培养创新平台

研究目标:要在体制机制上进行协同创新,进行人才的协同培养,创新以博士生培养为核心的高端科研人才和以高技能人才为核心的高级专业人才培养机制,为我国新型建筑工业化的发展提供动力和保障。

(5) 示范推广创新平台

研究目标:建立一套标准的设计技术、规范体系,要以标准化模数化设计技术为基础,制定新型建筑工业化相关标准,研究相关政策,大力推进新型建筑工业化技术的实际应用。

平台下设 4 个技术中心,包括:先进工业化设计技术中心、标准化技术中心、技术推广中心、政策研究技术中心。

6.5.4 协同创新中心创新平台建设成效

中心从 2013 年成立到 2016 年的主要成效如下。

(1) 体制机制改革创新

1)"需求导向"的新型建筑工业化协同创新机制。构建了"产业链关联、产学研结合、多学科融合、强强联合、优势互补"的新型建筑工业化协同创新机制,以需求为导向形成科技项目,以牵头单位东南大学相关学科、核心协同单位清华大学等高校和中建总公司等企业的人员为骨干,组建项目团队,促进跨领域、学科、单位的交叉融合,共建科技共享平台和服务体系形成有力支撑。通过协同创新 2012 年获国家技术发明一等奖,2014 年获得国家科技进步一等奖,2016 年中心单位牵头承担了科技部"十三五"重点专项"建筑工业化"方向 8 个项目。

2)"双向流动"的国际交流合作机制。以中心为对外交流合作的大平台,以创新项目团队为交流主体,多单位协同、校企共同参与;设立国际科技合作专项基金,鼓励参与国际科技合作;建立国际高水平学者来访制度,支持接收国外研究人员;开展与美国加州伯克利大学、苏黎世联邦理工学院、京都大学等国际知名大学和研究机构的科研合作及学术交流,建立长期聘请国外知名教授全英文授课制度和全球公开选拔和接受高水平的博士生制度等;将国际科技合作纳入考核范围,形成主动参与国际合作交流的激励机制。

3)"双轨驱动"的人才协同培养创新机制。包括:高层次人才培养,设立优秀博士生培养基金,建立课程互选、学分互认的沟通渠道和工作机制,设立由国际著名学者参与的双导师指导小组,实施博士生国际访学计划;高技能人才协同培养机制,设立高技能人才培养基金,吸引高校本科毕业生或企业青年优秀职工,建立技能培养、建设和开放共享机制,引入高技能人才轮转制度,设立"卓越计划 3.5+0.5""校企 1+1"等培养制度,建立虚拟现实技能培训实验室。累计培养超过 400 名高层次人才,为中南、长江都市等企业培养高技能人才 3 400 名。

4)"互信、互惠、互利"的知识产权保护和共享机制。包括:设立知识产权专项基金制度,鼓励自主研发;建立知识产权申报指引机制,为中心人员申报提供指导;建立知识产权登记保密制度,防止知识产权流失;建立知识产权保护契约机制,明确知识产权权属;建立知识产权保护和问责机制,保护关键知识产权。中心郭正兴教授的专利"一种钢筋浆锚对接连接的灌浆变形钢管套筒",向协同单位中建总公司转让,形成中建"MCB 装配式剪力墙结构体系"核心技术,应用到上海、福建、安徽等超过 100 万平方米项目中,节约专利产品使用费 3 430 万。

(2) 科研创新与产出

1) 全面开展工业化建筑"共性、基础"技术理论创新:在装配式混凝土结构新型连接节点和高效构件、高性能装配式混凝土结构体系、强震区装配式混凝土结构性能提升与新体系建立等领域取得重要进展。

2) 作为"政府智库"升级产业政策,引导行业发展:发挥高端智库作用,推动江苏省政府在全国范围内首次发布《关于加快推进建筑产业现代化促进建筑产业转型升级的意见》,编制完成《江苏省建筑产业现代化技术发展导则》,在政策和技术不同层面引领行业发展。

3) 申请专利和编制标准,"奠定"产业技术发展方向:中心单位申请相关专利超过 200 项,主参编各类标准、规范、规程和导则超过 50 部,已成为我国建筑工业化发展的主要依据。

4) 发表"高水平期刊、高影响力"论文,扩大国际影响力:发表 SCI 论文超过 200 篇(国际一流期刊 91 篇),出版著作 17 本,聂建国教授、吴智深教授、肖岩教授等均连续两年入选中国高被引学者(Most Cited Chinese Researchers)榜单。

5) "整合关键技术",形成系列成果,获得科技奖励:牵头获国家科技进步和技术发明一、二等奖 6 项、省部级科学技术奖励 11 项。

6) 组建科研平台和团队,"协同攻关"国家重大科研任务:承担国家及省部级重点项目 123 项,科研经费超过 1 个亿。2016 年中心协同单位牵头承担了科技部"十三五"重点专项"建筑工业化"方向的全部项目。

(3) 社会服务与贡献

1)"政策引领",解决经济和社会发展关键问题:2016 年中心单位协同参与中国工程院智库工作,向中共中央、国务院、全国人大、全国政协等报送推动工业化钢结构的建议;2014 年,中心推动江苏省政府在全国率先发布《关于加快推进建筑产业现代化促进建筑产业转型升级的意见》,解决了产业发展规划的关键问题,同步带动浙江、安徽、福建等省份发展。

2)"点面结合",提升行业和区域相关产业竞争力:2015 年,编制完成《江苏省建筑产业现代化技术发展导则》,成为全国首个建筑工业化领域的技术发展导则,指导了江苏成为我国最先进的建筑产业现代化大省。通过多个标志性示范工程提升行业和区域相关产业竞争力,如:MCB 装配式剪力墙建筑体系应用面积已超过 100 万平方米;建成预制装配率首次突破 80% 的预制混凝土装配整体式框架结构[南京万科上坊保障房(2014 年 9 月),是当时全国已竣工的预制装配式框架结构中预制率最高、建筑部品集成度最高的工程]、全国首幢超百米 NPC 剪力墙结构(中南南通世纪城 96#楼,2014 年)等。

3)"协同创新",促进创新要素和产业要素有机对接:通过协同创新,促进了成员单位技术进步,使工业化成为企业新的经济增长点,如中建总公司、中南集团、南京建工成为全国完成工业化建筑施工项目最多的领军企业;中国建筑设计、中冶建筑总院、中国电子院、南京长江都市等已完成相关项目超过百项,成为国内完成工业化建筑设计项目最多的一批企业。

4)"产学研结合",显著提高产业水平、规模和效益:在江苏、浙江、上海、北京、湖南等省市制定产业发展规划,促进企业转型升级,提高科技创新能力,推广先进适用技术,推动初步实现建筑产业现代化。新建建筑装配化率达到 35% 以上,施工周期缩短 1/4 以上,施工机械装备率和建筑业劳动生产率提升 15% 以上,对全社会降低施工扬尘贡献率提高 30%。

第7章 建筑产业现代化生产力布局

本章探讨了建筑产业现代化生产力布局的战略与原则,梳理并分析了现有生产力的布局分布及辐射范围、现有生产基地的产品目录与规模等,并给出了江苏省未来建筑产业现代化生产力的空间布局。

7.1 生产力布局战略和原则

7.1.1 生产力布局战略

根据江苏省苏南、苏中、苏北经济社会发展状态、产业分工和布局,以及建筑产业现代化发展水平差异等实际情况,按照"区域分工、整体联动"的推进思路,实施:

(1) 全面发展战略。全省各地要按照《江苏省政府关于加快推进建筑产业现代化促进建筑产业转型升级的意见》(苏政发〔2014〕111号)(以下简称"111号文")等的总体部署,合理编制发展规划,制定年度工作计划,全面完成"十三五"规划目标,确保全省整体同步推进建筑产业现代化。

(2) 率先发展战略。鼓励建筑产业现代化发展基础较好、有条件的地区和示范城市,率先发展、快速发展,率先基本实现建筑产业现代化,成为全省建筑产业现代化发展的标杆和指引。

(3) 差异化战略。根据产业分工、资源条件等不同,全省各地或企业可在建筑产业现代化研发设计、部品部件、生产装备、施工装饰、物流运输、运行维护等方面走差异化特色发展道路,向"专、精、特、新"方向发展,通过差异的产品或服务,形成行业独特性和竞争优势。苏南地区突出与实现现代化的整体推进,苏中地区突出施工技术的集成应用,苏北地区突出市场拓展、装备制造等重点环节,"宜、溧、金、高"地区注重特色发展。

(4) 走出去战略。抓住国家"一带一路"建设等重大机遇,大力推进"走出去"战略,制定并落实支持政策,鼓励有条件的企业或企业联盟拓展海外市场,不断提升国际建筑市场的竞争力和占有率。

7.1.2 产业协调发展格局

围绕区域协同发展战略,构建江苏省建筑产业现代化"两轴、一带、多极"的产业发展布局,支持我省建筑产业现代化示范城市、其他节点城市在建筑产业现代化发展当中的引领作用,明确功能定位,拓展发展空间,建立健全以科技创新、要素集聚、产业联动为特征的全省建筑产业现代化发展格局。

——两轴:以南京和苏州为重点,形成以宁扬镇、苏锡常建筑产业现代化重点发展轴和示范城市集聚带,作为支撑和带动全省建筑产业现代化发展的主动脉和空间载体。

——一带:以南通为重点,形成以长江经济带重要节点城市为依托,发挥建筑强市优势,突出技术集成创新,形成建筑产业现代化的成套技术,为全省建筑产业现代化的整体推进提供技术支撑,并辐射和带动周边地区。

——多极:在全省范围内规划建筑产业现代化优先发展区、积极推进区和特色示范区。优先发展区主要是人居环境城市、建筑强市和试点示范城市。积极推进区重点,推进徐州、连云港建筑产业现代化发展,依托其所在城市区位和产业基础。徐州重点发展钢结构装配式建筑体系及装备制造,连云港依托港口优势,建立海外产能输送基地,支撑"一带一路"建设。特色示范区主要包括"宜、溧、金、高"地区、沿古运河、里下河生态湿地区,结合"特色小镇"创建和美丽宜居乡村建设,因地制宜,发展特色优质的低层装配式建筑,形成彰显地域人居环境品质的特色示范区。

7.1.3 生产力布局原则

(1) 需求导向,统筹规划。坚持以需求为导向,根据规划期内及未来全省新建建筑的需求量,适当考虑周边省市新建建筑的需求量,合理规划建筑产业现代化基地的生产力布局和建设规模,避免产能过剩。统筹处理好近期与远期、需求与供给、基地建设与设施配套、研发设计类与部品部件类基地相结合等关系,体现生产力布局的科学性和可操作性,避免不合理的生产力布局造成产能过剩。

(2) 因地制宜,半径合理。根据各地建筑产业现代化发展目标和基础,综合考虑各地的产业基础、市场需求、交通区位、辐射范围、运输半径等因素,以示范城市、示范基地、示范项目为标杆,结合已有的生产基地及工业园区等基本情况,因地制宜地布局产业化基地。尽量利用原有厂区和已有工业园,选址在交通便利、配套完善的区域,生产基地宜布局在沿海、沿河、沿江、沿路等区域,PC 基地以 100~150 千米为基本服务半径。

(3) 产业集聚,融合发展。在建筑产业现代化的产业布局中,应遵循建筑产业现代化的发展趋势,从规划设计、开发、施工、部品生产、装备制造、物流运输等全产业链环节,促进产业集聚和产业链融合发展。

7.2 生产力布局优化分析

7.2.1 现有生产力布局分布及辐射范围分析

截至 2015 年上半年,江苏省拥有建筑产业现代化生产基地 52 个,分布在江苏除盐城、泰州之外的11个地级市。部品构件企业39家,其中主营PC构件、钢构件企业26家,主营装饰装修企业13家,分布在江苏除盐城、泰州之外的11个地级市。设计研发企业13家,分布在江苏的7个地级市。江苏建筑产业现代化生产基地分布情况如表7-1所示。

表7-1 江苏省建筑产业现代化生产基地分布情况

基地类型			数目	城市分布
生产基地	部品构件企业	主营PC构件、钢构件	26	除盐城、泰州、苏州
		主营装饰装修	13	除盐城、泰州、常州、宿迁
	设计研发单位		13	南京、徐州、常州、苏州、南通、连云港、镇江

利用GIS软件,分别将26家主营PC构件、钢构件及13家主营装饰装修的部品企业在江苏省地图上精确定位后,考虑辐射运距50千米,则可以得到39家部品构件企业的市场辐射范围图,具体如图7-1、图7-2所示。

分析图7-1可以看出,江苏PC构件辐射区域在盐城和苏州两市附近形成真空,与这两个城市没有构件生产基地有直接关系。因此,建议在这两个城市建立生产厂房。虽然泰州市也没有构件生产基地,但由于其临近的镇江、扬州、南通等市生产基地分布较广,能够覆盖泰州的市场。因此,在泰州建立生产厂辐射效果并不显著。

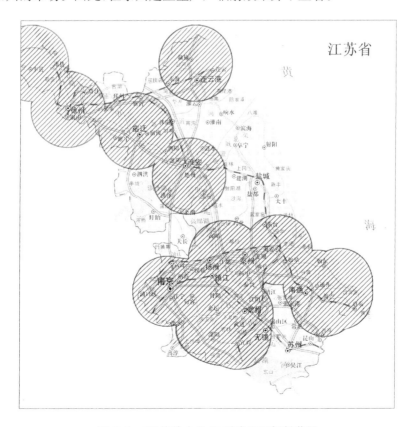

图7-1 PC构件企业50千米运距辐射范围

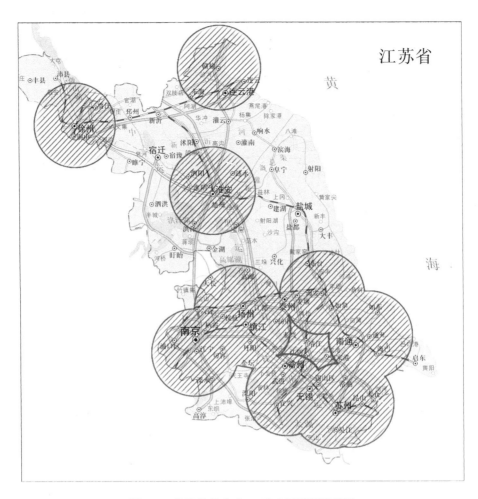

图 7-2 装饰装修企业 50 千米运距辐射范围

分析图 7-2 可以看出,江苏装饰装修辐射区域在苏中、苏南分布较为密集,在苏北五市(徐淮盐宿连)分布稀疏。虽然在徐州、淮安、连云港三市拥有生产基地,但是距离较远,彼此孤立,无法覆盖到城市区域之间的县级市,出现真空。另外,在苏中、苏南地区,虽然生产基地分布密集,辐射范围广,但依然形成了包括靖江、江阴、连云港在内的真空圈,上述分析认为这和与之毗邻的常州市未设有相关生产基地有着直接关系。因此,建议在常州增设相关工厂。

综合分析图 7-1 和图 7-2 可以看出,在以盐城为中心,连接连云港以南的区域,形成了江苏建筑产业现代化生产基地的空心带,在这个空心带内既没有 PC 构件相关的生产基地,也没有装饰装修生产基地。因此,该地域住宅产业化水平最薄弱,当地政府应该加大相关投入。同时,作为南通等附近城市的相关企业,该地区也具有潜在的市场价值。

7.2.2 现有生产基地产品目录、规模分析

江苏现有生产基地相关情况参见表 7-2~表 7-4。

表 7-2 PC 构件、钢构件企业位置、主要产品及规模表

编号	地区	企业名称	企业所在地(市/区)	主要产品	生产线条数	进口/国产	生产能力*	2015 年产量	从业人员数(人)
1	南京	南京大地建设新型建筑材料有限公司	江宁区	预制叠合梁、叠合板、阳台板、柱、预制墙板、地铁砌衬管片、预制装饰构件、大型屋面板、混凝土装饰构件、大型屋面板、混凝土厂房柱、吊车梁、桥梁板、预制地坪架、预制装配式围墙、预制地坪	6	4条/2条	10 万立方米	3 万立方米	150
2		南京旭建新型建材股份有限公司	雨花台区	蒸压轻质加气混凝土制品	2	1条/1条	50 万立方米/年	21 万立方米/上半年	384
3		江苏中南建筑产业集团有限责任公司	栖霞区	预制墙板、叠合梁、预制楼梯、空调板	3	国产	0.75 万立方米	0.11 万立方米	65
4	无锡	宜兴市赛特新型建筑材料有限公司	宜兴	装配式建筑施工技术及安装设备	1	国产	10 万平方米	1 万平方米	100
5	徐州	徐州中煤百甲重钢科技股份有限公司	徐州市/高新区	重型钢结构部品加工、装配式住宅钢结构部品构件加工	5	国产	5 万吨	3 万吨	400
6		徐州鹏程钢结构工程有限公司	丰县	钢构件	3	国产	1 500 吨/月	6 300 吨	56
7		中芬绿色产业同住宅产业化生产基地	武进区	PC 构件、预应力空心楼板	3	进口	30 万立方米	0	200
8	常州	常州绿建板业有限公司	武进区	大空板	2	国产	100 万平方米	25 万平方米	50
9		江苏宝鹏建筑工业化材料有限公司	溧阳	蒸压加气混凝土、保温装饰板、轻钢龙骨	6	进口、国产	48 万立方米蒸压加气混凝土、1 000 万平方米保温装饰板、10 万立方米轻钢	40 万平方米保温装饰板	50
10		长沙远大住宅工业(江苏)有限公司	溧阳	预制混凝土构件	3	国产	50 万立方米	—	150

续表 7-2

编号	地区	企业名称	企业所在地(市/区)	主要产品	生产线条数	进口/国产	生产能力*	2015年产量	从业人员数(人)
11	南通	通州建总集团有限公司	南通市通州区	PC构件	2	国产	4万立方米/年	1万立方米	50
12		南通科达建材股份有限公司	海安县	门窗、构件	2	国产	8万立方米	—	35
13		龙信集团江苏建筑产业有限公司	海门市	预制柱、梁、剪力墙、外墙挂板、楼梯、阳台、叠合板	2	国产	5万立方米、满足100万平方米建筑面积	2 000立方米	145
14		锦鸿福运有限公司	海门市	EPS保温模块	20	国产	250万平方米墙面积	—	150
15		南通市康民全预制构件有限公司	海门市	预制墙板、叠合板、梁、楼梯、空调板、沟、外墙挂板、预应力预制梁/板	3	国产	3万立方米	2.5万立方米	150
16		中南建设(南通)建筑产业有限公司	南通市	预制墙板、叠合板、梁、楼梯、空调板、沟、外墙挂板、预应力预制梁/板	4	国产	10万立方米	7万立方米	200
17	连云港	江苏欧野建筑节能科技有限公司	赣榆区	建筑节能保温、隔热系统及外墙保温、防水、装饰一体化系统的各类产品	6	国产	43.2万平方米	43.2万立方米	195
18	淮安	江苏绿野建筑发展有限公司	清浦区	混凝土预制构件	1	国产	20万立方米	0.2万立方米	40
19	扬州	江苏华江祥瑞现代建筑发展有限公司	扬州市江都区	装配式混凝土预构件	2	国产	12万平方米	2万平方米	139
20		江苏方正钢铁集团有限公司	扬州市江都区	钢结构房屋	2	国产	20万平方米	5万平方米	252
21		江苏中油天工机械有限公司	扬州市江都区	钢结构、野营房	3	国产	10万平方米	2万平方米	336
22		江苏扬泰中天管桩有限公司	扬州市江都区	预制管桩	2	国产	1 000万米	500万米	500

第7章 建筑产业现代化生产力布局

续表 7-2

编号	地区	企业名称	企业所在地（市/区）	主要产品	生产线条数	进口/国产	生产能力*	2015年产量	从业人员数（人）
23		江苏建华新型墙材有限公司	句容市	钢筋陶粒混凝土轻质墙板	3	国产	10万立方米	2万立方米	160
24	镇江	威信广厦模块住宅工业有限公司	镇江市新区	威信3D模块建筑	1	进口	20万平方米模块建筑	13 258.44平方米（1 202个3D模块）	80
25		镇江市丹徒区谷阳恒盛建材厂	丹徒区	轻集料（陶粒）混凝土墙板	7	国产	120万平方米	30万平方米	400
26	宿迁	江苏元大建筑科技有限公司	宿迁市宿城区	装配式预制构件	2	进口	构件12万立方米，异型构件12立方米	4 464立方米	86

备注：构件生产能力为"万立方米"。

表 7-3 装饰装修企业位置、主要产品及规模表

编号	地区	企业名称	企业所在地（市/区）	主要产品	生产线条数	进口/国产	生产能力*	2015年产量	从业人员数（人）
1	南京	南京金中建幕墙装饰有限公司	江宁区	幕墙门窗装饰	6	国产	200万平方米	120万平方米	700
2		南京佳为实业发展有限公司	江宁区	幕墙门窗玻璃	8	国产	65万平方米	15万平方米	400
3	无锡	江苏宏厦厦门门窗有限公司	宜兴	标准化门窗，附框	35	国产	标准化门窗40万平方米，附框2 000平方米	7万7,300万平方米	270
4	徐州	江苏海洋建筑装饰工程有限公司	徐州市泉山区	标准化门窗	4	进口1/国产3	60万平方米	15万平方米	1120
				单元式幕墙	3	进口2/国产1	20万平方米	11万平方米	
5	苏州	苏州科逸住宅设备股份有限公司	苏州市工业园区	整体浴室	9	国产	5万平方米	22 106平方米	760
			苏州市相城区	整体浴室	3	国产	2万平方米	1 231平方米	
			苏州市相城区	整体浴室	1	日本进口	2万平方米	1 201平方米	

续表 7-3

编号	地区	企业名称	企业所在地(市/区)	主要产品	生产线条数	进口/国产	生产能力*	2015年产量	从业人员数(人)
5	苏州	苏州科逸住宅设备股份有限公司	苏州市相城区	整体厨房	1	德国进口	150万平方米	1.2万平方米	760
6		苏州金螳螂建筑装饰股份有限公司	苏州市工业园区	一体式木家具、装配化木制品、单元式幕墙、铝合金隔热门窗	26	进口	600万平方米	200万平方米	7352
7	南通	南通科达建材股份有限公司	海安县	门窗、构件	2	国产	8万立方米	—	35
8		南通长城建筑装饰工程有限公司	通州区	护墙板、门、窗框、柜体	1	国产	23万平方米	20万平方米	
9		南通四建幕墙工程有限公司	高新区	构件式、单元式玻璃、铝合金及塑钢门窗	2	进口	40万平方米	3363万元	358
10	连云港	江苏欧野建筑节能科技有限公司	赣榆区	建筑节能保温、隔热系统及外墙保温、防水、装饰一体化系统的各类产品	6	国产	43.2万立方米	43.2万立方米	195
11	淮安	江苏远卿装饰工程有限公司	淮阴区	标准化系统窗	2	国产	20万立方米	22万立方米	168
12	扬州	江苏省金鑫安防设备有限公司	扬州市/江都区	标准化门窗制作	2	进口/国产	100万平方米	76.86万平方米	250
13	镇江	江苏亚琪节能科技有限公司	镇江市	铝合金塑钢门窗	10	国产	25万平方米	20万平方米	120

表 7-4 设计研发类企业位置、主要产品及规模表

序号	地区	企业名称	企业所在地(市/区)	企业资质	从业人员数(人)	设计企业		研发单位	
						2013年以来设计产业现代化建筑面积(万平方米)	代表性项目(不超过三项)	2013年以来承担产业现代化相关研究项目数量*	2013年以来获得相关专利或专有技术数量*
1	南京	南京长江都市建筑设计股份有限公司	南京市秦淮区	建筑行业甲级	514	80.44	1. 徐州万科城项目 B1-1、B1-2号楼项目 2. 万科南京南站 NO.2012G43 地块项目 E-04、F-04、G-02号楼 3. 丁家庄保障房二期 A28地块	14	18
	无锡								
2	徐州	徐州东大钢结构建筑有限公司	江苏丰县工业园区	总承包壹级	1 100	0	—	0	8
3		江苏筑森建筑设计有限公司	常州市新北区	建筑工程设计甲级、工程咨询乙级 人防工程乙级、城乡规划丙级资质	459	8.55	1. 南京中南中花岗 B 地块项目 5#、9#楼； 2. 常州白荡河公卫； 3. 肯尼亚 Golden Lion Plaza 酒店式公寓	0	0
4	常州	常州市建筑科学研究院股份有限公司	常州市钟楼区	建设工程质量检测机构资质、实验室认可证书、工程勘察资格、能效测评机构资格	587	0	—	7	23
5		苏州设计研究院股份有限公司	苏州工业园区	建筑设计甲级	588	20	扬州体育公园体育场、无锡裕沁庭	4	5
6	苏州	苏州工业园区设计研究院股份有限公司	苏州工业园区	建筑设计甲级	1 000	8	苏州乔登贝尔公司生产厂房(四期)；宿迁新家园	3	35

续表 7-4

地区	序号	企业名称	企业所在地(市/区)	企业资质	从业人员数(人)	设计企业		研发单位	
						2013年以来设计产业现代化建筑面积(万平方米)	代表性项目(不超过三项)	2013年以来承担产业现代化相关研究项目数量*	2013年以来获得相关专利或专有技术数量*
	7	江苏省苏中建设集团股份有限公司	海安县	特级	45	140.8	1. 湖南鼎衡大厦超高层项目,建筑面积6.8万平方米,建筑高度166.6米; 2. 沧州市世纪名苑项目,建筑面积80万平方米的高层住宅区; 3. 内蒙古广龙苑住宅小区,建筑面积54万平方米		0
南通	8	龙信建设集团有限公司	海门市	特级		0	龙信广场	7	9
	9	江苏南通三建集团有限公司	海门市	特级	50	11	南通三建被动式超低能耗绿色建筑产业园	2	1
	10	南通承悦装饰集团有限公司	高新技术产业开发区	建筑装饰装修工程设计与施工一级、建筑幕墙工程设计与施工一级		0	—	0	19
连云港	11	江苏中建工程设计研究院有限公司	海州区	甲级建筑工程设计、甲级工程咨询及相关工程总承包资质	150	150	苏州英维克温控技术有限公司,江苏道博化工有限公司,江苏佳麦化工有限公司	0	0
	12	江苏盛世机电工程有限公司	海州区	机电安装一级资质	105	0	—	2	0
镇江	13	江苏镇江建筑科学研究院集团有限公司	镇江市润州区	建筑行业(建筑工程)乙级;江苏省民用建筑能效测评综合一级;江苏省"A"级信用检测机构;江苏省工程质量司法鉴定机构	427	—	—	2	—
泰州									
宿迁									

7.2.3 建筑产业现代化 PC 生产基地产品需求分析

据初步统计,截至 2015 年 10 月,全省采用建筑产业现代化方式的在建项目 35 个,面积为 323.7 万平方米,其中,南京、常州、苏州、南通等地建设规模位于前列(表 7-5)。在建项目中,保障性住房项目 5 个,总面积 37.42 万平方米,占比 11.6%。预计未来建筑产业现代化建造规模将持续扩大。

表 7-5 2015 年江苏省在建建筑产业现代化项目

城市	南京	苏州	常州	扬州	镇江
在建面积(万平方米)	44.1	64.0	23.0	2.6	21.2
城市	南通	徐州	淮安	连云港	—
在建面积(万平方米)	148.0	1.3	0.2	19.3	—

规模化 PC 构件工厂投资巨大,服务半径有限应以满足本地区的需求量为主。以南通市为例,"十三五"期间,该市经济将保持中高速增长,城市扩展,外来人口增加,再加上新型城镇化的持续推进,公共设施及房地产投资仍将维持一定的规模,按年增长 1% 估算规划内建筑新开工面积。江苏其余各市发展水平预测值均参照南通市。

建筑产业现代化施工面积和装配率根据市政府 111 号文确定,111 号文中写明在试点示范期(2015—2017 年),全省建筑产业现代化方式施工的建筑面积占同期新开工建筑面积的比例每年提高 2~3 个百分点,建筑强市以及建筑产业现代化示范城市每年提高 3~5 个百分点。因此,示范城市取 15% 比例,非示范城市取 10% 比例。

根据测算,综合取定每平方米建筑面积对应混凝土量为 0.35 立方米。根据我省各市 2015 年新开工面积,预测出 2017 年底我省各主要城市的建筑产业现代化面积及 PC 构件用量(表 7-6)。

表 7-6 2017 年底我省各主要城市建筑产业现代化面积及 PC 构件用量预测

城市	新开工面积(万平方米)	产业现代化占比	产业现代化面积(万平方米)	装配率	需 PC 构件(万立方米)
南京	1 642	15%	246	10%	8.6
扬州	643	15%	96	10%	3.4
镇江	548	15%	82	10%	2.9
南通	1 177	15%	177	10%	6.2
常州	651	15%	98	10%	3.4
苏州	2 196	10%	220	5%	3.8
无锡	898	10%	90	5%	1.6
泰州	431	10%	43	5%	0.8
盐城	778	10%	78	5%	1.4
淮安	551	10%	55	5%	1.0

基于上述 2015 年的统计数据,以及 111 号文推广发展期(2018—2020 年),全省建筑产业现代化方式施工的建筑面积占同期新开工建筑面积的比例每年提高 5 个百分点的规定。以示范城市取 30%,非示范城市取 20%计算,2020 年底我省各主要城市的建筑产业现代化面积及 PC 构建用量预测值如表 7-7 所示。

表 7-7　2020 年底我省各主要城市建筑产业现代化面积及 PC 构件用量预测

城市	新开工面积 (万平方米)	产业现代化占比	产业现代化面积 (万平方米)	装配率	需 PC 构件 (万立方米)
南京	1 692	30%	508	25%	126.9
扬州	662	30%	199	25%	49.7
镇江	565	30%	169	25%	42.4
南通	1 213	30%	364	25%	91.0
常州	671	30%	201	25%	50.3
苏州	2 263	20%	453	15%	67.9
无锡	925	20%	185	15%	27.8
泰州	444	20%	89	15%	13.3
盐城	802	20%	160	15%	24.1
淮安	568	20%	114	15%	17.0

7.2.4　建筑产业现代化产品类型需求分析

(1) 预制混凝土构件

预制混凝土构件产品种类主要包括基础设施构件,如市政检查井、地沟盖板,建筑构件类如预制墙、柱、梁、楼板、阳台板、楼梯等,景观类构件如围墙、步道砖、路边石,其他构件如预制复合(装饰、保温)挂板、预制清水看台、预制景观构件(护栏、灯杆、座椅)等。

(2) 轻质隔墙

目前,国内可用来作为隔墙的新型轻质隔墙的品种很多,可分为薄板隔墙、条板隔墙、木制品隔墙、轻钢结构隔墙。薄板隔墙有纸面石膏板、纤维水泥加压板、埃特尼特板、TK 板、轻质玻璃纤维增强水泥板等。如目前采用较多的纸面石膏板,它以龙骨作为支架,用射钉枪固定在墙、楼板上,属于半固定形式,拆改后会在墙、楼板上留有痕迹,适用于普通住宅工程。

多条板隔墙主要有加气混凝土条板、石膏空心条板。这种条板大多 600~1 200 毫米宽,拆除后需要重新更换材料,但价格较低,目前可为大多数人接受,适用于空间较大、有一定强度要求的住宅工程。

木制品也是一种良好的隔墙材料,装饰效果美观,拆改时板材可以重复使用,墙地面遗留痕迹不多,适用于高档住宅工程。

轻钢结构隔墙全部由活动拆装件组成,灵活性强,具有拆装简便、重量轻的特点,可以根据需要灵活插入吊柜、隔板,但价格较高,适用于高档酒店、宾馆。除此之外,还有一种简单的隔墙构造,用户可以直接用作家具灵活隔断,增加居室的立体感,突出个性表现。

(3) 装饰保温一体化预制墙板

装饰保温一体化的预制墙板,表面的装饰可以多样化,可做面砖、GRC仿石仿面砖效果、水磨石等,它们都可以在工厂里预制到混凝土结构的表面,具有很好的整体性效果。将装饰保温与结构一起预制成构件,将大大缩短现场施工的工期。目前应用较多的泡沫混凝土保温材料,其传热系数约为 $1.125 \text{ W}/(\text{m}^2 \cdot \text{K})$,具有很好的保温节能效果。

(4) 单元式幕墙

将面板和金属框架(立柱、横梁)在工厂组装为幕墙单元,以幕墙单元形式在现场完成安装施工的框幕墙,称为单元式幕墙。通常一个楼层高度,两至三个分格为一个单元,到工地现场后,以上下左右插接方式安装。其优点是能将一些复杂的立面构造、边角及造型在工厂内精确组装,现场施工速度快,节省人力和材料等,特别适用于高层、超高层建筑幕墙。单元式幕墙按面板材料有玻璃、铝板、石材、人造板等,可以是单一材料面板,也可以是组合材料面板。

(5) 标准化外墙系统

标准化窗的主要特征是尺寸标准化、构造形式标准化、性能标准化,标准化外窗系统特征主要体现在标准化窗与节能型标准化附框干法安装。标准化外窗系统主要优点有:

① 建筑设计人员对外窗的设计标准化,可以根据建筑物理性能和热工性能要求,在相关规程或图集中选定标准窗或一体化窗,避免设计先天不足的问题。

② 外窗生产过程成为复制过程,生产效率和设备利用率提高,大大节约成本,提高产品质量。

③ 政府推行的建筑外窗节能目标容易实现,不合格产品将会得到有效遏制。

④ 沿袭几十年来的湿法安装生产工艺自然淘汰,干法安装将大大减少湿法安装存在的窗墙结合处的渗漏水现象,大大提高安装效率和安装质量。

(6) 整体卫浴

整体卫浴是用一体化防水底盘或浴缸和防水底盘组合、壁板、顶板构成的整体框架,配套各种功能器具,形成的独立卫生单元,具有淋浴、盆浴、洗漱、便溺四大功能或这些功能之间的任意组合的集成化内装部品。整体卫浴是住宅产业现代化内装核心部品。

(7) 集成式厨房

"集成式厨房"是指橱具、电器、燃气具三位一体的现代化厨房,将家电和橱柜有机地结合在一起,并按照消费者家中厨房结构、面积,以及家庭成员的个性化需求,通过整体配置、整体设计、整体施工并提供相关的成套产品。当前我国城市居民家庭整体厨房系统设备类型主要有操作台、餐具橱、贮物柜、洗菜池、垃圾桶等。电器部分主要有冰箱、灶具、烤箱、微波炉、抽油烟机、洗碗机、消毒柜、热水器、电饭煲等。集成式厨房将传统厨房中原本单一且相对独立的组件进行优化设计,从而更好地消除消费者对厨房的空间、面积大小的担忧,创造出更加贴合个性化的厨房使用习惯。

7.3 江苏建筑产业现代化生产力空间布局

(1) 产业集聚区和产业联盟布局

在示范城市打造一批产业集聚区。重点将南京市江北新城及南通通州湾打造成建筑产业现代化产业集聚高地。以示范基地、示范项目为依托,成立省级建筑产业现代化联盟,并鼓励围绕混凝土结构、钢结构和木结构技术体系和成品住房开发,成立贯通产业上下游的企业创新联盟。

(2) 设计研发基地布局

在南京、苏州、常州、南通等地现有建筑产业现代化的设计研发基地基础上,力争每个省辖市建成不少于 2～3 个设计研发基地,为全省提供装配式建筑的设计研发服务,并逐步辐射至周边地区,乃至全国和国际市场。

(3) PC 构件生产基地布局

在苏南、苏中、苏北建立能覆盖全区域的 PC 构件生产基地,力争每个省辖市建设 2～3 个,保证满足本省需求并适当向周边省、市辐射。

(4) 部品部件生产基地布局

在苏南、苏中、苏北建立能覆盖全区域的特色鲜明、结构合理的幕墙门窗、整体厨卫、钢结构等部品部件生产的产业聚集区以及生产基地,培育徐州和无锡等钢结构生产基地;南京、苏州等木结构生产基地及特色住宅部品基地;徐州装备制造基地等。

(5) 展示和实训基地布局

在南京、常州等示范城市建立全省建筑产业现代化的展示场馆。在南京、苏州等地建立全省建筑产业现代化研发设计人才培训基地,在南京、南通、常州、徐州、扬州等地建立建筑产业现代化技能人才实训基地。

第8章 建筑产业现代化发展水平监测与评价

建立科学合理的发展水平监测与评价方法,是实现建筑产业现代化全面、协调、可持续发展的重要手段。本章介绍了建筑产业现代化监测评价指标及主要内容;阐述了基于DPSIR的建筑产业现代化发展水平监测评价指标体系和评价模型;最后,通过实证分析对A省建筑产业现代化发展水平进行监测与评价。

8.1 监测评价指标体系及主要内容

8.1.1 理论性监测评价指标及内容

根据建筑产业现代化的定义及内涵,从工业化、产业化、现代化三个维度监测建筑产业现代化发展水平,其中现代化主要包含信息化、绿色化和价值最大化三方面的内容。

(1) 工业化

1) 建筑设计标准化

① 模块化设计应用情况:模块化设计就是针对不同的建筑功能,通过设计专家们来共同设计,建立可以实现不同功能的建筑模块。然后像定额一样,颁布实施。设计时直接执行标准,无须重复设计,无须重复论证。

② 标准化、模数化产品应用比例:模数是工业化建筑的一个基本单位尺寸,模数化即统一建筑物产品的模数,这可以简化构件与构件、构件与部品、部品与部品之间的连接关系,并可为设计组合创造更多方式。在项目设计中,一般以成品建材或重要部品的基本尺寸作为基本模数,依据使用空间的合理模数设计空间的结构尺度,如主体结构采用现浇方式,其现浇部分的尺寸亦受模数约束。该指标即年新建筑开工面积中标准化、模数化的部品部件使用面积所占比例。

2) 部品生产工厂化和规模化

① 整体功能间应用比例:目前以整体厨卫为代表,是指提供从天花吊顶、厨卫家具(整体橱柜、浴室柜)、智能家电(浴室取暖器、换气扇、照明系统、集成灶具)等成套厨卫家居解决方案的产品概念。其特点在于:产品集成,功能集成,风格集成。该指标即在年新建建筑中使用整体功能间的比例。

② 非主体结构预制构配件应用比例:年新开工建筑面积中非主体结构使用预制构配

件的面积所占比例。

③ 主体结构预制构配件应用比例:年新开工建筑面积中主体结构使用预制构配件的面积所占比例。

3）现场施工装配化、精益化

① 新建建筑装配化比例:年新开工建筑面积中使用现场装配施工的面积所占比例。

② 平均建设成本:新建项目建筑安装成本平均到每平方米的成本。

③ 人均技术装备水平:即劳动者在生产过程中所平均推动的生产资料,如果把生产资料量看作是以不变价格计算的生产基金,劳动者人均技术装备水平就表现为劳动者人均资金拥有量。人均技术装备水平越高,劳动生产率越高、该地区提高人均收入的潜力就越大。

④ 劳动生产率:即劳动者生产某种产品的劳动效率。劳动生产率水平可以用单位时间内所生产的产品的数量来表示,也可以用生产单位产品所耗费的劳动时间来表示。

⑤ 新建建筑建筑能耗（标准煤）:指建筑在建造和使用过程中,热能通过传导、对流和辐射等方式对能源的消耗。为了统一能耗计量,使用标准煤进行计量。标准煤亦称煤当量,具有统一的热值标准。

4）建筑生产过程各阶段的集成化

建筑体系应用率:建筑体系是建筑技术的系统化的核心,也是建筑工业化生产的基础和前提,建筑工业化的建筑体系是以专业化的生产方式,将建筑部品加以装配集成为具有优良性能产品的建筑体系。该指标即年新建建筑面积中,使用集成化建筑体系的面积所占比例。

5）产品供应成品化

新建成品住房比例:年新建建筑面积中,成品住房的面积所占比例。

（2）产业化

1）产业链结构完整化

① 产业链环节完整度:在一定地区范围内,建筑产业内行业的种类占建筑产业全部种类的数量比例。

② 国家级产业化基地数量:在一定地区范围内,国家级产业化基地的数量,目前以国家住宅产业化基地和国家住宅产业现代化综合试点城市为代表。

2）产业组织协同化

产业集团/产业联盟数量:产业联盟是指科研单位、生产企业、开发企业经鼓励组成产业联盟,形成产业集团。通过产业链延伸,形成产业集群,提升建筑产业现代化水平。该指标即在一定地区范围内产业集团/联盟的数量。

3）产业布局合理化

① 产业集中度:产业集中度也叫市场集中度,是指市场上的某种行业内少数企业的生产量、销售量、资产总额等方面对某一行业的支配程度,它一般是用这几家企业的某一指标（大多数情况下用销售额指标）占该行业总量的百分比来表示。

② 产业集聚度:从目前的研究来看,产业集聚度的测度大都通过某一产业的区位集

中程度来判定产业集群是否存在。常用到的测定产业集聚度的方法都把产业集群一个"黑箱"同外部的经济组织进行比较,以测定产业集群的集聚程度。然而,产业集群的三个基本特征:"弹性专精、竞争合作、社会根植性"是相互关联、共同发展的,集群内的经济活动是以网状的方式交织在一起的。因此,产业集聚度其实就是对产业集群内部网络系统的衡量和外部影响力的评价。它包含两方面的内容:一是产业集群内部网络系统的完善度和紧密度,二是产业集群在区位内的影响力和在产业内的影响力。

4) 产业生产规模化

① 产业规模:广义上的产业规模是指一类产业的产出规模或经营规模,产业规模可用生产总值或产出量表示。

② 产业增加值占 GDP 的比重:建筑产业对 GDP 增长的贡献可以用贡献率来表示。贡献率可以用于分析经济增长中各因素作用大小的程度,计算方法是:贡献率(%)=某因素贡献量(增量或增长程度)/总贡献量(总增量或增长程度)×100%,实际上是指某因素的增长量(程度)占总增长量(程度)的比重。

(3) 信息化

1) 信息系统的建立

信息系统应用比例:在一定地区范围内,建筑产业相关企业、政府主管部门等使用信息系统的比例。

2) 先进信息技术的应用

先进信息技术主要包括 BIM 技术、智能化技术、物联网技术等,该指标即在新建项目中使用先进信息技术的项目所占比例。

(4) 绿色化

1) 资源利用集约化

清洁能源及可再生材料应用比例:清洁能源是不排放污染物的能源,它包括核能和"可再生能源"。可再生能源是指原材料可以再生的能源,如水力发电、风力发电、太阳能、生物能(沼气)、海潮能这些能源。而可再生材料是指原材料可以再生的材料,该指标即在新建项目中使用清洁能源及可再生材料的项目所占比例。

2) 环境影响最低化

① 绿色建筑比例:在一定地区范围内,新建项目获得绿色建筑认证的项目所占比例。

② 建筑节能减排目标完成情况:各地完成《建筑业发展"十二五"规划》中节能减排目标的情况。

(5) 价值最大化

1) 建筑质量提高

① "四新技术"应用比例:在一定地区范围内,新开工建筑面积中,应用"新技术、新工艺、新材料、新设备"四新技术的面积所占比例。

② A 级住宅性能认定小区数量:在一定地区范围内,获得国家 A 级住宅性能认定小区数量。

2) 建筑使用功能提高

① 康居示范工程数量：在一定地区范围内，获得国家康居示范工程项目数量。

② 人均住房面积：在一定地区范围内，人均住房面积情况。

3) 全生命期成本降低

全生命期成本：建筑在全生命周期内包括开发建设、运营维护和拆除的总成本。

4) 利益相关者满意

利益相关者满意程度：建筑产业现代化的利益相关者主要包括政府、企业、社会公众等，该指标用来度量利益相关者的综合满意程度。

根据上述评价指标及内容，构建建筑产业现代化发展水平理论性监测评价水平指标体系，如表 8-1 所示。

表 8-1　建筑产业现代化发展水平理论性监测评价指标

目标层	准则层	方案层
工业化	建筑设计标准化	模块化设计应用情况
		标准化、模数化产品应用情况
	部品生产工厂化、规模化	整体功能间应用比例
		非主体结构预制构配件应用比例
		主体结构预制构配件应用比例
	现场施工装配化、精益化	新建建筑装配化比例
		平均建设成本
		人均技术装备水平
		劳动生产率
	建筑生产过程各阶段的集成化	工业化建筑体系应用率
		成套技术应用情况
	产品供应成品化	新建成品住房比例
产业化	产业链结构完整化	产业链环节完整度
		国家级产业化基地数量
	产业组织协同化	产业集团/产业联盟数量
	产业布局合理化	产业集中度
		产业园区情况
	产业生产规模化	产业规模
		产业增加值占 GDP 比重
现代化	信息化	信息系统建立	信息系统应用情况
		先进信息技术应用	BIM、智能化等先进信息技术应用情况
	绿色化	资源利用集约化	新建建筑能耗
			清洁能源及可再生能源应用情况
		环境影响最低化	绿色建筑数量
			建筑节能减排目标完成情况

续表 8-1

目标层	准则层	方案层
现代化	价值最大化	产业科技含量提高
		四新技术应用情况
		科技进步贡献率
		建筑质量提高
		国家级优质工程数量
		建筑使用功能提高
		A级住宅性能认定小区数量
		康居示范工程数量
		人均住房面积
		全生命期成本降低
		建筑全生命期成本
		利益相关者满意
		利益相关者满意程度

8.1.2 操作性监测评价指标及内容

从理论性监测指标中选出具有操作性的、易于量化比较的监测指标。此外，一个地区的区域人口密度、区域人均住房面积、区域建筑产业企业数量等指标可衡量建筑产业现代化的发展基础，作为基础类的建筑产业现代化监测指标。因此，操作性监测评价指标及内容如下所示。

(1) "工业化"相关指标

设计标准化是建筑生产工业化的组成部分之一，内容主要集中在对于标准化户型（模块化设计）和其余标准化、模数化产品的设计等。建筑生产工业化应从结构入手，建立新型结构体系，一些预制构配件：阳台、空调板、楼板、楼梯、外墙板、内隔墙等都可以通过统一的工厂化制作避免在现场零星地制作。此外厨房、卫生间等具有一定功能的空间，是目前较为主流和领先的整体功能间，也应该纳入考虑范围。现场施工的装配化与精益化同样是工业化的重要内容。那么就应该考虑新建建筑装配化比例，平均建设成本（建材价格指数可以一定程度反映该地的建设成本）的降低，以及平均建筑生产能耗的降低。

此外，建筑生产工业化要求建筑产品实现成品化供应，该部分内容主要体现在住宅和公共建筑的土建装修一体化，发达国家建筑工业化较为发达与成熟，80%以上为成品住房，新建成品住房的比例是体现建筑生产工业化最直接因素之一。最后，劳动生产率的提高是从业人员专业化的最集中体现，也应纳入相关指标中。

(2) "产业化"相关指标

江红等学者（2000）在定义"产业化"时尤其强调是使具有同一属性的企业或组织集成至"社会承认的规模程度"，即产业生产的规模化。广义上的产业规模是指一类产业的产出规模或经营规模，产业规模可用生产总值或产出量表示。为了更加形象，加入房地产增加值占GDP的比重和建筑业产值占GDP的比重，以明确衡量建筑产业对该地区国民经济的贡献。

"产业化"同样强调产业完整、产业集中、产业聚集等内容，国家级产业基地的数量和种类是产业完整度、产业聚集水平和产业组织水平的集中体现。

(3)"现代化"相关指标

现代化主要体现在信息化、绿色化和价值最大化。其中信息化可由信息技术应用情况来衡量。绿色化主要表现在建筑本身使用的清洁能源和可再生材料的使用情况来体现。价值最大化指建筑生产全生命期的价值提高和建筑产品质量性能的提高,可以使用该地区通过康居示范工程、住宅性能认定、绿色建筑的项目数量来直观体现。

建筑产业现代化简单来说就是要用现代科学技术改善传统的建筑产业,并使之现代化的过程。通过大量新材料、新技术、新工艺、新设备的推广应用,大幅度提高建筑生产的劳动生产率和质量水平,降低生产成本,全面改善建筑的使用功能和居住环境,高速度、高质量、高效率地建设符合市场需求的现代建筑,即大量的"四新技术"的推广应用。

8.1.3 监测评价指标体系的构建

建筑产业现代化发展水平监测评价指标体系如图 8-1 所示。

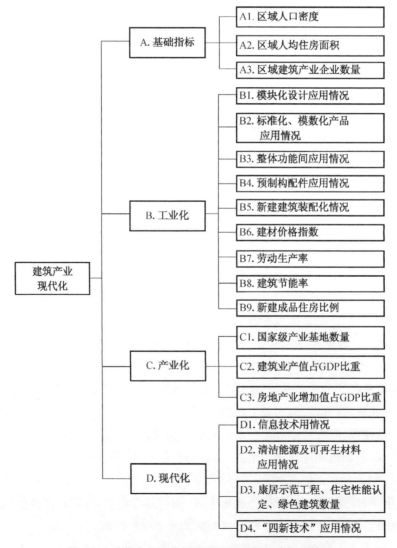

图 8-1 建筑产业现代化发展水平监测评价指标体系

8.2 评价模型和方法

8.2.1 基于 DPSIR 的监测评价指标体系构建

DPSIR 模型包括了社会、经济、环境、政策四大要素,表明了社会、经济等人类行为对环境的影响,以及环境具体的变化和所形成的状态,同时也反映了环境状态对人类社会的反馈作用。DPSIR 模型中五类指标之间的相互作用如图 8-2 所示。

以 DPSIR 为模型,考虑指标间可持续的因果关系和相互作用,对该系列指标进行潜在缘由、相关活动、状态问题、影响、响应措施等的分类,并充分结合考虑相关专家的建议,指标分类如下:

(1) 驱动力指标分析:驱动力指标主要指影响建筑产业现代化发展的主要社会经济潜在因素。一般主要为地区社会经济指标,如人口等。故区域人口密度(A1)、区域建筑企业数量(A3)等指标可用来描述驱动力。

(2) 压力指标:压力指标指直接导致建筑产业现代化发展或衰退的指标,主要以人类的活动和行为为主。驱动力指标和压力指标较为相似,作为直接影响建筑产业现代化水平的指标,区域人均住宅面积(A2)、建材价格指数(B6)、劳动生产率(B7)、建筑节能率(B8)等指标可用来描述压力。

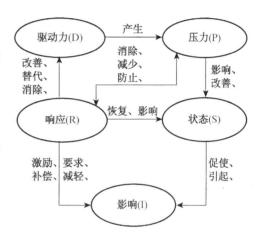

图 8-2 DPSIR 框架模型

(3) 状态指标分析:状态指标是建筑产业现代化发展在以上各种压力下的现实表现,可是说是体现建筑产业现代化发展水平的主要指标。模块化设计应用情况(B1)、标准化及模数化产品应用情况(B2)、整体功能间应用情况(B3)、预制构配件应用情况(B4)、新建建筑装配化情况(B5)、新建成品住房比例(B9)、信息技术应用情况(D1)、清洁能源及可再生材料应用情况(D2)、"四新技术"应用情况(D4)等指标很好地反映了建筑产业现代化在社会经济环境和人类行为的推动下,做出了怎样具体的表现。

(4) 影响指标:影响指标主要描述建筑产业现代化发展的状态又反作用于人类社会经济并对其的影响。故建筑业产值占 GDP 比重(C2)、房地产业增加值占 GDP 比重(C3)等指标则反映了人类经济社会受建筑产业现代化发展水平影响后的具体反应。

(5) 响应指标:响应指标反映了人类社会在面对建筑产业现代化的发展带来的影响时的反应。在已列出的指标中,主要体现在人类社会对地区建筑业现代化发展水平的评定。故国家级产业基地数量(C1)、康居示范工程数量、住宅性能认定数量、绿色建筑数量(D3)等指标可以反映人类对于建筑产业现代化量化的评定和控制。

最终确立的建筑产业现代化发展水平监测评价指标体系模型如图8-3所示。

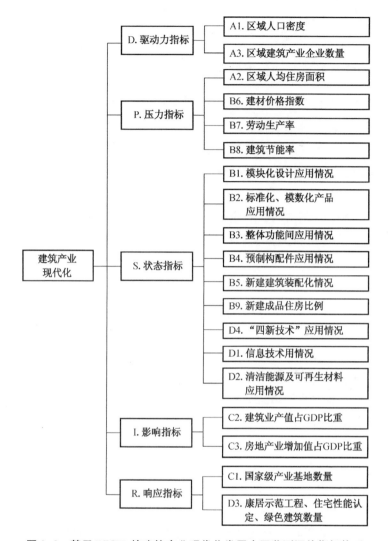

图8-3 基于DPSIR的建筑产业现代化发展水平监测评价指标体系

8.2.2 评价模型

根据上文建立的基于DPSIR模型的建筑产业现代化发展水平监测评价指标体系，采用层次分析法（AHP）确定各个指标的权重，将建筑产业现代化发展水平作为目标层，驱动力、压力、状态、影响、响应作为建筑产业现代化发展水平的五个准则层，具体的19个指标构成指标层，且各个指标间相互独立，无内部依赖关系。

在构建评价模型的基础上，根据直接优势度原则，设计了建筑产业现代化发展水平监测评价指标相对重要度评分表，并邀请来自东南大学相关领域的研究人员、A省住建厅相关部门的政府人员和从事相关领域超过10年的大型企业人员等10位专家对评分表中的指标进行打分。将专家打分数据录入SD软件计算各指标权重，结果显示各层判断矩阵均满足一致性检验。

经 SD 软件计算输出的结果如表 8-2 所示,每个指标的最终权重为 $w_k = w_i \times w_{ij}$,即由所属准则层的权重 w_i 和该指标单权重 w_{ij} 相乘所得。

表 8-2 建筑产业现代化发展水平评价指标权重表

对象	控制层 目标	权重	指标层 指标	单权重	最终权重	排序
建筑产业现代化发展水平	D. 驱动力指标	0.087 5	D1. 区域人口密度	0.500 0	0.043 8	10
			D2. 区域建筑产业企业数	0.500 0	0.043 8	11
	P. 压力指标	0.138 9	P1. 区域人均住宅面积	0.200 0	0.027 8	16
			P2. 建材价格指数	0.400 0	0.055 6	7
			P3. 劳动生产率	0.200 0	0.027 8	17
			P4. 建筑节能率	0.200 0	0.027 8	18
	S. 状态指标	0.404 8	S1. 模块化设计应用情况	0.142 5	0.057 7	5
			S2. 标准化、模数化产品应用情况	0.103 2	0.041 8	12
			S3. 整体功能间应用情况	0.242 7	0.098 2	2
			S4. 预制构配件应用情况	0.074 2	0.030 0	14
			S5. 新建建筑装配化情况	0.086 9	0.035 2	13
			S6. 新建成品住房比例	0.114 2	0.046 2	9
			S7. "四新技术"应用情况	0.120 4	0.048 7	8
			S8. 信息技术应用情况	0.047 3	0.019 1	19
			S9. 清洁能源及可再生材料应用情况	0.068 7	0.027 8	15
	I. 影响指标	0.138 9	I1. 建筑业产值占 GDP 比重	0.500 0	0.069 5	3
			I2. 房地产业增加值占 GDP 比重	0.500 0	0.069 5	4
	R. 响应指标	0.229 9	R1. 国家级产业化基地数量	0.250 0	0.057 5	6
			R2. 康居示范工程、住宅性能认定、绿色建筑数量	0.750 0	0.172 4	1

采用综合评价法,对各因素由优到劣分成 5～1 分五个等级,将每个因素中各方案的排队等级分数乘以该因素的相应权数,得到评价对象的总得分。用公式表达即:

$$y = \sum_{j=1}^{m} w_j \cdot x_j$$

其中:y 代表被评价对象的综合评价的总得分;w_j 是指标 x_j 相应的权重,$\sum w_j = 1$。

经过大量的文献资料的收集、研究以及和相关领域专家的共同讨论,对建筑产业现代化发展水平监测评价指标体系内的指标建立了统一的评分标准分级。如表 8-3 所示。

表 8-3 产业现代化发展水平评价指标评分标准

目标	评价指标	指标性质	评价标准	设置依据
D 驱动力指标	D1. 区域人口密度	定量指标	5分——700人/平方千米及以上 4分——500~700人/平方千米 3分——300~500人/平方千米 2分——100~300人/平方千米 1分——100人/平方千米以下	参考《浙江省"十二五"城镇住房保障与房地产业发展规划》
	D2. 区域建筑产业企业数	定量指标	5分——6 000家及以上 4分——5 000~6 000家 3分——4 000~5 000家 2分——3 000~4 000家 1分——3 000家以下	
P 压力指标	P1. 区域人均住宅面积	定量指标	5分——30平方米及以上 4分——25~30平方米 3分——20~25平方米 2分——15~20平方米 1分——15平方米以下	参考《大连市住宅产业化"十二五"发展思路》《2012年建筑业发展统计分析》《中国统计年鉴2013》
	P2. 建材价格指数	定量指标	5分——90及以下 4分——90~95 3分——95~100 2分——100~105 1分——105及以上	
	P3. 劳动生产率	定量指标	5分——30万元/人及以上 4分——28万~30万元/人 3分——27万~28万元/人 2分——26万~27万元/人 1分——26万元/人以下	以近年全国建筑业劳动生产率约为267 860元/人;2010年美国建筑行业劳动生产率约为54万元/人
	P4. 建筑节能率	定量指标	5分——65%及以上 4分——55%~65% 3分——45%~55% 2分——35%~45% 1分——35%以下	《江苏省"十二五"建筑节能规划》
S 状态指标	S1. 标准化户型应用情况 S2. 标准化、模数化产品应用情况 S3. 整体厨卫应用情况 S4. 预制构配件应用情况 S5. 新建建筑装配化情况 S7. "四新技术"应用情况 S8. 信息系统应用情况 S9. 清洁能源可再生材料应用情况	定性指标	5分——已有大量的项目应用的 4分——介于3~5分程度之间的 3分——已有项目应用的 2分——介于1~3分程度之间的 1分——尚未开展相关工作但有实施计划的	参考《绿色建筑行动方案》《国家住宅产业现代化综合试点城市(区)发展规划》《成品住房装修技术标准》《安徽省住宅产业现代化"十二五"发展规划》

续表 8-3

目标	评价指标	指标性质	评价标准	设置依据
S 状态指标	S6. 新建成品住房比例	定量指标	5 分——比例在 60% 及以上的 4 分——比例在 40%~60% 的 3 分——比例在 20%~40% 的 2 分——比例在 10%~20% 的 1 分——比例在 10% 以下的	
I 影响指标	I1. 建筑业产值占 GDP 比重	定量指标	5 分——7.0% 以上 4 分——6.0%~7.0% 3 分——5.0%~6.0% 2 分——4.0%~5.0% 1 分——4.0% 以下	参考《杭州市"十二五"住房保障与房地产业发展规划》《上海市住宅产业现代化发展"十五"规划纲要 2002》《中国建筑业 2012 回顾与 2013 展望》
	I2. 房地产业增加值占 GDP 比重	定量指标	5 分——7.0% 及以上 4 分——6.0%~7.0% 3 分——5.0%~6.0% 2 分——4.0%~5.0% 1 分——4.0% 以下	
R 响应指标	R1. 国家级基地数量	定量指标	5 分——数量在 10 个以上 4 分——数量在 6~9 个 3 分——数量在 4~6 个 2 分——数量在 2~4 个 1 分——数量在 1 个及以下	参考《国家住宅产业现代化综合试点城市(区)发展规划》
	R2. 康居示范工程、住宅性能认定、绿色建筑数量	定量指标	5 分——总和在 150 个以上 4 分——总和在 100~150 个 3 分——总和在 60~100 个 2 分——总和在 25~60 个 1 分——总和在 25 个以下	

8.3 实证研究

根据上文建立的评价指标体系和评价模型及方法,本节将通过对 A 省建筑产业现代化发展水平进行监测与评价,检验上文所构建的建筑产业现代化发展水平监测评价模型的合理性与可行性。通过收集数据将相关定量指标详细数据信息罗列于表 8-4,相关定性指标将直接由专家组评估打分。

表 8-4 A 省建筑产业现代化发展水平评价案例信息(以 2015 年数据为主)

指标	数据信息	信息来源
D1. 区域人口密度	775 人/平方千米	《A 省统计年鉴 2015》
D2. 区域建筑产业企业数	9 220 个	《A 省统计年鉴 2015》

续表 8-4

指　标	数据信息	信息来源
P1. 区域人均住宅面积	44.93 平方米	《A 省统计年鉴 2015》
P2. 建材价格指数	91.7	A 省统计局
P3. 劳动生产率	297 437/人/年	《A 省统计年鉴 2015》
P4. 建筑节能率	65%	《A 省"十三五"建筑节能规划》
S6. 新建成品住房比例	15%	A 省建筑经济统计学会
I1. 建筑业产值占 GDP 比重	35.45%	《2015 年 A 省国民经济和社会发展统计公报》
I2. 房地产业增加值占 GDP 比重	5.08%	《A 省统计年鉴 2015》
R1. 国家级产业基地数量	8	国家住宅产业化基地名单
R2. 康居示范工程、住宅性能认定、绿色建筑数量	共 631 个	康居示范工程名录、住建部 A 级住宅认定、人民网江苏视窗

根据收集的评价对象各指标因素的情况，邀请了来自东南大学本领域的研究人员、A 省住建厅相关部门的政府人员和本领域的大型企业人员等 5 位专家，根据表 8-3 中规定的评分标准为定性指标打分。综合定量指标的得分和定性指标的专家打分，最终评价结果详见表 8-5。

表 8-5　A 省建筑产业现代化发展水平评价结果

评价对象	目标	指标	评分均值 P_{ij}	单权重 w_{ij}	目标得分 $P_i = \sum(w_{ij} \times P_{ij})$	目标权重 w_i	评分 $P_i = \sum(w_i \times P_i)$
江苏省建筑产业现代化发展水平	D	D1	5	0.500 0	5.000 0	0.087 5	3.6124
		D2	5	0.500 0			
	P	P1	5	0.200 0	4.400 0	0.138 9	
		P2	4	0.400 0			
		P3	4	0.200 0			
		P4	5	0.200 0			
	S	S1	3.2	0.142 5	2.263 2	0.404 8	
		S2	1.6	0.103 2			
		S3	2	0.242 7			
		S4	1.6	0.074 2			
		S5	2	0.086 9			
		S6	2	0.114 2			
		S7	3.2	0.120 4			
		S8	1.8	0.047 3			
		S9	2.4	0.068 7			
	I	I1	5	0.500 0	4.000 0	0.138 9	
		I2	3	0.500 0			
	R	R1	4	0.250 0	4.750 0	0.229 9	
		R2	5	0.750 0			

A省建筑产业现代化发展水平监测评价最终得分为3.5022分。该得分说明：

（1）从总得分可以看出，目前A省建筑产业现代化的发展水平总体较为一般。

（2）压力指标和状态指标目标得分低于最终评分，可见直接影响建筑产业现代化发展水平的几项指标情况不佳，导致建筑产业现代化发展水平状态指标评分不高。

（3）驱动力指标、影响指标和响应指标的目标得分均高于最终评分。可见A省本身的地理面积、人口、建筑企业数等社会经济指标均处于全国领先水平，为A省建筑产业现代化发展提供了良好的基础，而建筑产业现代化的发展给人类经济社会带来的反馈也比较乐观。

第9章 建筑产业现代化项目管理创新

建筑产业现代化项目管理水平将直接关系到相关企业在未来建筑市场上的竞争力。因此,不断提升建筑产业现代化项目管理的创新水平,已成为提升企业核心竞争力的重要途径。本章简要介绍了和建筑产业现代化项目相关的采购模式创新、组织管理创新、招投标与工程报价创新和质量安全管理创新等内容。

9.1 采购模式创新

9.1.1 装配式建筑采购管理特点

工程项目采购管理是项目管理中的一个重要环节,是对整个项目采购活动的计划、组织、指挥、协调和控制的管理活动。工程项目采购管理的主要目就是要保证整个组织的物资供应满足项目需求。

装配式建筑项目在采购过程中与传统建设项目工程物料采购活动相比,既有相同的地方,也有自身的特点,主要体现在下面几个方面:

(1) 采购对象简化

传统建设项目所有施工材料均需采购,项目采购种类繁多、数量大,由于采购工作的重复性及运输当中物料损耗大,造成采购成本增加。在装配式建筑项目里,预制构件相当于把一般工程项目里需要采购的多种材料合为一体,减少了采购数量,简化了采购流程,减少了因采购而产生的人力物力的消耗。

(2) 供应商选择范围小

目前预制装配式结构并没有得到广泛应用,与传统项目相比供应商选择范围受到了限制。

(3) 运输方案要求高

传统建设项目虽然采购种类繁多、数量大,但都便于运输。在装配式建筑项目中,预制构件由于其自身体积大、自重大,并且形状固定,在运输过程中相互的碰撞可能会使构件受损,现场施工进度与构件运输计划关联度高,因此,装配式建筑项目对运输方案要求更高。

(4) 质量检验更复杂

预制构件本身处于一种成品或半成品的状态,其所用原材料的质量有时不能通过对构件直接观察进行判断,验货时还需要对其拆卸后进行检查,或者采取进厂事前检验,或者制造中监管工艺质量等,因而投入的检验成本相对较高,它的质量检验程序比一般物料更为复杂。

(5) 施工现场储存量较少

传统工程项目需要存储各种各类的物料,施工现场物料存储量较高。装配式项目由于构件体积较大,需要构件运输与现场吊装协调作业,预制构件施工现场储存量较少。

(6) 采购过程的动态性强

预制构件的采购计划是装配式建筑项目总计划的一部分,项目采购计划受到项目总计划和施工进度计划的影响。一方面,其采购计划和施工进度计划要做到相互协调,采购量和采购时间都要根据施工进度计划来考虑。另一方面,施工进度计划的调整,导致原本正确的采购计划出现错误。因此,与传统项目相比装配式建筑项目采购过程的动态性更强。

9.1.2 装配式建筑项目采购管理程序

装配式建筑项目采购和传统项目工程采购、货物采购、咨询货物采购相比,都有共性。根据 PMPOK 2008 版中的项目采购管理有关内容,并结合装配式建筑预制构件的采购特点,其采购管理程序可以分为规划采购、实施采购、管理采购和结束采购几个过程,如图 9-1 所示[3]。

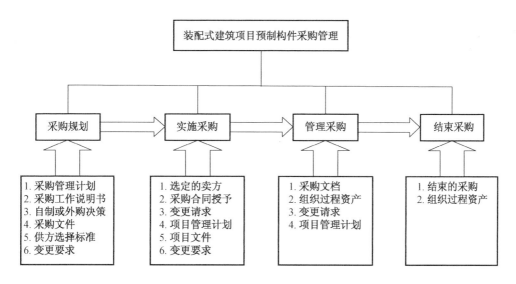

图 9-1 装配式建筑项目采购管理程序

规划采购:记录采购前期的决策工作、确定采购方法、识别潜在供应商的过程。

实施采购:与供应商进行谈判获取交易信息、最后确定供应商并签订采购合同的过程。

管理采购:管理采供双方关系、监督合同履行并根据情况采取变更或者纠正措施的过程。

结束采购:完成单次项目采购的过程。

9.1.3 建筑产业现代化背景下的精益采购

精益思想起源于日本丰田汽车公司发明的精益生产方式,这一思想的应用短时间内使丰田汽车不管在质量方面还是成本方面都占据很大的优势,并一度使日本成为世界汽车中心。世界各地专家学者通过对丰田模式的研究,从理论的高度概括精益建造中所包含的管理思维——精益思想。精益采购是运用精益思想,以采购成本治理为切入点,通过规范企业的采购行动,实施科学决策和有效控制,以彻底消除采购过程中的浪费和不确定性、最大限度地满足顾客要求为目的,从而实现采购环节的成本降低和过程优化。

与传统采购相比,精益采购从为库存而采购转变为订单而采购的,减少采购过程中的浪费和库存管理的费用。通过长期合作,精益采购从一般买卖关系向战略协作伙伴关系转变,降低材料采购的成本。通过信息共享,精益采购减少材料供应过程中的不确定,提高供应链的稳定性。精益采购与传统采购的具体区别如表9-1所示[4]。

表9-1 精益采购与传统采购的区别

对比采购模式	精益采购	传统采购
供应商关系	长期合作,单源供应	短期合作,多源供应
供应商协商选择标准	长期合作关系,多标准并行考虑	强调价格
采购批量	高频率,数量较少	低频率,数量众多
运输	借助第三方物流公司	有卖方负责安排,成本较低
信息交流	建立信息共享平台	信息专有
采购目的	订单驱动,按需采购	为库存而采购

在装配式建筑的整个建造体系中,从施工开始前原材料的采购,到建设过程中的施工建造,直到最后项目的交付使用,各个环节产生大量的采购需求。因此,建筑企业如何减少库存,降低建造周期、控制成本、减少浪费、保证产品的质量和交货期以及满足消费者对建筑产品越来越高的要求,成为每个建筑企业必须要面对和解决的问题。

相对传统的采购流程而言,在建筑产业现代化背景下的精益采购流程有两大特色:①信息共享平台的构建。在装配式建筑采购供应链中,以物流和信息流为关键,物流是一种自下而上的单项实物流,是推式的;而信息流是自上而下的双向流,是拉式的。在采购供应链中,上游环节是信息的源头,没有拉式的信息,也就不可能有推式的物流,所以从根本上说,物流又从属于信息流。②第三方物流公司的参与。建筑产业现代化背景下的精益采购流程图如图9-2所示。

在建筑产业现代化背景下的精益采购流程中,信息共享是实现精益采购的基础。信息共享是指供应链上的各节点企业共同分享市场信息,让各企业都在最原始的市场信息

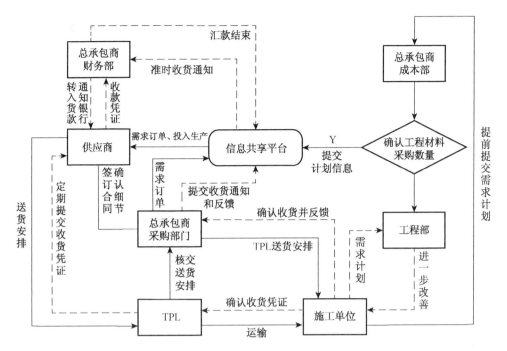

图 9-2 建筑产业现代化背景下的精益采购流程

的基础上进行决策,避免猜测和预测,降低整个供应链的库存和成本,提升整个供应链的反应柔性。在装配式建筑采购供应链中,总承包企业信息流最为复杂、频繁,为了实现采购流程中各参与主体信息共享,工程总承包企业应建立项目采购信息共享平台。在工程总承包企业内部,通过信息共享平台实现企业内部的精益化管理。工程总承包企业根据各参与主体参与程度及主要任务设定权限,通过信息共享平台实现相关参与方的信息能迅速传输、共享,为整个采购供应链高效运行提供技术支持。

供应商通过信息共享平台获得采购部制定的需求订单信息,签订合同后投入生产并与 TPL(Third Party Logistics)制定送货安排。TPL 指的是第三方物流公司,不属于供应链中的直接供需方,第三方物流公司是实现精益采购的关键。TPL 的送货安排经由采购部发送给施工单位,并协助施工单位制定接货安排。此后,TPL 将物资在指定的时间运送到指定的地点,施工单位确认收货,给予 TPL 确认收货凭证,同时将收货信息通知采购部,采购部核实后提交确认收货信息至信息共享平台。财务部从信息共享平台获得收货信息后通知银行将货款汇给供应商,TPL 凭确认收货凭证与供应商结算相关费用。

9.2 组织管理创新

9.2.1 现代制造业的产业组织模式与特点

现代制造业的产业组织体系,是在发达国家随着"先进制造技术"逐步提出并形成的,一般称之为"集成制造系统"。是基于信息技术和广泛的专业化的社会分工与市场协作,以一个总装企业为核心但不局限于该企业范围的多方同步分工协作的制造组织体系与过程。

现代制造业产业组织模式具有如下特点：①通过系统集成，实现了工艺流程的整体协调。例如，通过标准化技术，实现了零部件的可替代性，使外部协作成为可能；通过成组技术，实现了零部件的大批量生产模式，降低了生产成本；采用模块化使得产品的组装过程更加高效与灵活。②通过组织集成，实现管理模式的整体协调。例如，同构并行工程，实现同步生产，有效缩短生产周期。③通过信息集成，为系统集成与组织集成提供高效、全面的信息交流。现代制造业成熟、高效的组织模式可以为装配式建筑组织管理模式提供借鉴与参考。

9.2.2　现代制造业对建筑产业现代化组织创新的借鉴

（1）技术标准化是规模化生产的基础

现代制造业一项显著的特点是产品技术标准化，技术标准化是确保制造业规模化生产的基础。因此，发展通用化、标准化的技术标准体系是建筑产业现代化发展的基础。随着我国建筑产业现代化的不断发展，我国在主体结构、设施设备和装饰装修等成套技术方面，已经取得了卓有成效的进步，建筑模数基本统一，部品、部件的标准化生产工艺等已逐步完善、统一。

（2）组织系统集成是工业化生产的核心

通过组织集成，实现管理模式的整体协调是现代制造业集成制造系统的核心内容。然而在传统的建筑业组织模式中，设计、施工、运营等各个环节处于分离状态，不同组织间的生产效率、效益和协同性低，造成工程工期、成本增加、资源浪费严重。建筑产业现代化的根本在于产业组织的集成化，通过改变设计、生产和施工各个环节之间的组织关系，使其更加连续、高效，实现建设生产组织流程的优化。因此，建筑产业现代化应依托工程总承包的优势，从设计、生产和施工一体化以及结构、机电和部品装修一体化等方面入发，通过建筑产业现代化组织系统的集成，推动建筑企业主营一体化发展。

（3）建立信息化管理平台是主要技术措施

由于建筑产业现代化在整个供应链中需要上、中和下游企业共同参与，协同度高。然而，和制造业相比，建筑业供应链在供应效率方面落后，其原因部分可解释为信息技术不能被有效协同。在建筑产业现代化各环节的参与主体中，不但需要从其他协同方获取信息，还要提供信息给其他协同方，供应链内形成大量、复杂的信息流。目前由于建筑企业信息化水平较低，导致供应链信息流不畅通，无法对各环节资金流和物流进行信息化整合，造成建筑产业现代化协同度低的主要原因。通过建立信息化管理平台，将建筑产业现代化各环节的信息有机结合起来，形成相关参与方能共享的数据化信息模型，通过优化深化设计、构件生产计划、运输和现场施工方案，实现精益建造。

9.2.3　建筑产业现代化组织发展模式

（1）大型企业纵向一体化发展模式

国内建筑产业现代化相关企业，普遍存在规模较小、低水平上竞争激烈的现象，缺乏结构合理的大型骨干企业。在建筑产业现代化产业链中,位于产业链上游的大型开发企业和中游的大型总承包企业包含的价值链环节较多,相关配套环节也较多,具有很强的市场引导能力和规模经济效应。大型企业不仅具有管理和资金优势,而且很多拥有自己的设计院和研发机构。依靠这些条件,大型企业可采用强强联合、兼并发展与技术创新的发展模式,通过调整、组合和重塑上下游优势资源,实现设计与生产、生产与施工、主体与部品部件及装修各环节间的资源优化配置,形成集开发、设计、生产和施工为一体的具有核心竞争力的企业,其发展模式如图9-3所示[6]。

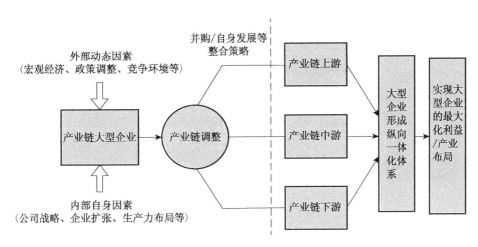

图9-3 大型企业纵向一体化发展模式

大型企业通过产业链整合、产业集群建设,将上下游相互独立、松散的各个主体链条融合成一个产业链系统,从而促进产业链的分工、优化和发展。通过梳理,汇总不同市场主体可整合资源,如表9-2所示。

表9-2 不同参与主体可整合资源

市场主体	作用	整合资源可获得的竞争优势
业主/房地产企业	提供住宅项目需求	稳定的客户关系、品牌优势、开发和销售能力等
设计与科研院所	提供智力支持	获得设计资质、研发能力、专利等
总承包企业	提供项目实施支持	获得承包资质、组织生产和施工管理能力等
构件生产企业	提供构件	获得预制构件生产、库存管理等
专业承包商	提供专业施工服务	获得企业不具备的专业施工技术、降低技术创新风险等
材料和设备供应商	提供建筑材料和设备	降低工程成本,合作研发新型材料、设备供应等
物流行业	提供构件运输	获得运输网络,降低运输成本
金融机构	提供贷款	资金和融资优势

(2)中小型企业横向整合发展模式

大型企业纵向一体化构成的产业链条虽然加工深度增加,但产业链的规模和运行的稳定性可能会受到限制。因此,产业链各个环节相关的中小型企业,通过行业内的横向整合,从资源、技术和产品方面,将产业链的单一线条向外扩展成更宽的产业链面,如表9-3所示。

中小型企业可以根据自身的特点进行差异化、专业化的发展。一部分企业可以进行构配件的生产,为房地产企业或者大型建筑企业提供构配件;一部分企业通过合作的方式形成企业联盟或区域性联盟体,为大型企业提供专业化服务。中小企业可以根据不同的需求,采取多种方式进行横向整合。

表 9-3 中小型企业横向整合方式

类别	横向整合方式
资源方面	租借设备、合作采购设备和原材料、拆借资金、共同采购等
技术方面	专利授权、研发合作、联合产品发展、技术训练、协作开发合约、特许加盟等
产品方面	订单共享、联合营销、订单转包、信息与经验交流、共同应付外部竞争

9.3 招投标与工程报价创新

9.3.1 工程招投标创新

装配式建筑采用工厂预制的形式生产,具有建筑设计标准化、构件生产工厂化、现场施工装配化和组织管理科学化的建造特点,和传统建设工程建造过程相比,在施工过程、施工方法及施工机械选择等方面有所不同。目前国内招标体系中,还是传统招标模式占主导,即采用单一的招投标模式,对建设工程项目全寿命期不同阶段单独进行招投标。鉴于装配式建筑工程技术特殊性,其在招投标方式上也不能按照传统的招投标模式,应从提高招投标工作效率、有利于装配式建筑顺利实施等方面考虑,积极探索、研究适合装配式建筑的招标方式。

国内相关省市已逐步出台与装配式建筑招投标体制相关的政策文件。以建筑强省江苏和浙江为例,江苏为促进装配式建筑的推广应用,规范其招标投标活动,依据《中华人民共和国招投标法》及相关法规、规章的规定和《国务院办公厅关于转发发展改革委住房城乡建设部绿色建筑行动方案的通知》(国办发〔2013〕1号)《省政府关于加快推进建筑产业现代化促进建筑产业转型升级的意见》(苏政发〔2014〕111号)等文件的要求,于2016年4月颁布《江苏省装配式建筑(混凝土结构)项目招标投标活动的暂行意见》(简称《暂行意见》),在《暂行意见》中关于工程招投标体制的主要内容有:①省内全部使用国有资金投资或者国有资金投资占控股或者主导地位的装配式建筑项目,招标发包的标段内设计图纸标明或在招标文件中明确的装配式建筑预制率(±0.00以上部分,预制混凝土构件总体积占全部混凝土总体积的比率)不小于30%的项目,其装配式建筑主体结构的设计、施工、监理相关的招标投标活动适用《暂行意见》。②招标人可以采用邀请招标方式。③采用公开招标方式的,招标人除按照苏建规字(2013)4号文设置资格条件外,可以根据项目具体情况将类似工程业绩、相应构件部品的生产能力、信息化管理水平作为资格审查条件。④采用资格预审方式的,不要求资格审查合格的潜在投标人数量必须满足9家及以上。⑤招标内容为设计施工总承包的,招标人宜按照《中华人民共和国招标投标法实施条例》第三十条的规定分两阶段进行招标,鼓励投标人采用联合体形式投标。⑥评标办法可以采用综合评估法。评审因素除执行设计、施工、监理招标相关规定外,可以根据项目特点相应增设装配式建筑项目技术实施方案、构件生产能力、装配式建筑项目设计、施工、监理信誉和业绩等评审因素。

浙江省人民政府办公厅于2016年8月颁布了《关于推进绿色建筑和建筑工业化发展的实施意见》(简称《实施意见》),在《实施意见》政策支持中提出推行工程总承包,主要包括以下内容:①装配式建筑项目应优先采用设计、生产、施工一体化的工程总承包模式。②政府投融资且依法必须进行招标的装配式建筑项目,只有少数几家建筑工业化生产施工企业能够承建的,符合规定的允许采用邀请招标。③需要专利或成套装配式建筑技术建造的装配式建筑,按《中华人民共和国招标投标法实施条例》规定,可以依法不进行招标。

各个省市应根据建筑产业现代化与地方实际相结合原则的,按多层次多样化需求,因地制宜地确定建筑发包模式和承包模式,建立适合本地区的工程招投标体系,并通过推动建筑产业现代化示范城市、示范基地的建设,促进本地区建筑产业现代化招投标工作的稳步发展。

在招投标活动中,电子招标投标上升为国家层面,国家电子招投标试点工作已开始推进。在装配式建筑项目中鼓励招标人全面使用电子招投标,通过实行"互联网+监管"模式,降低交易成本、提高招投标效率。推行电子招标投标在招投标领域的应用,将有助于实现市场化竞争,促进招标投标市场健康可持续发展。

9.3.2 工程报价创新

目前,我国建筑工程项目招投标时主要采用清单计价模式。现行《清单计价规范》和《计价定额》中缺乏对装配式建筑工程的分部分项工程项目划分、特征描述和工程量计算规则的规定,并且由于市场缺乏装配式建筑构件生产价格的动态信息,导致装配式清单项目综合单价不能真实地反映构件的成本构成情况,造成综合单价准确性差问题。

为满足装配式建筑工程计价需要,住房和城乡建设部于2016年12月颁布了《装配式建筑工程消耗量定额》,要求《装配式建筑工程消耗量定额》与《房屋建筑和装饰工程消耗量定额》(TY01—31—2015)配套使用,原《房屋建筑和装饰工程消耗量定额》(TY01—31—2015)中的相关装配式建筑构件安装子目(定额编号5-356~5-373)同时废止。《装配式建筑工程消耗量定额》中对8类装配率不同的装配式混凝土住宅及装配式钢结构住宅工程的投资估算分别给出了参考指标,为计算装配式建筑的成本提供了清晰、统一的标准和依据。

江苏省对装配式建筑工程计价体系进行专项课题研究,研究编制装配式建筑的计价定额及相关费用政策,为装配式建筑提供计价依据。主要包括编制预制装配式建筑预算定额、装配式建筑的工期定额,完善人工工资单价和社会保障费、公积金等费用的计取方法和费用标准,研究部品构件制作和运输综合定额,形成"购入构件"的完整"落地价",为"设计施工一体化"的工程总承包模式的推行创造条件。省住房和城乡建设厅在2016年4月颁布的《江苏省装配式建筑(混凝土结构)项目招标投标活动的暂行意见》中要求,招标文件中应当设置最高投标限价并明确其组成。在现阶段工程报价配套的装配式建筑计价定额尚未出台前,最高投标限价可参照《江苏省建筑与装饰工程计价定额》(2014版)编制,结合项目的具体情况,合理确定最高投标限价。

9.4 质量安全管理创新

9.4.1 装配式建筑施工质量安全管理要点

传统混凝土结构工程施工质量控制要点主要针对模板工程、钢筋工程和混凝土工程在现场作业过程中的材料、工艺及工具等方面等。与传统现浇式建筑相比,最终产品由多种预制构件按一定比例协调供应、安装。在生产过程中,装配式建筑需要在工厂生产预制构件、构件运输、现场吊装等工作。装配式建筑部品构件出现质量缺陷或问题,将会影响最终的产品质量。根据装配式建筑的生产流程,汇总得到各个环节的质量控制要点,如表9-4所示。

表9-4 装配式建筑不同阶段施工质量安全管理要点

阶段	质量安全管理要点
施工前期	部品构件信息是否齐全,质量保证资料是否完整,部品构件埋件、插筋、预留孔洞的规格、位置、数量是否符合要求,部品构件外观有无严重缺陷,部品构件尺寸偏差情况,部品构件结构性能验算,专项施工方案的制订,部品构件现场存放和保护等
施工阶段	施工时临时支撑的设置及其安全性,安装垂直额水平方向精度,钢筋连接或锚固是否满足规定,混凝土或灌浆材料的强度及收缩性能等是否满足设计要求,施工的外观质量检查是否符合规定,安装不合格的部品处理方案,质量控制点的选择,构件尺寸偏差情况,机械设备准备情况等
施工后期	施工现场对成品的保护,设计变更文件、各种验收资料的收集整理,工程重大质量问题的处理方案等

9.4.2 IDEF0方法在质量信息管理中的应用

对于装配式建筑质量管理应从设计、部品部件生产、施工、运维等全过程各个环节有机结合起来。在装配式建筑全寿命周期内,当某一部品构件出现质量缺陷时,在查找缺陷出现的环节和原因时,需要追溯全寿命周期内关于部品构件的相关记录数据链。对装配式建筑全寿命周期质量管理要梳理清楚各个环节相关的数据关系,在项目开展过程中通过采集和存储这些关键信息,通过建立建筑质量反向追溯的全寿命周期信息体系,才能实现装配式建筑全寿命周期质量管理。

IDEF0是来源于结构化分析与设计技术的一套标准,这些标准包含多种层次的图形语言,其中IDEF0用来描述具有重要性的各个过程(活动)。它以图形表示完成一项活动所需要的具体步骤、操作、数据要素以及各项具体活动之间的联系方式。一项活动是一个在特定时间发生的,具有可辨认结果的,并且经过命名的过程、功能或任务,如图9-4所示。而一个过程实际上是多个活动的联结体,如图9-5所示。

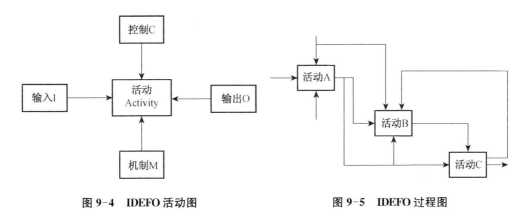

图 9-4　IDEF0 活动图　　　　图 9-5　IDEF0 过程图

按照IDEF0规则,每个活动包括输入、输出、机制(人员、设备等)和控制(合同、规范、流程等)信息。一个活动的输出可以是另一个活动的输入、控制或机制,例如"设计"活动的输出"部品构件图"是"生产"活动的控制,表示生产活动要按照设计图进行加工生产。基于IDEF0的装配式建筑全寿命周期信息体系如图9-6所示[8]。

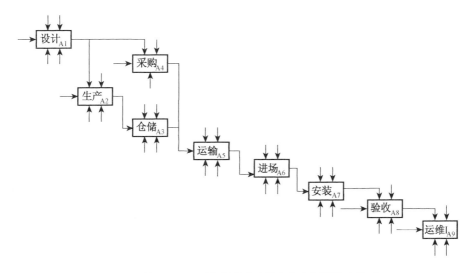

图 9-6　基于 IDEF0 的装配式建筑全寿命周期信息体系

在装配式建筑全寿命周期内,各个活动的主要信息如表9-5所示[8]。

表 9-5　基于 IDEF0 的装配式建筑全寿命周期主要活动信息表

	输入	输出	控制	机制
设计	设计要求	建筑施工图、部品构件图	设计规范、合同	设计人、审核人、项目负责人
生产	原材料	部品构件	生产过程、工艺、规范	生产负责人、操作人、设备
仓储	部品构件	部品构件	入库单、出库单	仓库负责人、保管员、仓库
采购	部品构件规格数量要求	部品构件	采购单、购货合同要求	供应方、采购员、采购负责人
运输	部品构件	部品构件	出库单、运输合同	运输人、车辆
进场	部品构件	部品构件	运输单、检验单	验收人
安装	部品构件	半成品	安装过程、工艺、规范	质量负责任人、验收人、设备
验收	各种质量保证资料半成品	验收结果	验收文件、程序、标准、规范	各级质量负责人、验收人

9.4.3　物联网技术在装配式建筑质量管理中的应用

物联网是在计算机互联网的基础上，利用射频识别技术（Radio Frequency Identification，RFID）、无线数据通信等技术，使网络中物品无需人的干预能够彼此进行"交流"。其实质是利用信息感知技术，通过信息传输实现物品的自动识别和信息的互联与共享。

RFID 技术可通过无线电讯号识别特定目标并读写相关数据，而无需识别系统与特定目标之间建立机械或光学接触。RFID 技术从结构上讲是一种简单的无线系统，只有两个基本器件，该系统用于控制、检测和跟踪物体，且对应用环境要求较低，目前已成为物联网技术在装配式建筑项目中关键应用技术之一。通过采用有源 RFID 电子芯片＋二维码的形式可对构件全过程进行定位追踪。在构件生产过程中，根据项目信息、楼栋号、楼层、构件类型、构件规格等信息批量打印二维码，构件生产人员将构件二维码粘贴在构件两侧，通过扫描二维码将芯片与构件进行关联，关联信息同步至服务器后，信息管理平台自动记录构件生产流程步骤。在加工厂和施工现场大门及堆场位置安装有源芯片接收器，当挂有芯片的构件通过采集位置，实现构件信息的自动采集。现场工作人员可以手机端和专业手持端查看构件信息，并将施工过程信息添加到构件中。

通过 RFID 技术可实现装配式建筑构件质量全过程追溯。在物联网技术中，云计算技术、数据挖掘技术、红外感应器、全球定位系统等对装配式建筑质量管理提供新的技术支持。

9.4.4　5W1H 方法在质量信息采集中的应用

信息质量是一个多维度的概念，一般认为，信息质量维度是指信息满足用户要求和使用目的基本质量特性，包括何时（when）、何人（who）、何地（where）、如何采集（how）、信息采集凭据(why)、活动结果(what)5W1H六个维度的信息。

在装配式建筑的全寿命周期中,各主体单位都需要采集多维度的质量信息来确保质量责任追溯机制的实现。依据装配式建筑建造过程设置以下七类信息采集点:一是原材料检验;二是生产过程;三是部品构件入库;四是运输装车;五是部品构件进场;六是部品构件安装;七是部品构件安装检验。

根据装配式建筑建造过程质量追溯所需信息,然后按照5W1H原则在各个信息采集点上采集所需数据。例如,在一个生产过程的某个工序上,要采集生产负责人(who),生产日期(when),生产地点(where),工序名称、部品构件编号、所用原材料编号(what),生产现场照片、视频(how),生产活动所依据的工艺要求、规范、合同(why)等信息。

依据装配式建筑建造过程设置信息采集点,按照5W1H原则确认要采集的数据后,利用RFID技术进行数据采集,获取部品构件在产业链上每一个环节和节点信息,建立起完整的装配式建筑质量追溯信息体系,如表9-6所示[8]。

表9-6 基于5W1H方法的装配式建筑质量追溯信息体系

信息采集点	Who	When	Where	What	Why	How
原材料检验	检验人	检验时间	检验地点	材料名称及批次、供货厂家、检验结果	合同	合格证检验报告
生产过程	生产负责人	生产日期	生产地点	工序名称、部品构件编号、所有原材料及批次	工艺要求、技术规范、操作规范合同	现场照片、现场视频、检验表格
部品构件入库	入库负责人	入库时间	仓库地点	仓库名称	入库单	现场照片、检验表格
运输装车	运输人	运输时间	起点、终点	车牌号、所运部品构件编号	出库单、运输合同	出库检验表、相关照片
部品构件进场	检验人	检验时间	检验地点	部品构件编号、运输单编号、检验结果	运输单、检验单	验收表格
部品构件安装	安装负责人	安装日期	安装地点位置	部品构件编号	工艺要求、技术规范、操作规范合同	现场照片、吊装视频
部品构件安装检验	检验人	检验时间	安装地点位置	检验项目、检验区域、检验结果	验收文件、程序、标准、规范	检验表格、证明视频

附录
建筑产业现代化政策汇编

国务院办公厅关于转发发展改革委住房城乡建设部绿色建筑行动方案的通知

国办发〔2013〕1号

各省、自治区、直辖市人民政府，国务院各部委、各直属机构：

发展改革委、住房城乡建设部《绿色建筑行动方案》已经国务院同意，现转发给你们，请结合本地区、本部门实际，认真贯彻落实。

国务院办公厅
2013年1月1日

绿色建筑行动方案
发展改革委 住房城乡建设部

为深入贯彻落实科学发展观，切实转变城乡建设模式和建筑业发展方式，提高资源利用效率，实现节能减排约束性目标，积极应对全球气候变化，建设资源节约型、环境友好型社会，提高生态文明水平，改善人民生活质量，制定本行动方案。

一、充分认识开展绿色建筑行动的重要意义

绿色建筑是在建筑的全寿命期内，最大限度地节约资源、保护环境和减少污染，为人们提供健康、适用和高效的使用空间，与自然和谐共生的建筑。"十一五"以来，我国绿色建筑工作取得明显成效，既有建筑供热计量和节能改造超额完成"十一五"目标任务，新建建筑节能标准执行率大幅度提高，可再生能源建筑应用规模进一步扩大，国家机关办公建筑和大型公共建筑节能监管体系初步建立。但也面临一些比较突出的问题，主要是：城乡建设模式粗放，能源资源消耗高、利用效率低，重规模轻效率、重外观轻品质、重建设轻管理，建筑使用寿命远低于设计使用年限等。

开展绿色建筑行动，以绿色、循环、低碳理念指导城乡建设，严格执行建筑节能强制性标准,扎实推进既有建筑节能改造,集约节约利用资源,提高建筑的安全性、舒适性和健康性,对转变城乡建设模式,破解能源资源瓶颈约束,改善群众生产生活条件,培育节能环保、新能源等战略性新兴产业,具有十分重要的意义和作用。要把开展绿色建筑行动作为贯彻落实科学发展观、大力推进生态文明建设的重要内容,把握我国城镇化和新农村建设加快发展的历史机遇,切实推动城乡建设走上绿色、循环、低碳的科学发展轨道,促进经济社会全面、协调、可持续发展。

二、指导思想、主要目标和基本原则

（一）指导思想

以邓小平理论、"三个代表"重要思想、科学发展观为指导,把生态文明融入城乡建设的全过程,紧紧抓住城镇化和新农村建设的重要战略机遇期,树立全寿命期理念,切实转变城乡建设模式,提高资源利用效率,合理改善建筑舒适性,从政策法规、体制机制、规划设计、标准规范、技术推广、建设运营和产业支撑等方面全面推进绿色建筑行动,加快推进建设资源节约型和环境友好型社会。

（二）主要目标

1. 新建建筑。城镇新建建筑严格落实强制性节能标准,"十二五"期间,完成新建绿色建筑10亿平方米;到2015年末,20%的城镇新建建筑达到绿色建筑标准要求。

2. 既有建筑节能改造。"十二五"期间,完成北方采暖地区既有居住建筑供热计量和节能改造4亿平方米以上,夏热冬冷地区既有居住建筑节能改造5 000万平方米,公共建筑和公共机构办公建筑节能改造1.2亿平方米,实施农村危房改造节能示范40万套。到2020年末,基本完成北方采暖地区有改造价值的城镇居住建筑节能改造。

（三）基本原则

1. 全面推进,突出重点。全面推进城乡建筑绿色发展,重点推动政府投资建筑、保障性住房以及大型公共建筑率先执行绿色建筑标准,推进北方采暖地区既有居住建筑节能改造。

2. 因地制宜,分类指导。结合各地区经济社会发展水平、资源禀赋、气候条件和建筑特点,建立健全绿色建筑标准体系、发展规划和技术路线,有针对性地制定有关政策措施。

3. 政府引导,市场推动。以政策、规划、标准等手段规范市场主体行为,综合运用价格、财税、金融等经济手段,发挥市场配置资源的基础性作用,营造有利于绿色建筑发展的市场环境,激发市场主体设计、建造、使用绿色建筑的内生动力。

4. 立足当前,着眼长远。树立建筑全寿命期理念,综合考虑投入产出效益,选择合理的规划、建设方案和技术措施,切实避免盲目的高投入和资源消耗。

三、重点任务

（一）切实抓好新建建筑节能工作

1. 科学做好城乡建设规划。在城镇新区建设、旧城更新和棚户区改造中,以绿色、节能、环保为指导思想,建立包括绿色建筑比例、生态环保、公共交通、可再生能源利用、土地集约利用、再生水利用、废弃物回收利用等内容的指标体系,将其纳入总体规划、控制性详细规划、修建性详细规划和专项规划,并落实到具体项目。做好城乡建设规划与区域能源规划的衔接,优化能源的系统集成利用。建设用地要优先利用城乡废弃地,积极开发利用地下空间。积极引导建设绿色生态城区,推进绿色建筑规模化发展。

2. 大力促进城镇绿色建筑发展。政府投资的国家机关、学校、医院、博物馆、科技馆、体育馆等建筑,直辖市、计划单列市及省会城市的保障性住房,以及单体建筑面积超过2万平方米的机场、车站、宾馆、饭店、商场、写字楼等大型公共建筑,自2014年起全面执行绿色建筑标准。积极引导商业房地产开发项目执行绿色建筑标准,鼓励房地产开发企业建设绿色住宅小区。切实推进绿色工业建筑建设。发展改革、财政、住房城乡建设等部门要修订工程预算和建设标准,各省级人民政府要制定绿色建筑工程定额和造价标准。严格落实固定资产投资项目节能评估审查制度,强化对大型公共建筑项目执行绿色建筑标准情况的审查。强化绿色建筑评价标识管理,加强对规划、设计、施工和运行的监管。

3. 积极推进绿色农房建设。各级住房城乡建设、农业等部门要加强农村村庄建设整体规划管理,制定村镇绿色生态发展指导意见,编制农村住宅绿色建设和改造推广图集、村镇绿色建筑技术指南,免费提供技术服务。大力推广太阳能热利用、围护结构保温隔热、省柴节煤灶、节能炕等农房节能技术;切实推进生物质能利用,发展大中型沼气,加强运行管理和维护服务。科学引导农房执行建筑节能标准。

4. 严格落实建筑节能强制性标准。住房城乡建设部门要严把规划设计关口,加强建筑设计方案规划审查和施工图审查,城镇建筑设计阶段要100%达到节能标准要求。加强施工阶段监管和稽查,确保工程质量和安全,切实提高节能标准执行率。严格建筑节能专项验收,对达不到强制性标准要求的建筑,不得出具竣工验收合格报告,不允许投入使用并强制进行整改。鼓励有条件的地区执行更高能效水平的建筑节能标准。

(二)大力推进既有建筑节能改造

1. 加快实施"节能暖房"工程。以围护结构、供热计量、管网热平衡改造为重点,大力推进北方采暖地区既有居住建筑供热计量及节能改造,"十二五"期间完成改造4亿平方米以上,鼓励有条件的地区超额完成任务。

2. 积极推动公共建筑节能改造。开展大型公共建筑和公共机构办公建筑空调、采暖、通风、照明、热水等用能系统的节能改造,提高用能效率和管理水平。鼓励采取合同能源管理模式进行改造,对项目按节能量予以奖励。推进公共建筑节能改造重点城市示范,继续推行"节约型高等学校"建设。"十二五"期间,完成公共建筑改造6 000万平方米,公共机构办公建筑改造6 000万平方米。

3. 开展夏热冬冷和夏热冬暖地区居住建筑节能改造试点。以建筑门窗、外遮阳、自然通风等为重点,在夏热冬冷和夏热冬暖地区进行居住建筑节能改造试点,探索适宜的改造模式和技术路线。"十二五"期间,完成改造5 000万平方米以上。

4. 创新既有建筑节能改造工作机制。做好既有建筑节能改造的调查和统计工作,制定具体改造规划。在旧城区综合改造、城市市容整治、既有建筑抗震加固中,有条件的地区要同步开展节能改造。制定改造方案要充分听取有关各方面的意见,保障社会公众的知情权、参与权和监督权。在条件许可并征得业主同意的前提下,研究采用加层改造、扩容改造等方式进行节能改造。坚持以人为本,切实减少扰民,积极推行工业化和标准化施工。住房城乡建设部门要严格落实工程建设责任制,严把规划、设计、施工、材料等关口,确保工程安全、质量和效益。节能改造工程完工后,应进行建筑能效测评,对达不到要求的不得通过竣工验收。加强宣传,充分调动居民对节能改造的积极性。

(三)开展城镇供热系统改造

实施北方采暖地区城镇供热系统节能改造,提高热源效率和管网保温性能,优化系统调节能力,改善管网热平衡。撤并低能效、高污染的供热燃煤小锅炉,因地制宜地推广热电联产、高效锅炉、工业废热利用等供热技术。推广"吸收式热泵"和"吸收式换热"技术,提高集中供热管网的输送能力。开展城市老旧供热管网系统改造,减少管网热损失,降低循环水泵电耗。

(四)推进可再生能源建筑规模化应用

积极推动太阳能、浅层地能、生物质能等可再生能源在建筑中的应用。太阳能资源适宜地区应在2015年前出台太阳能光热建筑一体化的强制性推广政策及技术标准,普及太阳能热水利用,积极推进被动式太阳能采暖。研究完善建筑光伏发电上网政策,加快微电网技术研发和工程示范,稳步推进太阳能光伏在建筑上的应用。合理开发浅层地热能。财政部、住房城乡建设部研究确定可再生能源建筑规模化应用适宜推广地区名单。开展可再生能源建筑应用地区示范,推动可再生能源建筑应用集中连片推广,到2015年末,新增可再生能源建筑应用面积25亿平方米,示范地区建筑可再生能源消费量占建筑能耗总量的比例达到10%以上。

(五)加强公共建筑节能管理

加强公共建筑能耗统计、能源审计和能耗公示工作,推行能耗分项计量和实时监控,推进公共建筑节能、节水监管平台建设。建立完善的公共机构能源审计、能效公示和能耗定额管理制度,加强能耗监测和节能监管体系建设。加强监管平台建设统筹协调,实现监测数据共享,避免重复建设。对新建、改扩建的国家机关办公建筑和大型公共建筑,要进行能源利用效率测评和标识。研究建立公共建筑能源利用状况报告制度,组织开展商场、宾馆、学校、医院等行业的能效水平对标活动。实施大型公共建筑能耗(电耗)限额管理,对超限额用能(用电)的,实行惩罚性价格。公共建筑业主和所有权人要切实加强用能管理,严格执行公共建筑空调温度控制标准。研究开展公共建筑节能量交易试点。

(六)加快绿色建筑相关技术研发推广

科技部门要研究设立绿色建筑科技发展专项,加快绿色建筑共性和关键技术研发,重点攻克既有建筑节能改造、可再生能源建筑应用、节水与水资源综合利用、绿色建材、废弃物资源化、环境质量控制、提高建筑物耐久性等方面的技术,加强绿色建筑技术标准规范研究,开展绿色建筑技术的集成示范。依托高等院校、科研机构等,加快绿色建筑工程技术中心建设。发展改革、住房城乡建设部门要编制绿色建筑重点技术推广目录,因地制宜推广自然采光、自然通风、遮阳、高效空调、热泵、雨水收集、规模化中水利用、隔音等成熟技术,加快普及高效节能照明产品、风机、水泵、热水器、办公设备、家用电器及节水器具等。

（七）大力发展绿色建材

因地制宜、就地取材,结合当地气候特点和资源禀赋,大力发展安全耐久、节能环保、施工便利的绿色建材。加快发展防火隔热性能好的建筑保温体系和材料,积极发展烧结空心制品、加气混凝土制品、多功能复合一体化墙体材料、一体化屋面、低辐射镀膜玻璃、断桥隔热门窗、遮阳系统等建材。引导高性能混凝土、高强钢的发展利用,到2015年末,标准抗压强度60兆帕以上混凝土用量达到总用量的10%,屈服强度400兆帕以上热轧带肋钢筋用量达到总用量的45%。大力发展预拌混凝土、预拌砂浆。深入推进墙体材料革新,城市城区限制使用粘土制品,县城禁止使用实心粘土砖。发展改革、住房城乡建设、工业和信息化、质检部门要研究建立绿色建材认证制度,编制绿色建材产品目录,引导规范市场消费。质检、住房城乡建设、工业和信息化部门要加强建材生产、流通和使用环节的质量监管和稽查,杜绝性能不达标的建材进入市场。积极支持绿色建材产业发展,组织开展绿色建材产业化示范。

（八）推动建筑工业化

住房城乡建设等部门要加快建立促进建筑工业化的设计、施工、部品生产等环节的标准体系,推动结构件、部品、部件的标准化,丰富标准件的种类,提高通用性和可置换性。推广适合工业化生产的预制装配式混凝土、钢结构等建筑体系,加快发展建设工程的预制和装配技术,提高建筑工业化技术集成水平。支持集设计、生产、施工于一体的工业化基地建设,开展工业化建筑示范试点。积极推行住宅全装修,鼓励新建住宅一次装修到位或菜单式装修,促进个性化装修和产业化装修相统一。

（九）严格建筑拆除管理程序

加强城市规划管理,维护规划的严肃性和稳定性。城市人民政府以及建筑的所有者和使用者要加强建筑维护管理,对符合城市规划和工程建设标准、在正常使用寿命内的建筑,除基本的公共利益需要外,不得随意拆除。拆除大型公共建筑的,要按有关程序提前向社会公示征求意见,接受社会监督。住房城乡建设部门要研究完善建筑拆除的相关管理制度,探索实行建筑报废拆除审核制度。对违规拆除行为,要依法依规追究有关单位和人员的责任。

（十）推进建筑废弃物资源化利用

落实建筑废弃物处理责任制,按照"谁产生、谁负责"的原则进行建筑废弃物的收集、运输和处理。住房城乡建设、发展改革、财政、工业和信息化部门要制定实施方案,推行建筑废弃物集中处理和分级利用,加快建筑废弃物资源化利用技术、装备研发推广,编制建筑废弃物综合利用技术标准,开展建筑废弃物资源化利用示范,研究建立建筑废弃物再生产品标识制度。地方各级人民政府对本行政区域内的废弃物资源化利用负总责,地级以上城市要因地制宜设立专门的建筑废弃物集中处理基地。

四、保障措施

（一）强化目标责任

要将绿色建筑行动的目标任务科学分解到省级人民政府，将绿色建筑行动目标完成情况和措施落实情况纳入省级人民政府节能目标责任评价考核体系。要把贯彻落实本行动方案情况纳入绩效考核体系，考核结果作为领导干部综合考核评价的重要内容，实行责任制和问责制，对作出突出贡献的单位和人员予以通报表扬。

（二）加大政策激励

研究完善财政支持政策，继续支持绿色建筑及绿色生态城区建设、既有建筑节能改造、供热系统节能改造、可再生能源建筑应用等，研究制定支持绿色建材发展、建筑垃圾资源化利用、建筑工业化、基础能力建设等工作的政策措施。对达到国家绿色建筑评价标准二星级及以上的建筑给予财政资金奖励。财政部、税务总局要研究制定税收方面的优惠政策，鼓励房地产开发商建设绿色建筑，引导消费者购买绿色住宅。改进和完善对绿色建筑的金融服务，金融机构可对购买绿色住宅的消费者在购房贷款利率上给予适当优惠。国土资源部门要研究制定促进绿色建筑发展在土地转让方面的政策，住房城乡建设部门要研究制定容积率奖励方面的政策，在土地招拍挂出让规划条件中，要明确绿色建筑的建设用地比例。

（三）完善标准体系

住房城乡建设等部门要完善建筑节能标准，科学合理地提高标准要求。健全绿色建筑评价标准体系，加快制（修）订适合不同气候区、不同类型建筑的节能建筑和绿色建筑评价标准，2013 年完成《绿色建筑评价标准》的修订工作，完善住宅、办公楼、商场、宾馆的评价标准，出台学校、医院、机场、车站等公共建筑的评价标准。尽快制（修）订绿色建筑相关工程建设、运营管理、能源管理体系等标准，编制绿色建筑区域规划技术导则和标准体系。住房城乡建设、发展改革部门要研究制定基于实际用能状况，覆盖不同气候区、不同类型建筑的建筑能耗限额，要会同工业和信息化、质检等部门完善绿色建材标准体系，研究制定建筑装修材料有害物限量标准，编制建筑废弃物综合利用的相关标准规范。

（四）深化城镇供热体制改革

住房城乡建设、发展改革、财政、质检等部门要大力推行按热量计量收费，督导各地区出台完善供热计量价格和收费办法。严格执行两部制热价。新建建筑、完成供热计量改造的既有建筑全部实行按热量计量收费，推行采暖补贴"暗补"变"明补"。对实行分户计量有难度的，研究采用按小区或楼宇供热量计量收费。实施热价与煤价、气价联动制度，对低收入居民家庭提供供热补贴。加快供热企业改革，推进供热企业市场化经营，培育和规范供热市场，理顺热源、管网、用户的利益关系。

（五）严格建设全过程监督管理

在城镇新区建设、旧城更新、棚户区改造等规划中，地方各级人民政府要建立并严格落实绿色建设指标体系要求，住房城乡建设部门要加强规划审查，国土资源部门要加强土地出让监管。对应执行绿色建筑标准的项目,住房城乡建设部门要在设计方案审查、施工图设计审查中增加绿色建筑相关内容,未通过审查的不得颁发建设工程规划许可证、施工许可证;施工时要加强监管,确保按图施工。对自愿执行绿色建筑标准的项目,在项目立项时要标明绿色星级标准,建设单位应在房屋施工、销售现场明示建筑节能、节水等性能指标。

（六）强化能力建设

住房城乡建设部要会同有关部门建立健全建筑能耗统计体系,提高统计的准确性和及时性。加强绿色建筑评价标识体系建设,推行第三方评价,强化绿色建筑评价监管机构能力建设,严格评价监管。要加强建筑规划、设计、施工、评价、运行等人员的培训,将绿色建筑知识作为相关专业工程师继续教育培训、执业资格考试的重要内容。鼓励高等院校开设绿色建筑相关课程,加强相关学科建设。组织规划设计单位、人员开展绿色建筑规划与设计竞赛活动。广泛开展国际交流与合作,借鉴国际先进经验。

（七）加强监督检查

将绿色建筑行动执行情况纳入国务院节能减排检查和建设领域检查内容,开展绿色建筑行动专项督查,严肃查处违规建设高耗能建筑、违反工程建设标准、建筑材料不达标、不按规定公示性能指标、违反供热计量价格和收费办法等行为。

（八）开展宣传教育

采用多种形式积极宣传绿色建筑法律法规、政策措施、典型案例、先进经验,加强舆论监督,营造开展绿色建筑行动的良好氛围。将绿色建筑行动作为全国节能宣传周、科技活动周、城市节水宣传周、全国低碳日、世界环境日、世界水日等活动的重要宣传内容,提高公众对绿色建筑的认知度,倡导绿色消费理念,普及节约知识,引导公众合理使用用能产品。

各地区、各部门要按照绿色建筑行动方案的部署和要求,抓好各项任务落实。发展改革委、住房城乡建设部要加强综合协调,指导各地区和有关部门开展工作。各地区、各有关部门要尽快制定相应的绿色建筑行动实施方案,加强指导,明确责任,狠抓落实,推动城乡建设模式和建筑业发展方式加快转变,促进资源节约型、环境友好型社会建设。

国务院办公厅关于大力发展装配式建筑的指导意见

国办发〔2016〕71号

各省、自治区、直辖市人民政府,国务院各部委、各直属机构：

装配式建筑是用预制部品部件在工地装配而成的建筑。发展装配式建筑是建造方式的重大变革,是推进供给侧结构性改革和新型城镇化发展的重要举措,有利于节约资源能源、减少施工污染、提升劳动生产效率和质量安全水平,有利于促进建筑业与信息化工业化深度融合、培育新产业新动能、推动化解过剩产能。近年来,我国积极探索发展装配式建筑,但建造方式大多仍以现场浇筑为主,装配式建筑比例和规模化程度较低,与发展绿色建筑的有关要求以及先进建造方式相比还有很大差距。为贯彻落实《中共中央国务院关于进一步加强城市规划建设管理工作的若干意见》和《政府工作报告》部署,大力发展装配式建筑,经国务院同意,现提出以下意见。

一、总体要求

(一)指导思想

全面贯彻党的十八大和十八届三中、四中、五中全会以及中央城镇化工作会议、中央城市工作会议精神,认真落实党中央、国务院决策部署,按照"五位一体"总体布局和"四个全面"战略布局,牢固树立和贯彻落实创新、协调、绿色、开放、共享的发展理念,按照适用、经济、安全、绿色、美观的要求,推动建造方式创新,大力发展装配式混凝土建筑和钢结构建筑,在具备条件的地方倡导发展现代木结构建筑,不断提高装配式建筑在新建建筑中的比例。坚持标准化设计、工厂化生产、装配化施工、一体化装修、信息化管理、智能化应用,提高技术水平和工程质量,促进建筑产业转型升级。

(二)基本原则

坚持市场主导、政府推动。适应市场需求,充分发挥市场在资源配置中的决定性作用,更好发挥政府规划引导和政策支持作用,形成有利的体制机制和市场环境,促进市场主体积极参与、协同配合,有序发展装配式建筑。

坚持分区推进、逐步推广。根据不同地区的经济社会发展状况和产业技术条件,划分重点推进地区、积极推进地区和鼓励推进地区,因地制宜、循序渐进,以点带面、试点先行,及时总结经验,形成局部带动整体的工作格局。

坚持顶层设计、协调发展。把协同推进标准、设计、生产、施工、使用维护等作为发展装配式建筑的有效抓手,推动各个环节有机结合,以建造方式变革促进工程建设全过程提质增效,带动建筑业整体水平的提升。

(三)工作目标

以京津冀、长三角、珠三角三大城市群为重点推进地区,常住人口超过300万的其他城市为积极推进地区,其余城市为鼓励推进地区,因地制宜发展装配式混凝土结构、钢结构和现代木结构等装配式建筑。力争用10年左右的时间,使装配式建筑占新建建筑面积的比例达到30%。同时,逐步完善法律法规、技术标准和监管体系,推动形成一批设计、施工、部品部件规模化生产企业,具有现代装配建造水平的工程总承包企业以及与之相适应的专业化技能队伍。

二、重点任务

(四)健全标准规范体系

加快编制装配式建筑国家标准、行业标准和地方标准,支持企业编制标准、加强技术创新,鼓励社会组织编制团体标准,促进关键技术和成套技术研究成果转化为标准规范。

强化建筑材料标准、部品部件标准、工程标准之间的衔接。制修订装配式建筑工程定额等计价依据。完善装配式建筑防火抗震防灾标准。研究建立装配式建筑评价标准和方法。逐步建立完善覆盖设计、生产、施工和使用维护全过程的装配式建筑标准规范体系。

（五）创新装配式建筑设计

统筹建筑结构、机电设备、部品部件、装配施工、装饰装修，推行装配式建筑一体化集成设计。推广通用化、模数化、标准化设计方式，积极应用建筑信息模型技术，提高建筑领域各专业协同设计能力，加强对装配式建筑建设全过程的指导和服务。鼓励设计单位与科研院所、高校等联合开发装配式建筑设计技术和通用设计软件。

（六）优化部品部件生产

引导建筑行业部品部件生产企业合理布局，提高产业聚集度，培育一批技术先进、专业配套、管理规范的骨干企业和生产基地。支持部品部件生产企业完善产品品种和规格，促进专业化、标准化、规模化、信息化生产，优化物流管理，合理组织配送。积极引导设备制造企业研发部品部件生产装备机具，提高自动化和柔性加工技术水平。建立部品部件质量验收机制，确保产品质量。

（七）提升装配施工水平

引导企业研发应用与装配式施工相适应的技术、设备和机具，提高部品部件的装配施工连接质量和建筑安全性能。鼓励企业创新施工组织方式，推行绿色施工，应用结构工程与分部分项工程协同施工新模式。支持施工企业总结编制施工工法，提高装配施工技能，实现技术工艺、组织管理、技能队伍的转变，打造一批具有较高装配施工技术水平的骨干企业。

（八）推进建筑全装修

实行装配式建筑装饰装修与主体结构、机电设备协同施工。积极推广标准化、集成化、模块化的装修模式，促进整体厨卫、轻质隔墙等材料、产品和设备管线集成化技术的应用，提高装配化装修水平。倡导菜单式全装修，满足消费者个性化需求。

（九）推广绿色建材

提高绿色建材在装配式建筑中的应用比例。开发应用品质优良、节能环保、功能良好的新型建筑材料，并加快推进绿色建材评价。鼓励装饰与保温隔热材料一体化应用。推广应用高性能节能门窗。强制淘汰不符合节能环保要求、质量性能差的建筑材料，确保安全、绿色、环保。

（十）推行工程总承包

装配式建筑原则上应采用工程总承包模式，可按照技术复杂类工程项目招投标。工程总承包企业要对工程质量、安全、进度、造价负总责。要健全与装配式建筑总承包相适应的发包承包、施工许可、分包管理、工程造价、质量安全监管、竣工验收等制度，实现工程设计、部品部件生产、施工及采购的统一管理和深度融合，优化项目管理方式。鼓励建立装配式建筑产业技术创新联盟，加大研发投入，增强创新能力。支持大型设计、施工和部品部件生产企业通过调整组织架构、健全管理体系，向具有工程管理、设计、施工、生产、采购能力的工程总承包企业转型。

（十一）确保工程质量安全

完善装配式建筑工程质量安全管理制度，健全质量安全责任体系，落实各方主体质量安全责任。加强全过程监管，建设和监理等相关方可采用驻厂监造等方式加强部品部件生产质量管控；施工企业要加强施工过程质量安全控制和检验检测，完善装配施工质量保证体系；在建筑物明显部位设置永久性标牌，公示质量安全责任主体和主要责任人。加强行业监管，明确符合装配式建筑特点的施工图审查要求，建立全过程质量追溯制度，加大抽查抽测力度，严肃查处质量安全违法违规行为。

三、保障措施

（十二）加强组织领导

各地区要因地制宜研究提出发展装配式建筑的目标和任务，建立健全工作机制，完善配套政策，组织具体实施，确保各项任务落到实处。各有关部门要加大指导、协调和支持力度，将发展装配式建筑作为贯彻落实中央城市工作会议精神的重要工作，列入城市规划建设管理工作监督考核指标体系，定期通报考核结果。

（十三）加大政策支持

建立健全装配式建筑相关法律法规体系。结合节能减排、产业发展、科技创新、污染防治等方面政策，加大对装配式建筑的支持力度。支持符合高新技术企业条件的装配式建筑部品部件生产企业享受相关优惠政策。符合新型墙体材料目录的部品部件生产企业，可按规定享受增值税即征即退优惠政策。在土地供应中，可将发展装配式建筑的相关要求纳入供地方案，并落实到土地使用合同中。鼓励各地结合实际出台支持装配式建筑发展的规划审批、土地供应、基础设施配套、财政金融等相关政策措施。政府投资工程要带头发展装配式建筑，推动装配式建筑"走出去"。在中国人居环境奖评选、国家生态园林城市评估、绿色建筑评价等工作中增加装配式建筑方面的指标要求。

（十四）强化队伍建设

大力培养装配式建筑设计、生产、施工、管理等专业人才。鼓励高等学校、职业学校设置装配式建筑相关课程，推动装配式建筑企业开展校企合作，创新人才培养模式。在建筑行业专业技术人员继续教育中增加装配式建筑相关内容。加大职业技能培训资金投入，建立培训基地，加强岗位技能提升培训，促进建筑业农民工向技术工人转型。加强国际交流合作，积极引进海外专业人才参与装配式建筑的研发、生产和管理。

（十五）做好宣传引导

通过多种形式深入宣传发展装配式建筑的经济社会效益，广泛宣传装配式建筑基本知识，提高社会认知度，营造各方共同关注、支持装配式建筑发展的良好氛围，促进装配式建筑相关产业和市场发展。

国务院办公厅

2016年9月27日

住房城乡建设部关于推进建筑业发展和改革的若干意见

建市〔2014〕92号

各省、自治区住房城乡建设厅,直辖市建委(建设交通委),新疆生产建设兵团建设局:

为深入贯彻落实党的十八大和十八届三中全会精神,推进建筑业发展和改革,保障工程质量安全,提升工程建设水平,针对当前建筑市场和工程建设管理中存在的突出问题,提出如下意见:

一、指导思想和发展目标

(一)指导思想

以邓小平理论、"三个代表"重要思想、科学发展观为指导,加快完善现代市场体系,充分发挥市场在资源配置中的决定性作用和更好发挥政府作用,紧紧围绕正确处理好政府和市场关系的核心,切实转变政府职能,全面深化建筑业体制机制改革。

(二)发展目标

简政放权,开放市场,坚持放管并重,消除市场壁垒,构建统一开放、竞争有序、诚信守法、监管有力的全国建筑市场体系;创新和改进政府对建筑市场、质量安全的监督管理机制,加强事中事后监管,强化市场和现场联动,落实各方主体责任,确保工程质量安全;转变建筑业发展方式,推进建筑产业现代化,促进建筑业健康协调可持续发展。

二、建立统一开放的建筑市场体系

(三)进一步开放建筑市场

各地要严格执行国家相关法律法规,废除不利于全国建筑市场统一开放、妨碍企业公平竞争的各种规定和做法。全面清理涉及工程建设企业的各类保证金、押金等,对于没有法律法规依据的一律取消。积极推行银行保函和诚信担保。规范备案管理,不得设置任何排斥、限制外地企业进入本地区的准入条件,不得强制外地企业参加培训或在当地成立子公司等。各地有关跨省承揽业务的具体管理要求,应当向社会公开。各地要加强外地企业准入后的监督管理,建立跨省承揽业务企业的违法违规行为处理督办、协调机制,严厉查处围标串标、转包、挂靠、违法分包等违法违规行为及质量安全事故,对于情节严重的,予以清出本地建筑市场,并在全国建筑市场监管与诚信信息发布平台曝光。

(四)推进行政审批制度改革

坚持淡化工程建设企业资质、强化个人执业资格的改革方向,探索从主要依靠资质管理等行政手段实施市场准入,逐步转变为充分发挥社会信用、工程担保、保险等市场机制的作用,实现市场优胜劣汰。加快研究修订工程建设企业资质标准和管理规定,取消部分资质类别设置,合并业务范围相近的企业资质,合理设置资质标准条件,注重对企业、人员信用状况、质量安全等指标的考核,强化资质审批后的动态监管;简政放权,推进审批权限下放,健全完善工程建设企业资质和个人执业资格审查制度;改进审批方式,推进电子化审查,加大公开公示力度。

(五)改革招标投标监管方式

调整非国有资金投资项目发包方式,试行非国有资金投资项目建设单位自主决定是否进行招标发包,是否进入有形市场开展工程交易活动,并由建设单位对选择的设计、施工等单位承担相应的责任。建设单位应当依法将工程发包给具有相应资质的承包单位,依法办理施工许可、质量安全监督等手续,确保工程建设实施活动规范有序。各地要重点加强国有资金投资项目招标投标监管,严格控制招标人设置明显高于招标项目实际需要和脱离市场实际的不合理条件,严禁以各种形式排斥或限制潜在投标人投标。要加快推进电子招标投标,进一步完善专家评标制度,加大社会监督力度,健全中标候选人公示制度,促进招标投标活动公开透明。鼓励有条件的地区探索开展标后评估。勘察、设计、监理等工程服务的招标,不得以费用作为唯一的中标条件。

(六)推进建筑市场监管信息化与诚信体系建设

加快推进全国工程建设企业、注册人员、工程项目数据库建设,印发全国统一的数据标准和管理办法。各省级住房城乡建设主管部门要建立建筑市场和工程质量安全监管一体化工作平台,动态记录工程项目各方主体市场和现场行为,有效实现建筑市场和现场的两场联动。各级住房城乡建设主管部门要进一步加大信息的公开力度,通过全国统一信息平台发布建筑市场和质量安全监管信息,及时向社会公布行政审批、工程建设过程监管、执法处罚等信息,公开曝光各类市场主体和人员的不良行为信息,形成有效的社会监督机制。各地可结合本地实际,制定完善相关法规制度,探索开展工程建设企业和从业人员的建筑市场和质量安全行为评价办法,逐步建立"守信激励、失信惩戒"的建筑市场信用环境。鼓励有条件的地区研究、试行开展社会信用评价,引导建设单位等市场各方主体通过市场化运作综合运用信用评价结果。

(七)进一步完善工程监理制度

分类指导不同投资类型工程项目监理服务模式发展。调整强制监理工程范围,选择部分地区开展试点,研究制定有能力的建设单位自主决策选择监理或其他管理模式的政策措施。具有监理资质的工程咨询服务机构开展项目管理的工程项目,可不再委托监理。推动一批有能力的监理企业做优做强。

(八)强化建设单位行为监管

全面落实建设单位项目法人责任制,强化建设单位的质量责任。建设单位不得违反工程招标投标、施工图审查、施工许可、质量安全监督及工程竣工验收等基本建设程序,不得指定分包和肢解发包,不得与承包单位签订"阴阳合同"、任意压缩合理工期和工程造价,不得以任何形式要求设计、施工、监理及其他技术咨询单位违反工程建设强制性标准,不得拖欠工程款。政府投资工程一律不得采取带资承包方式进行建设,不得将带资承包作为招标投标的条件。积极探索研究对建设单位违法行为的制约和处罚措施。各地要进一步加强对建设单位市场行为和质量安全行为的监督管理,依法加大对建设单位违法违规行为的处罚力度,并将其不良行为在全国建筑市场监管与诚信信息发布平台曝光。

(九)建立与市场经济相适应的工程造价体系

逐步统一各行业、各地区的工程计价规则,服务建筑市场。健全工程量清单和定额体系,满足建设工程全过程不同设计深度、不同复杂程度、多种承包方式的计价需要。全面推行清单计价制度,建立与市场相适应的定额管理机制,构建多元化的工程造价信息服务方式,清理调整与市场不符的各类计价依据,充分发挥造价咨询企业等第三方专业服务作用,为市场决定工程造价提供保障。建立国家工程造价数据库,发布指标指数,提升造价信息服务。推行工程造价全过程咨询服务,强化国有投资工程造价监管。

三、强化工程质量安全管理

(十)加强勘察设计质量监管

进一步落实和强化施工图设计文件审查制度,推动勘察设计企业强化内部质量管控能力。健全勘察项目负责人对勘察全过程成果质量负责制度。推行勘察现场作业人员持证上岗制度。推动采用信息化手段加强勘察质量管理。研究建立重大设计变更管理制度。推行建筑工程设计使用年限告知制度。推行工程设计责任保险制度。

(十一)落实各方主体的工程质量责任

完善工程质量终身责任制,落实参建各方主体责任。落实工程质量抽查巡查制度,推进实施分类监管和差别化监管。完善工程质量事故质量问题查处通报制度,强化质量责任追究和处罚。健全工程质量激励机制,营造"优质优价"市场环境。规范工程质量保证金管理,积极探索试行工程质量保险制度,对已实行工程质量保险的工程,不再预留质量保证金。

(十二)完善工程质量检测制度

落实工程质量检测责任,提高施工企业质量检验能力。整顿规范工程质量检测市场,加强检测过程和检测行为监管,加大对虚假报告等违法违规行为处罚力度。建立健全政府对工程质量监督抽测制度,鼓励各地采取政府购买服务等方式加强监督检测。

(十三)推进质量安全标准化建设

深入推进项目经理责任制,不断提升项目质量安全水平。开展工程质量管理标准化活动,推行质量行为标准化和实体质量控制标准化。推动企业完善质量保证体系,加强对工程项目的质量管理,落实质量员等施工现场专业人员职责,强化过程质量控制。深入开展住宅工程质量常见问题专项治理,全面推行样板引路制度。全面推进建筑施工安全生产标准化建设,落实建筑施工安全生产标准化考评制度,项目安全标准化考评结果作为企业标准化考评的主要依据。

(十四)推动建筑施工安全专项治理

研究探索建筑起重机械和模板支架租赁、安装(搭设)、使用、拆除、维护保养一体化管理模式,提升起重机械、模板支架专业化管理水平。规范起重机械安装拆卸工、架子工等特种作业人员安全考核,提高从业人员安全操作技能。持续开展建筑起重机械、模板支架安全专项治理,有效遏制群死群伤事故发生。

(十五)强化施工安全监督

完善企业安全生产许可制度,以企业承建项目安全管理状况为安全生产许可延期审查重点,加强企业安全生产许可的动态管理。鼓励地方探索实施企业和人员安全生产动态扣分制度。完善企业安全生产费用保障机制,在招标时将安全生产费用单列,不得竞价,保障安全生产投入,规范安全生产费用的提取、使用和管理。加强企业对作业人员安全生产意识和技能培训,提高施工现场安全管理水平。加大安全隐患排查力度,依法处罚事故责任单位和责任人员。完善建筑施工安全监督制度和安全监管绩效考核机制。支持监管力量不足的地区探索以政府购买服务方式,委托具备能力的专业社会机构作为安全监督机构辅助力量。建立城市轨道交通等重大工程安全风险管理制度,推动建设单位对重大工程实行全过程安全风险管理,落实风险防控投入。鼓励建设单位聘用专业化社会机构提供安全风险管理咨询服务。

四、促进建筑业发展方式转变

(十六)推动建筑产业现代化

统筹规划建筑产业现代化发展目标和路径。推动建筑产业现代化结构体系、建筑设计、部品构件配件生产、施工、主体装修集成等方面的关键技术研究与应用。制定完善有关设计、施工和验收标准,组织编制相应标准设计图集,指导建立标准化部品构件体系。建立适应建筑产业现代化发展的工程质量安全监管制度。鼓励各地制定建筑产业现代化发展规划以及财政、金融、税收、土地等方面激励政策,培育建筑产业现代化龙头企业,鼓励建设、勘察、设计、施工、构件生产和科研等单位建立产业联盟。进一步发挥政府投资项目的试点示范引导作用并适时扩大试点范围,积极稳妥推进建筑产业现代化。

(十七)构建有利于形成建筑产业工人队伍的长效机制

建立以市场为导向、以关键岗位自有工人为骨干、劳务分包为主要用工来源、劳务派遣为临时用工补充的多元化建筑用工方式。施工总承包企业和专业承包企业要拥有一定数量的技术骨干工人,鼓励施工总承包企业拥有独资或控股的施工劳务企业。充分利用各类职业培训资源,建立多层次的劳务人员培训体系。大力推进建筑劳务基地化建设,坚持"先培训后输出、先持证后上岗"的原则。进一步落实持证上岗制度,从事关键技术工种的劳务人员,应取得相应证书后方可上岗作业。落实企业责任,保障劳务人员的合法权益。推行建筑劳务实名制管理,逐步实现建筑劳务人员信息化管理。

(十八)提升建筑设计水平

坚持以人为本、安全集约、生态环保、传承创新的理念,树立文化自信,鼓励建筑设计创作。树立设计企业是创新主体的意识,提倡精品设计。鼓励开展城市设计工作,加强建筑设计与城市规划间的衔接。探索放开建筑工程方案设计资质准入限制,鼓励相关专业人员和机构积极参与建筑设计方案竞选。完善建筑设计方案竞选制度,建立完善大型公共建筑方案公众参与和专家辅助决策机制,在方案评审中,重视设计方案文化内涵审查。加强建筑设计人才队伍建设,着力培养一批高层次创新人才。开展设计评优,激发建筑设计人员的创作激情。探索研究大型公共建筑设计后评估制度。

(十九)加大工程总承包推行力度

倡导工程建设项目采用工程总承包模式,鼓励有实力的工程设计和施工企业开展工程总承包业务。推动建立适合工程总承包发展的招标投标和工程建设管理机制,调整现行招标投标、施工许可、现场执法检查、竣工验收备案等环节管理制度,为推行工程总承包创造政策环境。工程总承包合同中涵盖的设计、施工业务可以不再通过公开招标方式确定分包单位。

(二十)提升建筑业技术能力

完善以工法和专有技术成果、试点示范工程为抓手的技术转移与推广机制,依法保护知识产权。积极推动以节能环保为特征的绿色建造技术的应用。推进建筑信息模型(BIM)等信息技术在工程设计、施工和运行维护全过程的应用,提高综合效益。推广建筑工程减隔震技术。探索开展白图替代蓝图、数字化审图等工作。建立技术研究应用与标准制定有效衔接的机制,促进建筑业科技成果转化,加快先进适用技术的推广应用。加大复合型、创新型人才培养力度。推动建筑领域国际技术交流合作。

五、加强建筑业发展和改革工作的组织和实施

(二十一)加强组织领导

各地要高度重视建筑业发展和改革工作,加强领导、明确责任、统筹安排,研究制定工作方案,不断完善相关法规制度,推进各项制度措施落实,及时解决发展和改革中遇到的困难和问题,整体推进建筑业发展和改革的不断深化。

(二十二)积极开展试点

各地要结合本地实际组织开展相关试点工作,把试点工作与推动本地区工作结合起来,及时分析试点进展情况,认真总结试点经验,研究解决试点中出现的问题,在条件成熟时向全国推广。要加大宣传推动力度,调动全行业和社会各方力量,共同推进建筑业的发展和改革。

(二十三)加强协会能力建设和行业自律

充分发挥协会在规范行业秩序、建立行业从业人员行为准则、促进企业诚信经营等方面的行业自律作用,提高协会在促进行业技术进步、提升行业管理水平、反映企业诉求、提出政策建议等方面的服务能力。鼓励行业协会研究制定非政府投资工程咨询服务类收费行业参考价,抵制恶意低价、不合理低价竞争行为,维护行业发展利益。

中华人民共和国住房和城乡建设部

2014 年 7 月 1 日

中共中央 国务院关于进一步加强城市规划建设管理工作的若干意见

(2016年2月6日)

城市是经济社会发展和人民生产生活的重要载体,是现代文明的标志。新中国成立特别是改革开放以来,我国城市规划建设管理工作成就显著,城市规划法律法规和实施机制基本形成,基础设施明显改善,公共服务和管理水平持续提升,在促进经济社会发展、优化城乡布局、完善城市功能、增进民生福祉等方面发挥了重要作用。同时务必清醒地看到,城市规划建设管理中还存在一些突出问题:城市规划前瞻性、严肃性、强制性和公开性不够,城市建筑贪大、媚洋、求怪等乱象丛生,特色缺失,文化传承堪忧;城市建设盲目追求规模扩张,节约集约程度不高;依法治理城市力度不够,违法建设、大拆大建问题突出,公共产品和服务供给不足,环境污染、交通拥堵等"城市病"蔓延加重。

积极适应和引领经济发展新常态,把城市规划好、建设好、管理好,对促进以人为核心的新型城镇化发展,建设美丽中国,实现"两个一百年"奋斗目标和中华民族伟大复兴的中国梦具有重要现实意义和深远历史意义。为进一步加强和改进城市规划建设管理工作,解决制约城市科学发展的突出矛盾和深层次问题,开创城市现代化建设新局面,现提出以下意见。

一、总体要求

(一)指导思想

全面贯彻党的十八大和十八届三中、四中、五中全会及中央城镇化工作会议、中央城市工作会议精神,深入贯彻习近平总书记系列重要讲话精神,按照"五位一体"总体布局和"四个全面"战略布局,牢固树立和贯彻落实创新、协调、绿色、开放、共享的发展理念,认识、尊重、顺应城市发展规律,更好发挥法治的引领和规范作用,依法规划、建设和管理城市,贯彻"适用、经济、绿色、美观"的建筑方针,着力转变城市发展方式,着力塑造城市特色风貌,着力提升城市环境质量,着力创新城市管理服务,走出一条中国特色城市发展道路。

(二)总体目标

实现城市有序建设、适度开发、高效运行,努力打造和谐宜居、富有活力、各具特色的现代化城市,让人民生活更美好。

(三)基本原则

坚持依法治理与文明共建相结合,坚持规划先行与建管并重相结合,坚持改革创新与传承保护相结合,坚持统筹布局与分类指导相结合,坚持完善功能与宜居宜业相结合,坚持集约高效与安全便利相结合。

二、强化城市规划工作

(四) 依法制定城市规划

城市规划在城市发展中起着战略引领和刚性控制的重要作用。依法加强规划编制和审批管理,严格执行城乡规划法规定的原则和程序,认真落实城市总体规划由本级政府编制、社会公众参与、同级人大常委会审议、上级政府审批的有关规定。创新规划理念,改进规划方法,把以人为本、尊重自然、传承历史、绿色低碳等理念融入城市规划全过程,增强规划的前瞻性、严肃性和连续性,实现一张蓝图干到底。坚持协调发展理念,从区域、城乡整体协调的高度确定城市定位、谋划城市发展。加强空间开发管制,划定城市开发边界,根据资源禀赋和环境承载能力,引导调控城市规模,优化城市空间布局和形态功能,确定城市建设约束性指标。按照严控增量、盘活存量、优化结构的思路,逐步调整城市用地结构,把保护基本农田放在优先地位,保证生态用地,合理安排建设用地,推动城市集约发展。改革完善城市规划管理体制,加强城市总体规划和土地利用总体规划的衔接,推进两图合一。在有条件的城市探索城市规划管理和国土资源管理部门合一。

(五) 严格依法执行规划

经依法批准的城市规划,是城市建设和管理的依据,必须严格执行。进一步强化规划的强制性,凡是违反规划的行为都要严肃追究责任。城市政府应当定期向同级人大常委会报告城市规划实施情况。城市总体规划的修改,必须经原审批机关同意,并报同级人大常委会审议通过,从制度上防止随意修改规划等现象。控制性详细规划是规划实施的基础,未编制控制性详细规划的区域,不得进行建设。控制性详细规划的编制、实施以及对违规建设的处理结果,都要向社会公开。全面推行城市规划委员会制度。健全国家城乡规划督察员制度,实现规划督察全覆盖。完善社会参与机制,充分发挥专家和公众的力量,加强规划实施的社会监督。建立利用卫星遥感监测等多种手段共同监督规划实施的工作机制。严控各类开发区和城市新区设立,凡不符合城镇体系规划、城市总体规划和土地利用总体规划进行建设的,一律按违法处理。用 5 年左右时间,全面清查并处理建成区违法建设,坚决遏制新增违法建设。

三、塑造城市特色风貌

(六) 提高城市设计水平

城市设计是落实城市规划、指导建筑设计、塑造城市特色风貌的有效手段。鼓励开展城市设计工作,通过城市设计,从整体平面和立体空间上统筹城市建筑布局,协调城市景观风貌,体现城市地域特征、民族特色和时代风貌。单体建筑设计方案必须在形体、色彩、体量、高度等方面符合城市设计要求。抓紧制定城市设计管理法规,完善相关技术导则。支持高等学校开设城市设计相关专业,建立和培育城市设计队伍。

(七) 加强建筑设计管理

按照"适用、经济、绿色、美观"的建筑方针,突出建筑使用功能以及节能、节水、节地、节材和环保,防止片面追求建筑外观形象。强化公共建筑和超限高层建筑设计管理,建立大型公共建筑工程后评估制度。坚持开放发展理念,完善建筑设计招投标决策机制,规范决策行为,提高决策透明度和科学性。进一步培育和规范建筑设计市场,依法严格实施市场准入和清出。为建筑设计院和建筑师事务所发展创造更加良好的条件,鼓励国内外建筑设计企业充分竞争,使优秀作品脱颖而出。培养既有国际视野又有民族自信的建筑师队伍,进一步明确建筑师的权利和责任,提高建筑师的地位。倡导开展建筑评论,促进建筑设计理念的交融和升华。

(八)保护历史文化风貌

有序实施城市修补和有机更新,解决老城区环境品质下降、空间秩序混乱、历史文化遗产损毁等问题,促进建筑物、街道立面、天际线、色彩和环境更加协调、优美。通过维护加固老建筑、改造利用旧厂房、完善基础设施等措施,恢复老城区功能和活力。加强文化遗产保护传承和合理利用,保护古遗址、古建筑、近现代历史建筑,更好地延续历史文脉,展现城市风貌。用5年左右时间,完成所有城市历史文化街区划定和历史建筑确定工作。

四、提升城市建筑水平

(九)落实工程质量责任

完善工程质量安全管理制度,落实建设单位、勘察单位、设计单位、施工单位和工程监理单位等五方主体质量安全责任。强化政府对工程建设全过程的质量监管,特别是强化对工程监理的监管,充分发挥质监站的作用。加强职业道德规范和技能培训,提高从业人员素质。深化建设项目组织实施方式改革,推广工程总承包制,加强建筑市场监管,严厉查处转包和违法分包等行为,推进建筑市场诚信体系建设。实行施工企业银行保函和工程质量责任保险制度。建立大型工程技术风险控制机制,鼓励大型公共建筑、地铁等按市场化原则向保险公司投保重大工程保险。

(十)加强建筑安全监管

实施工程全生命周期风险管理,重点抓好房屋建筑、城市桥梁、建筑幕墙、斜坡(高切坡)、隧道(地铁)、地下管线等工程运行使用的安全监管,做好质量安全鉴定和抗震加固管理,建立安全预警及应急控制机制。加强对既有建筑改扩建、装饰装修、工程加固的质量安全监管。全面排查城市老旧建筑安全隐患,采取有力措施限期整改,严防发生垮塌等重大事故,保障人民群众生命财产安全。

(十一)发展新型建造方式

大力推广装配式建筑,减少建筑垃圾和扬尘污染,缩短建造工期,提升工程质量。制定装配式建筑设计、施工和验收规范。完善部品部件标准,实现建筑部品部件工厂化生产。鼓励建筑企业装配式施工,现场装配。建设国家级装配式建筑生产基地。加大政策支持力度,力争用10年左右时间,使装配式建筑占新建建筑的比例达到30%。积极稳妥推广钢结构建筑。在具备条件的地方,倡导发展现代木结构建筑。

五、推进节能城市建设

(十二)推广建筑节能技术

提高建筑节能标准,推广绿色建筑和建材。支持和鼓励各地结合自然气候特点,推广应用地源热泵、水源热泵、太阳能发电等新能源技术,发展被动式房屋等绿色节能建筑。完善绿色节能建筑和建材评价体系,制定分布式能源建筑应用标准。分类制定建筑全生命周期能源消耗标准定额。

(十三)实施城市节能工程

在试点示范的基础上,加大工作力度,全面推进区域热电联产、政府机构节能、绿色照明等节能工程。明确供热采暖系统安全、节能、环保、卫生等技术要求,健全服务质量标准和评估监督办法。进一步加强对城市集中供热系统的技术改造和运行管理,提高热能利用效率。大力推行采暖地区住宅供热分户计量,新建住宅必须全部实现供热分户计量,既有住宅要逐步实施供热分户计量改造。

六、完善城市公共服务

(十四)大力推进棚改安居

深化城镇住房制度改革,以政府为主保障困难群体基本住房需求,以市场为主满足居民多层次住房需求。大力推进城镇棚户区改造,稳步实施城中村改造,有序推进老旧住宅小区综合整治、危房和非成套住房改造,加快配套基础设施建设,切实解决群众住房困难。打好棚户区改造三年攻坚战,到2020年,基本完成现有的城镇棚户区、城中村和危房改造。完善土地、财政和金融政策,落实税收政策。创新棚户区改造体制机制,推动政府购买棚改服务,推广政府与社会资本合作模式,构建多元化棚改实施主体,发挥开发性金融支持作用。积极推行棚户区改造货币化安置。因地制宜确定住房保障标准,健全准入退出机制。

(十五)建设地下综合管廊

认真总结推广试点城市经验,逐步推开城市地下综合管廊建设,统筹各类管线敷设,综合利用地下空间资源,提高城市综合承载能力。城市新区、各类园区、成片开发区域新建道路必须同步建设地下综合管廊,老城区要结合地铁建设、河道治理、道路整治、旧城更新、棚户区改造等,逐步推进地下综合管廊建设。加快制定地下综合管廊建设标准和技术导则。凡建有地下综合管廊的区域,各类管线必须全部入廊,管廊以外区域不得新建管线。管廊实行有偿使用,建立合理的收费机制。鼓励社会资本投资和运营地下综合管廊。各城市要综合考虑城市发展远景,按照先规划、后建设的原则,编制地下综合管廊建设专项规划,在年度建设计划中优先安排,并预留和控制地下空间。完善管理制度,确保管廊正常运行。

(十六)优化街区路网结构

加强街区的规划和建设,分梯级明确新建街区面积,推动发展开放便捷、尺度适宜、配套完善、邻里和谐的生活街区。新建住宅要推广街区制，原则上不再建设封闭住宅小区。已建成的住宅小区和单位大院要逐步打开，实现内部道路公共化，解决交通路网布局问题，促进土地节约利用。树立"窄马路、密路网"的城市道路布局理念，建设快速路、主次干路和支路级配合理的道路网系统。打通各类"断头路"，形成完整路网，提高道路通达性。科学、规范设置道路交通安全设施和交通管理设施，提高道路安全性。到2020年，城市建成区平均路网密度提高到8公里/平方公里，道路面积率达到15%。积极采用单行道路方式组织交通。加强自行车道和步行道系统建设，倡导绿色出行。合理配置停车设施，鼓励社会参与，放宽市场准入，逐步缓解停车难问题。

（十七）优先发展公共交通

以提高公共交通分担率为突破口，缓解城市交通压力。统筹公共汽车、轻轨、地铁等多种类型公共交通协调发展，到2020年，超大、特大城市公共交通分担率达到40%以上，大城市达到30%以上，中小城市达到20%以上。加强城市综合交通枢纽建设，促进不同运输方式和城市内外交通之间的顺畅衔接、便捷换乘。扩大公共交通专用道的覆盖范围。实现中心城区公交站点500米内全覆盖。引入市场竞争机制，改革公交公司管理体制，鼓励社会资本参与公共交通设施建设和运营，增强公共交通运力。

（十八）健全公共服务设施

坚持共享发展理念，使人民群众在共建共享中有更多获得感。合理确定公共服务设施建设标准，加强社区服务场所建设，形成以社区级设施为基础，市、区级设施衔接配套的公共服务设施网络体系。配套建设中小学、幼儿园、超市、菜市场，以及社区养老、医疗卫生、文化服务等设施，大力推进无障碍设施建设，打造方便快捷生活圈。继续推动公共图书馆、美术馆、文化馆（站）、博物馆、科技馆免费向全社会开放。推动社区内公共设施向居民开放。合理规划建设广场、公园、步行道等公共活动空间，方便居民文体活动，促进居民交流。强化绿地服务居民日常活动的功能，使市民在居家附近能够见到绿地、亲近绿地。城市公园原则上要免费向居民开放。限期清理腾退违规占用的公共空间。顺应新型城镇化的要求，稳步推进城镇基本公共服务常住人口全覆盖，稳定就业和生活的农业转移人口在住房、教育、文化、医疗卫生、计划生育和证照办理服务等方面，与城镇居民有同等权利和义务。

（十九）切实保障城市安全

加强市政基础设施建设，实施地下管网改造工程。提高城市排涝系统建设标准，加快实施改造。提高城市综合防灾和安全设施建设配置标准，加大建设投入力度，加强设施运行管理。建立城市备用饮用水水源地，确保饮水安全。健全城市抗震、防洪、排涝、消防、交通、应对地质灾害应急指挥体系，完善城市生命通道系统，加强城市防灾避难场所建设，增强抵御自然灾害、处置突发事件和危机管理能力。加强城市安全监管，建立专业化、职业化的应急救援队伍，提升社会治安综合治理水平，形成全天候、系统性、现代化的城市安全保障体系。

七、营造城市宜居环境

(二十)推进海绵城市建设

充分利用自然山体、河湖湿地、耕地、林地、草地等生态空间,建设海绵城市,提升水源涵养能力,缓解雨洪内涝压力,促进水资源循环利用。鼓励单位、社区和居民家庭安装雨水收集装置。大幅度减少城市硬覆盖地面,推广透水建材铺装,大力建设雨水花园、储水池塘、湿地公园、下沉式绿地等雨水滞留设施,让雨水自然积存、自然渗透、自然净化,不断提高城市雨水就地蓄积、渗透比例。

(二十一)恢复城市自然生态

制定并实施生态修复工作方案,有计划有步骤地修复被破坏的山体、河流、湿地、植被,积极推进采矿废弃地修复和再利用,治理污染土地,恢复城市自然生态。优化城市绿地布局,构建绿道系统,实现城市内外绿地连接贯通,将生态要素引入市区。建设森林城市。推行生态绿化方式,保护古树名木资源,广植当地树种,减少人工干预,让乔灌草合理搭配、自然生长。鼓励发展屋顶绿化、立体绿化。进一步提高城市人均公园绿地面积和城市建成区绿地率,改变城市建设中过分追求高强度开发、高密度建设、大面积硬化的状况,让城市更自然、更生态、更有特色。

(二十二)推进污水大气治理

强化城市污水治理,加快城市污水处理设施建设与改造,全面加强配套管网建设,提高城市污水收集处理能力。整治城市黑臭水体,强化城中村、老旧城区和城乡结合部污水截流、收集,抓紧治理城区污水横流、河湖水系污染严重的现象。到2020年,地级以上城市建成区力争实现污水全收集、全处理,缺水城市再生水利用率达到20%以上。以中水洁厕为突破口,不断提高污水利用率。新建住房和单体建筑面积超过一定规模的新建公共建筑应当安装中水设施,老旧住房也应当逐步实施中水利用改造。培育以经营中水业务为主的水务公司,合理形成中水回用价格,鼓励按市场化方式经营中水。城市工业生产、道路清扫、车辆冲洗、绿化浇灌、生态景观等生产和生态用水要优先使用中水。全面推进大气污染防治工作。加大城市工业源、面源、移动源污染综合治理力度,着力减少多污染物排放。加快调整城市能源结构,增加清洁能源供应。深化京津冀、长三角、珠三角等区域大气污染联防联控,健全重污染天气监测预警体系。提高环境监管能力,加大执法力度,严厉打击各类环境违法行为。倡导文明、节约、绿色的消费方式和生活习惯,动员全社会参与改善环境质量。

(二十三)加强垃圾综合治理

树立垃圾是重要资源和矿产的观念,建立政府、社区、企业和居民协调机制,通过分类投放收集、综合循环利用,促进垃圾减量化、资源化、无害化。到2020年,力争将垃圾回收利用率提高到35%以上。强化城市保洁工作,加强垃圾处理设施建设,统筹城乡垃圾处理处置,大力解决垃圾围城问题。推进垃圾收运处理企业化、市场化,促进垃圾清运体系与再生资源回收体系对接。通过限制过度包装,减少一次性制品使用,推行净菜入城等措施,从源头上减少垃圾产生。利用新技术、新设备,推广厨余垃圾家庭粉碎处理。完善激励机制和政策,力争用5年左右时间,基本建立餐厨废弃物和建筑垃圾回收和再生利用体系。

八、创新城市治理方式

(二十四)推进依法治理城市

适应城市规划建设管理新形势和新要求,加强重点领域法律法规的立改废释,形成覆盖城市规划建设管理全过程的法律法规制度。严格执行城市规划建设管理行政决策法定程序,坚决遏制领导干部随意干预城市规划设计和工程建设的现象。研究推动城乡规划法与刑法衔接,严厉惩处规划建设管理违法行为,强化法律责任追究,提高违法违规成本。

(二十五)改革城市管理体制

明确中央和省级政府城市管理主管部门,确定管理范围、权力清单和责任主体,理顺各部门职责分工。推进市县两级政府规划建设管理机构改革,推行跨部门综合执法。在设区的市推行市或区一级执法,推动执法重心下移和执法事项属地化管理。加强城市管理执法机构和队伍建设,提高管理、执法和服务水平。

(二十六)完善城市治理机制

落实市、区、街道、社区的管理服务责任,健全城市基层治理机制。进一步强化街道、社区党组织的领导核心作用,以社区服务型党组织建设带动社区居民自治组织、社区社会组织建设。增强社区服务功能,实现政府治理和社会调节、居民自治良性互动。加强信息公开,推进城市治理阳光运行,开展世界城市日、世界住房日等主题宣传活动。

(二十七)推进城市智慧管理

加强城市管理和服务体系智能化建设,促进大数据、物联网、云计算等现代信息技术与城市管理服务融合,提升城市治理和服务水平。加强市政设施运行管理、交通管理、环境管理、应急管理等城市管理数字化平台建设和功能整合,建设综合性城市管理数据库。推进城市宽带信息基础设施建设,强化网络安全保障。积极发展民生服务智慧应用。到2020年,建成一批特色鲜明的智慧城市。通过智慧城市建设和其他一系列城市规划建设管理措施,不断提高城市运行效率。

(二十八)提高市民文明素质

以加强和改进城市规划建设管理来满足人民群众日益增长的物质文化需要,以提升市民文明素质推动城市治理水平的不断提高。大力开展社会主义核心价值观学习教育实践,促进市民形成良好的道德素养和社会风尚,提高企业、社会组织和市民参与城市治理的意识和能力。从青少年抓起,完善学校、家庭、社会三结合的教育网络,将良好校风、优良家风和社会新风有机融合。建立完善市民行为规范,增强市民法治意识。

九、切实加强组织领导

(二十九)加强组织协调

中央和国家机关有关部门要加大对城市规划建设管理工作的指导、协调和支持力度,建立城市工作协调机制,定期研究相关工作。定期召开中央城市工作会议,研究解决城市发展中的重大问题。中央组织部、住房城乡建设部要定期组织新任市委书记、市长培训,不断提高城市主要领导规划建设管理的能力和水平。

(三十)落实工作责任

省级党委和政府要围绕中央提出的总目标,确定本地区城市发展的目标和任务,集中力量突破重点难点问题。城市党委和政府要制定具体目标和工作方案,明确实施步骤和保障措施,加强对城市规划建设管理工作的领导,落实工作经费。实施城市规划建设管理工作监督考核制度,确定考核指标体系,定期通报考核结果,并作为城市党政领导班子和领导干部综合考核评价的重要参考。

各地区各部门要认真贯彻落实本意见精神,明确责任分工和时间要求,确保各项政策措施落到实处。各地区各部门贯彻落实情况要及时向党中央、国务院报告。中央将就贯彻落实情况适时组织开展监督检查。

国务院办公厅关于促进建筑业持续健康发展的意见

国办发〔2017〕19 号

各省、自治区、直辖市人民政府,国务院各部委、各直属机构:

建筑业是国民经济的支柱产业。改革开放以来,我国建筑业快速发展,建造能力不断增强,产业规模不断扩大,吸纳了大量农村转移劳动力,带动了大量关联产业,对经济社会发展、城乡建设和民生改善作出了重要贡献。但也要看到,建筑业仍然大而不强,监管体制机制不健全、工程建设组织方式落后、建筑设计水平有待提高、质量安全事故时有发生、市场违法违规行为较多、企业核心竞争力不强、工人技能素质偏低等问题较为突出。为贯彻落实《中共中央　国务院关于进一步加强城市规划建设管理工作的若干意见》,进一步深化建筑业"放管服"改革,加快产业升级,促进建筑业持续健康发展,为新型城镇化提供支撑,经国务院同意,现提出以下意见:

一、总体要求

全面贯彻党的十八大和十八届二中、三中、四中、五中、六中全会以及中央经济工作会议、中央城镇化工作会议、中央城市工作会议精神,深入贯彻习近平总书记系列重要讲话精神和治国理政新理念新思想新战略,认真落实党中央、国务院决策部署,统筹推进"五位一体"总体布局和协调推进"四个全面"战略布局,牢固树立和贯彻落实创新、协调、绿色、开放、共享的发展理念,坚持以推进供给侧结构性改革为主线,按照适用、经济、安全、绿色、美观的要求,深化建筑业"放管服"改革,完善监管体制机制,优化市场环境,提升工程质量安全水平,强化队伍建设,增强企业核心竞争力,促进建筑业持续健康发展,打造"中国建造"品牌。

二、深化建筑业简政放权改革

(一)优化资质资格管理

进一步简化工程建设企业资质类别和等级设置,减少不必要的资质认定。选择部分地区开展试点,对信用良好、具有相关专业技术能力、能够提供足额担保的企业,在其资质类别内放宽承揽业务范围限制,同时,加快完善信用体系、工程担保及个人执业资格等相关配套制度,加强事中事后监管。强化个人执业资格管理,明晰注册执业人员的权利、义务和责任,加大执业责任追究力度。有序发展个人执业事务所,推动建立个人执业保险制度。大力推行"互联网+政务服务",实行"一站式"网上审批,进一步提高建筑领域行政审批效率。

(二)完善招标投标制度

加快修订《工程建设项目招标范围和规模标准规定》,缩小并严格界定必须进行招标的工程建设项目范围,放宽有关规模标准,防止工程建设项目实行招标"一刀切"。在民间投资的房屋建筑工程中,探索由建设单位自主决定发包方式。将依法必须招标的工程建设项目纳入统一的公共资源交易平台,遵循公平、公正、公开和诚信的原则,规范招标投标行为。进一步简化招标投标程序,尽快实现招标投标交易全过程电子化,推行网上异地评标。对依法通过竞争性谈判或单一来源方式确定供应商的政府采购工程建设项目,符合相应条件的应当颁发施工许可证。

三、完善工程建设组织模式

(三)加快推行工程总承包

装配式建筑原则上应采用工程总承包模式。政府投资工程应完善建设管理模式,带头推行工程总承包。加快完善工程总承包相关的招标投标、施工许可、竣工验收等制度规定。按照总承包负总责的原则,落实工程总承包单位在工程质量安全、进度控制、成本管理等方面的责任。除以暂估价形式包括在工程总承包范围内且依法必须进行招标的项目外,工程总承包单位可以直接发包总承包合同中涵盖的其他专业业务。

(四)培育全过程工程咨询

鼓励投资咨询、勘察、设计、监理、招标代理、造价等企业采取联合经营、并购重组等方式发展全过程工程咨询,培育一批具有国际水平的全过程工程咨询企业。制定全过程工程咨询服务技术标准和合同范本。政府投资工程应带头推行全过程工程咨询,鼓励非政府投资工程委托全过程工程咨询服务。在民用建筑项目中,充分发挥建筑师的主导作用,鼓励提供全过程工程咨询服务。

四、加强工程质量安全管理

(五) 严格落实工程质量责任

全面落实各方主体的工程质量责任,特别要强化建设单位的首要责任和勘察、设计、施工单位的主体责任。严格执行工程质量终身责任制,在建筑物明显部位设置永久性标牌,公示质量责任主体和主要责任人。对违反有关规定、造成工程质量事故的,依法给予责任单位停业整顿、降低资质等级、吊销资质证书等行政处罚并通过国家企业信用信息公示系统予以公示,给予注册执业人员暂停执业、吊销资格证书、一定时间直至终身不得进入行业等处罚。对发生工程质量事故造成损失的,要依法追究经济赔偿责任,情节严重的要追究有关单位和人员的法律责任。参与房地产开发的建筑业企业应依法合规经营,提高住宅品质。

(六) 加强安全生产管理

全面落实安全生产责任,加强施工现场安全防护,特别要强化对深基坑、高支模、起重机械等危险性较大的分部分项工程的管理,以及对不良地质地区重大工程项目的风险评估或论证。推进信息技术与安全生产深度融合,加快建设建筑施工安全监管信息系统,通过信息化手段加强安全生产管理。建立健全全覆盖、多层次、经常性的安全生产培训制度,提升从业人员安全素质以及各方主体的本质安全水平。

(七) 全面提高监管水平

完善工程质量安全法律法规和管理制度,健全企业负责、政府监管、社会监督的工程质量安全保障体系。强化政府对工程质量的监管,明确监管范围,落实监管责任,加大抽查抽测力度,重点加强对涉及公共安全的工程地基基础、主体结构等部位和竣工验收等环节的监督检查。加强工程质量监督队伍建设,监督机构履行职能所需经费由同级财政预算全额保障。政府可采取购买服务的方式,委托具备条件的社会力量进行工程质量监督检查。推进工程质量安全标准化管理,督促各方主体健全质量安全管控机制。强化对工程监理的监管,选择部分地区开展监理单位向政府报告质量监理情况的试点。加强工程质量检测机构管理,严厉打击出具虚假报告等行为。推动发展工程质量保险。

五、优化建筑市场环境

(八) 建立统一开放市场

打破区域市场准入壁垒,取消各地区、各行业在法律、行政法规和国务院规定外对建筑业企业设置的不合理准入条件;严禁擅自设立或变相设立审批、备案事项,为建筑业企业提供公平市场环境。完善全国建筑市场监管公共服务平台,加快实现与全国信用信息共享平台和国家企业信用信息公示系统的数据共享交换。建立建筑市场主体黑名单制度,依法依规全面公开企业和个人信用记录,接受社会监督。

(九) 加强承包履约管理

引导承包企业以银行保函或担保公司保函的形式,向建设单位提供履约担保。对采用常规通用技术标准的政府投资工程,在原则上实行最低价中标的同时,有效发挥履约担保的作用,防止恶意低价中标,确保工程投资不超预算。严厉查处转包和违法分包等行为。完善工程量清单计价体系和工程造价信息发布机制,形成统一的工程造价计价规则,合理确定和有效控制工程造价。

(十)规范工程价款结算

审计机关应依法加强对以政府投资为主的公共工程建设项目的审计监督,建设单位不得将未完成审计作为延期工程结算、拖欠工程款的理由。未完成竣工结算的项目,有关部门不予办理产权登记。对长期拖欠工程款的单位不得批准新项目开工。严格执行工程预付款制度,及时按合同约定足额向承包单位支付预付款。通过工程款支付担保等经济、法律手段约束建设单位履约行为,预防拖欠工程款。

六、提高从业人员素质

(十一)加快培养建筑人才

积极培育既有国际视野又有民族自信的建筑师队伍。加快培养熟悉国际规则的建筑业高级管理人才。大力推进校企合作,培养建筑业专业人才。加强工程现场管理人员和建筑工人的教育培训。健全建筑业职业技能标准体系,全面实施建筑业技术工人职业技能鉴定制度。发展一批建筑工人技能鉴定机构,开展建筑工人技能评价工作。通过制定施工现场技能工人基本配备标准、发布各个技能等级和工种的人工成本信息等方式,引导企业将工资分配向关键技术技能岗位倾斜。大力弘扬工匠精神,培养高素质建筑工人,到2020年建筑业中级工技能水平以上的建筑工人数量达到300万,2025年达到1 000万。

(十二)改革建筑用工制度

推动建筑业劳务企业转型,大力发展木工、电工、砌筑、钢筋制作等以作业为主的专业企业。以专业企业为建筑工人的主要载体,逐步实现建筑工人公司化、专业化管理。鼓励现有专业企业进一步做专做精,增强竞争力,推动形成一批以作业为主的建筑业专业企业。促进建筑业农民工向技术工人转型,着力稳定和扩大建筑业农民工就业创业。建立全国建筑工人管理服务信息平台,开展建筑工人实名制管理,记录建筑工人的身份信息、培训情况、职业技能、从业记录等信息,逐步实现全覆盖。

(十三)保护工人合法权益

全面落实劳动合同制度,加大监察力度,督促施工单位与招用的建筑工人依法签订劳动合同,到2020年基本实现劳动合同全覆盖。健全工资支付保障制度,按照谁用工谁负责和总承包负总责的原则,落实企业工资支付责任,依法按月足额发放工人工资。将存在拖欠工资行为的企业列入黑名单,对其采取限制市场准入等惩戒措施,情节严重的降低资质等级。建立健全与建筑业相适应的社会保险参保缴费方式,大力推进建筑施工单位参加工伤保险。施工单位应履行社会责任,不断改善建筑工人的工作环境,提升职业健康水平,促进建筑工人稳定就业。

七、推进建筑产业现代化

（十四）推广智能和装配式建筑

坚持标准化设计、工厂化生产、装配化施工、一体化装修、信息化管理、智能化应用，推动建造方式创新，大力发展装配式混凝土和钢结构建筑，在具备条件的地方倡导发展现代木结构建筑，不断提高装配式建筑在新建建筑中的比例。力争用10年左右的时间，使装配式建筑占新建建筑面积的比例达到30%。在新建建筑和既有建筑改造中推广普及智能化应用，完善智能化系统运行维护机制，实现建筑舒适安全、节能高效。

（十五）提升建筑设计水平

建筑设计应体现地域特征、民族特点和时代风貌，突出建筑使用功能及节能、节水、节地、节材和环保等要求，提供功能适用、经济合理、安全可靠、技术先进、环境协调的建筑设计产品。健全适应建筑设计特点的招标投标制度，推行设计团队招标、设计方案招标等方式。促进国内外建筑设计企业公平竞争，培育有国际竞争力的建筑设计队伍。倡导开展建筑评论，促进建筑设计理念的融合和升华。

（十六）加强技术研发应用

加快先进建造设备、智能设备的研发、制造和推广应用，提升各类施工机具的性能和效率，提高机械化施工程度。限制和淘汰落后、危险工艺工法，保障生产施工安全。积极支持建筑业科研工作，大幅提高技术创新对产业发展的贡献率。加快推进建筑信息模型（BIM）技术在规划、勘察、设计、施工和运营维护全过程的集成应用，实现工程建设项目全生命周期数据共享和信息化管理，为项目方案优化和科学决策提供依据，促进建筑业提质增效。

（十七）完善工程建设标准

整合精简强制性标准，适度提高安全、质量、性能、健康、节能等强制性指标要求，逐步提高标准水平。积极培育团体标准，鼓励具备相应能力的行业协会、产业联盟等主体共同制定满足市场和创新需要的标准，建立强制性标准与团体标准相结合的标准供给体制，增加标准有效供给。及时开展标准复审，加快标准修订，提高标准的时效性。加强科技研发与标准制定的信息沟通，建立全国工程建设标准专家委员会，为工程建设标准化工作提供技术支撑，提高标准的质量和水平。

八、加快建筑业企业"走出去"

（十八）加强中外标准衔接

积极开展中外标准对比研究，适应国际通行的标准内容结构、要素指标和相关术语，缩小中国标准与国外先进标准的技术差距。加大中国标准外文版翻译和宣传推广力度，以"一带一路"战略为引领，优先在对外投资、技术输出和援建工程项目中推广应用。积极参加国际标准认证、交流等活动，开展工程技术标准的双边合作。到2025年，实现工程建设国家标准全部有外文版。

（十九）提高对外承包能力

统筹协调建筑业"走出去"，充分发挥我国建筑业企业在高铁、公路、电力、港口、机场、油气长输管道、高层建筑等工程建设方面的比较优势，有目标、有重点、有组织地对外承包工程，参与"一带一路"建设。建筑业企业要加大对国际标准的研究力度，积极适应国际标准，加强对外承包工程质量、履约等方面管理，在援外住房等民生项目中发挥积极作用。鼓励大企业带动中小企业、沿海沿边地区企业合作"出海"，积极有序开拓国际市场，避免恶性竞争。引导对外承包工程企业向项目融资、设计咨询、后续运营维护管理等高附加值的领域有序拓展。推动企业提高属地化经营水平，实现与所在国家和地区互利共赢。

（二十）加大政策扶持力度

加强建筑业"走出去"相关主管部门间的沟通协调和信息共享。到2025年，与大部分"一带一路"沿线国家和地区签订双边工程建设合作备忘录，同时争取在双边自贸协定中纳入相关内容，推进建设领域执业资格国际互认。综合发挥各类金融工具的作用，重点支持对外经济合作中建筑领域的重大战略项目。借鉴国际通行的项目融资模式，按照风险可控、商业可持续原则，加大对建筑业"走出去"的金融支持力度。

各地区、各部门要高度重视深化建筑业改革工作，健全工作机制，明确任务分工，及时研究解决建筑业改革发展中的重大问题，完善相关政策，确保按期完成各项改革任务。加快推动修订建筑法、招标投标法等法律，完善相关法律法规。充分发挥协会商会熟悉行业、贴近企业的优势，及时反映企业诉求，反馈政策落实情况，发挥好规范行业秩序、建立从业人员行为准则、促进企业诚信经营等方面的自律作用。

国务院办公厅
2017年2月21日

（此件公开发布）

住房城乡建设部关于印发《"十三五"装配式建筑行动方案》《装配式建筑示范城市管理办法》《装配式建筑产业基地管理办法》的通知

建科〔2017〕77号

各省、自治区住房城乡建设厅，直辖市、计划单列市建委，新疆生产建设兵团建设局，各有关单位：

为切实落实《国务院办公厅关于大力发展装配式建筑的指导意见》（国办发〔2016〕71号）和《国务院办公厅关于促进建筑业持续健康发展的意见》（国办发〔2017〕19号），全面推进装配式建筑发展，我部制定了《"十三五"装配式建筑行动方案》《装配式建筑示范城市管理办法》《装配式建筑产业基地管理办法》。现印发给你们,请结合本地实际,切实抓好贯彻落实。

住房城乡建设部
2017 年 3 月 23 日

《"十三五"装配式建筑行动方案》

为深入贯彻《国务院办公厅关于大力发展装配式建筑的指导意见》(国办发〔2016〕71号〕和《国务院办公厅关于促进建筑业持续健康发展的意见》(国办发〔2017〕19 号),进一步明确阶段性工作目标,落实重点任务,强化保障措施,突出抓规划、抓标准、抓产业、抓队伍,促进装配式建筑全面发展,特制定本行动方案。

一、确定工作目标

到 2020 年,全国装配式建筑占新建建筑的比例达到 15% 以上,其中重点推进地区达到 20% 以上,积极推进地区达到 15% 以上,鼓励推进地区达到 10% 以上。鼓励各地制定更高的发展目标。建立健全装配式建筑政策体系、规划体系、标准体系、技术体系、产品体系和监管体系,形成一批装配式建筑设计、施工、部品部件规模化生产企业和工程总承包企业,形成装配式建筑专业化队伍,全面提升装配式建筑质量、效益和品质,实现装配式建筑全面发展。

到 2020 年,培育 50 个以上装配式建筑示范城市,200 个以上装配式建筑产业基地,500 个以上装配式建筑示范工程,建设 30 个以上装配式建筑科技创新基地,充分发挥示范引领和带动作用。

二、明确重点任务

(一)编制发展规划

各省(区、市)和重点城市住房城乡建设主管部门要抓紧编制完成装配式建筑发展规划,明确发展目标和任务,细化阶段性工作安排,提出保障措施。重点做好装配式建筑产业发展规划,合理布局产业基地,实现市场供需基本平衡。

制定全国木结构建筑发展规划,明确发展目标和任务,确定重点发展地区,开展试点示范。具备木结构建筑发展条件的地区可编制专项规划。

(二)健全标准体系

建立完善覆盖设计、生产、施工和使用维护全过程的装配式建筑标准规范体系。支持地方、社会团体和企业编制装配式建筑相关配套标准,促进关键技术和成套技术研究成果转化为标准规范.编制与装配式建筑相配套的标准图集、工法、手册、指南等。

强化建筑材料标准、部品部件标准、工程建设标准之间的衔接。建立统一的部品部件产品标准和认证、标识等体系,制定相关评价通则,健全部品部件设计、生产和施工工艺标准。严格执行《建筑模数协调标准》、部品部件公差标准,健全功能空间与部品部件之间的协调标准。

积极开展《装配式混凝土建筑技术标准》《装配式钢结构建筑技术标准》《装配式木结构建筑技术标准》以及《装配式建筑评价标准》宣传贯彻和培训交流活动。

（三）完善技术体系

建立装配式建筑技术体系和关键技术、配套部品部件评估机制,梳理先进成熟可靠的新技术、新产品、新工艺,定期发布装配式建筑技术和产品公告。

加大研发力度。研究装配率较高的多高层装配式混凝土建筑的基础理论、技术体系和施工工艺工法,研究高性能混凝土、高强钢筋和消能减震、预应力技术在装配式建筑中的应用。突破钢结构建筑在围护体系、材料性能、连接工艺等方面的技术瓶颈。推进中国特色现代木结构建筑技术体系及中高层木结构建筑研究。推动"钢-混""钢-木""木-混"等装配式组合结构的研发应用。

（四）提高设计能力

全面提升装配式建筑设计水平。推行装配式建筑一体化集成设计,强化装配式建筑设计对部品部件生产、安装施工、装饰装修等环节的统筹。推进装配式建筑标准化设计,提高标准化部品部件的应用比例。装配式建筑设计深度要达到相关要求。

提升设计人员装配式建筑设计理论水平和全产业链统筹把握能力,发挥设计人员主导作用,为装配式建筑提供全过程指导。提倡装配式建筑在方案策划阶段进行专家论证和技术咨询,促进各参与主体形成协同合作机制。

建立适合建筑信息模型(BIM)技术应用的装配式建筑工程管理模式,推进BIM技术在装配式建筑规划、勘察、设计、生产、施工、装修、运行维护全过程的集成应用,实现工程建设项目全生命周期数据共享和信息化管理。

（五）增强产业配套能力

统筹发展装配式建筑设计、生产、施工及设备制造、运输、装修和运行维护等全产业链,增强产业配套能力。

建立装配式建筑部品部件库,编制装配式混凝土建筑、钢结构建筑、木结构建筑、装配化装修的标准化部品部件目录,促进部品部件社会化生产。采用植入芯片或标注二维码等方式,实现部品部件生产、安装、维护全过程质量可追溯。建立统一的部品部件标准、认证与标识信息平台,公开发布相关政策、标准、规则程序、认证结果及采信信息。建立部品部件质量验收机制,确保产品质量。

完善装配式建筑施工工艺和工法,研发与装配式建筑相适应的生产设备、施工设备、机具和配套产品,提高装配施工、安全防护、质量检验、组织管理的能力和水平,提升部品部件的施工质量和整体安全性能。

培育一批设计、生产、施工一体化的装配式建筑骨干企业,促进建筑企业转型发展。发挥装配式建筑产业技术创新联盟的作用,加强产学研用等各种市场主体的协同创新能力,促进新技术、新产品的研发与应用。

（六）推行工程总承包

各省(区、市)住房城乡建设主管部门要按照"装配式建筑原则上应采用工程总承包模式,可按照技术复杂类工程项目招投标"的要求,制定具体措施,加快推进装配式建筑项目采用工程总承包模式。工程总承包企业要对工程质量、安全、进度、造价负总责。

装配式建筑项目可采用"设计—采购—施工"(EPC)总承包或"设计—施工"(D-B)总承包等工程项目管理模式。政府投资工程应带头采用工程总承包模式。设计、施工、开发、生产企业可单独或组成联合体承接装配式建筑工程总承包项目,实施具体的设计、施工任务时应由有相应资质的单位承担。

（七）推进建筑全装修

推行装配式建筑全装修成品交房。各省(区、市)住房城乡建设主管部门要制定政策措施,明确装配式建筑全装修的目标和要求。推行装配式建筑全装修与主体结构、机电设备一体化设计和协同施工。全装修要提供大空间灵活分隔及不同档次和风格的菜单式装修方案,满足消费者个性化需求。完善《住宅质量保证书》和《住宅使用说明书》文本关于装修的相关内容。

加快推进装配化装修,提倡干法施工,减少现场湿作业。推广集成厨房和卫生间,预制隔墙、主体结构与管线相分离等技术体系。建设装配化装修试点示范工,通过示范项目的现场观摩与交流培训等活动,不断提高全装修综合水平。

（八）促进绿色发展

积极推进绿色建材在装配式建筑中应用。编制装配式建筑绿色建材产品目录。推广绿色多功能复合材料,发展环保型木质复合、金属复合、优质化学建材及新型建筑陶瓷等绿色建材,到2010年,绿色建材在装配式建筑中的应用比例达到50%以上。

装配式建筑要与绿色建筑、超低能耗建筑等相结合,鼓励建设综合示范工程。装配式建筑要全面执行绿色建筑标准,并在绿色建筑评价中逐步加大装配式建筑的权重。推动太阳能光热光伏、地源热泵、空气源热泵等可再生能源与装配式建筑一体化应用。

（九）提高工程质量安全

加强装配式建筑工程质量安全监管,严格控制装配式建筑现场施工安全和工程质量,强化质量安全责任。

加强装配式建筑工程质量安全检查,重点检查连接节点施工质量、起重机械安全管理等,全面落实装配式建筑工程建设过程中各方责任主体履行责任情况。

加强工程质量安全监管人员业务培训,提升适应装配式建筑的质量安全监管能力。

（十）培育产业队伍

开展装配式建筑人才和产业队伍专题研究,摸清行业人才基数及需求规模,制定装配式建筑人才培育相关政策措施,明确目标任务,建立有利于装配式建筑人才培养和发展的长效机制。

加快培养与装配式建筑发展相适应的技术和管理人才,包括行业管理人才、企业领军人才、专业技术人员、经营管理人员和产业工人队伍。开展装配式建筑工人技能评价,引导装配式建筑相关企业培养自有专业人才队伍,促进建筑业农民工转化为技术工人。促进建筑劳务企业转型创新发展,建设专业化的装配式建筑技术工人队伍。

依托相关的院校、骨干企业、职业培训机构和公共实训基地,设置装配式建筑相关课程,建立若干装配式建筑人才教育培训基地。在建筑行业相关人才培养和继续教育中增加装配式建筑相关内容。推动装配式建筑企业开展企校合作,创新人才培养模式。

三、保障措施

(十一)落实支持政策

各省(区、市)住房城乡建设主管部门要制定贯彻国办发〔2016〕71号文件的实施方案,逐项提出落实政策和措施。鼓励各地创新支持政策,加强对供给侧和需求侧的双向支持力度,利用各种资源和渠道,支持装配式建筑的发展,特别是要积极协调国土部门在土地出让或划拨时,将装配式建筑作为建设条件内容,在土地出让合同或土地划拨决定书中明确具体要求。装配式建筑工程可参照重点工程报建流程纳入工程审批绿色通道。各地可将装配率水平作为支持鼓励政策的依据。

强化项目落地,要在政府投资和社会投资工程中落实装配式建筑要求,将装配式建筑工作细化为具体的工程项目,建立装配式建筑项目库,于每年第一季度向社会发布当年项目的名称、位置、类型、规模、开工竣工时间等信息。

在中国人居环境奖评选、国家生态园林城市评估、绿色建筑等工作中增加装配式建筑方面的指标要求,并不断完善。

(十二)创新工程管理

各级住房城乡建设主管部门要改革现行工程建设管理制度和模式,在招标投标、施工许可、部品部件生产、工程计价、质量监督和竣工验收等环节进行建设管理制度改革,促进装配式建筑发展。

建立装配式建筑全过程信息追溯机制,把生产、施工。装修、运行维护等全过程纳入信息化平台,实现数据即时上传、汇总、监测及电子归档管理等,增强行业监管能力。

(十三)建立统计上报制度

建立装配式建筑信息统计制度,搭建全国装配式建筑信息统计平台。要重点统计装配式建筑总体情况和项目进展、部品;部件生产状况及其产能、市场供需情况、产业队伍等信息,并定期上报。按照《装配式建筑评价标准》规定,用装配率作为装配式建筑认定指标。

(十四)强化考核监督

住房城乡建设部每年4月底前对各地进行建筑节能与装配式建筑专项检查,重点检查各地装配式建筑发展目标完成情况、产业发展情况、政策出台情况、标准规范编制情况、质量安全情况等,并通报考核结果。各省(区、市)住房城乡建设主管部门要将装配式建筑发展情况列入重点考核督查项目,作为住房城乡建设领域一项重要考核指标。

(十五）加强宣传推广

各省（区、市）住房城乡建设主管部门要积极行动，广泛宣传推广装配式建筑示范城市、产业基地、示范工程的经验。充分发挥相关企事业单位、行业学协会的作用，开展装配式建筑的技术经济政策解读和宣传贯彻活动。鼓励各地举办或积极参加各种形式的装配式建筑展览会、交流会等活动，加强行业交流。

要通过电视、报刊、网络等多种媒体和售楼处等多种场所，以及宣传手册、专家解读文章、典型案例等各种形式普及装配式建筑相关知识，宣传发展装配式建筑的经济社会环境效益和装配式建筑的优越性，提高公众对装配式建筑的认知度，营造各方共同关注、支持装配式建筑发展的良好氛围。

各省（区、市）住房城乡建设主管部门要切实加强对装配式建筑工作的组织领导，建立健全工作和协商机制，落实责任分工，加强监督考核，扎实推进装配式建筑全面发展。

江苏省创建"康居示范工程"实施意见

各省辖市建设局(建委)、房管局:

按照省委、省政府提出的"到2005年,富民强省取得阶段性成果,人民过上宽裕的小康生活"的总要求,为推动全省住宅建设整体质量的提高,促进住宅产业现代化,根据《国家康居示范工程实施大纲》《国家康居示范工程管理办法》,结合本省实际情况,我厅制定了《江苏省创建"康居示范工程"实施意见》,现印发给你们,请结合本地实际贯彻执行。

2002年6月4日

抄报:国家建设部、省人民政府抄送:各市规划局。

江苏省创建"康居示范工程"实施意见

为贯彻国务院办公厅《关于推进住宅产业现代化提高住宅质量的若干意见》(国办发〔1999〕72号)、建设部《国家康居示范工程实施大纲》(建住房〔1999〕98号)、《国家康居示范工程管理办法》(建住宅〔2000〕274号)等文件精神,依靠科技进步,推进住宅产业现代化,进一步提高我省住宅建设整体质量,特制定本实施意见。

一、实施康居示范工程[以下简称"康居工程"]的指导思想及目标

(一)实施康居工程的指导思想

康居工程以住宅小区为载体,以科技为先导,以住宅产业化基地为技术支撑,以推进住宅产业现代化为总体目标,以建立和完善住宅技术保障体系、建筑体系、部品体系、质量控制体系和住宅性能认定体系为核心的住宅产业现代化框架体系为重点,突出节能、智能、环保、生态等小区建设的发展方向,实现住宅建设由粗放型向集约型增长方式转变。通过实施康居工程,进一步提高我省住宅建设整体水平,带动相关产业发展,拉动国民经济增长,并为全省建立和完善多层次住房供应体系创造经验,实现社会、环境、经济效益的统一。

(二)康居工程的近期目标

1. 今后2~3年内,各设区市建设2个以上体现住宅产业化总体水平的综合、集成式康居工程小区;各县(市)建设1~2个康居工程小区。

2. 在今后4~5年内,在全省具有条件的地方建成数个符合地方住宅产业现代化发展方向,能带动地方经济发展,并在地方起到先进示范作用,或具有主导住宅产品、重点突出的康居工程小区。

二、康居工程的类型及条件

（一）省级康居示范工程小区

基本内容：在经济基础较发达的地区，以《国家康居示范工程实施大纲》为基础，以住宅部品配套集成及建立住宅建筑（或部品）体系为重点，通过科技创新和先进适用的成套技术推广应用，以探索节能、智能、环保、健康、生态、园林及旧区改建等方向为重点，结合当地的社会经济条件，进行住宅产业现代化多项技术或单项成套技术的示范，在省内或国内具有领先水平，以培育和形成我省住宅产业主导产品的若干生产和产业化基地及住宅产业集团。在经济基础欠发达的地区，着眼于高起点规划、高水平设计、高质量建设和高标准管理的总要求，在新技术、新材料、新产品、新设备的应用上有所创新和突破，带动当地经济及住宅建设的发展，为全面推进我省住宅产业现代化奠定基础。

基本条件：

1. 申报的项目应具备一定的规模：大城市不宜小于8万平方米，中小城市不宜小于5万平方米，小城镇不宜小于3万平方米；在经济基础欠发达的地区，中小城市不宜小于4万平方米，小城镇不宜小于2万平方米。

2. 申报的项目应根据建设部《商品住宅性能认定管理办法》，推广实行住宅性能认定制度。各开发建设单位在申报康居工程项目时，应根据市场需求，提出拟建住宅的性能等级（1A、2A、3A）。

3. 住宅小区的建设应符合成片开发、配套建设的要求，结合当地条件体现一定的技术集成和部品集成，并能反映地方居住特色和建筑文化传统。

4. 小区应在2~3年内建设完成。

（二）国家康居示范工程小区

国家康居示范工程小区的内容及申报条件按照建设部《国家康居示范工程实施大纲》等有关文件实施。

三、康居工程的指导和管理

康居示范工程由国家建设部与省建设厅统一指导和管理，省建设厅住宅产业化促进中心（以下简称"省住宅中心"）负责做好技术指导、技术服务、建设中期检查、达标考核验收等日常管理工作。市、县（市）成立康居示范工程项目领导小组，组织协调本地的康居示范工程建设工作。房地产开发主管部门负责本地区康居工程项目的筛选、推荐、组织管理及协调工作，并制定具体的政策措施，以保证康居工程项目建设的顺利实施；在具体管理工作中，要对申报的康居工程项目数量和质量进行严格把关，要求计划指标落实、用地落实、资金落实，住宅产业现代化目标明确，精选项目，兼顾点面，并注重在新城、村镇设点，鼓励村镇项目的申报。

四、康居工程的组织实施

(一)康居工程的申报

1. 康居工程项目,由开发建设单位自愿申报并填写申报表(见附件),经市、县(市)房地产开发主管部门批准同意后,报省住宅中心。

2. 对照《国家康居示范工程实施大纲》和《国家康居示范工程成套技术量化评价指标》及省有关技术规范和技术要点,基本符合条件的申报单位在省住宅中心的指导下做好以下工作:

① 编制住宅产业技术可行性研究报告;

② 完善申报项目的规划及建筑设计方案;

③ 编制商品住宅性能认定预审材料;

④ 其他应完善的工作。

(二)康居工程的评审

1. 对项目的住宅产业技术可行性研究报告、规划及建筑设计方案、商品住宅性能认定预审材料等,由省住宅中心组织有关专家进行技术指导。开发建设单位根据专家组提出的意见进行修改,并将修改后的方案及材料报省住宅中心。

2. 省住宅中心会同省建设厅有关处室组织专家委员会对开发建设单位修改后的方案进行评审,评审通过的项目由省建设厅批准,列入"创建省级康居示范工程小区"实施计划。

3. 申报国家康居示范工程项目经初审通过的,由省建设厅将预审结果报建设部住宅产业化促进中心。

(三)康居工程的审查与检查

凡经批准列入创建省级康居示范工程的项目,建设单位在项目开工后每半年向省住宅中心上报工程进展情况。省住宅中心根据工程进展情况会同省建设厅有关处室和项目所在地市、县(市)房地产开发主管部门组织实施审查、中期检查和验收等工作。

1. 住宅产业成套或专项技术等内容审查

由省住宅中心会同省建设厅有关处室组织并邀请有关专家按照《国家康居示范工程初步设计审查提纲》,在项目所在地进行审查,重点审查《住宅产业技术可行性研究报告》中成套或专项技术等内容的落实情况。

2. 专项设计审查

由省住宅中心会同省建设厅有关处室和市、县(市)建设主管部门组织,在项目所在地重点审查专项设计(如环境景观设计、智能化设计等)的技术可行性及经济合理性。

3. 建设中期检查

由市、县(市)建设主管部门负责组织质量监督、监理等各方人员对示范工程的施工进行中期检查,省住宅中心委派有关专家参与。按照《国家康居示范工程建设中期检查提纲》及省有关规定,进行康居工程项目建设的中期检查,重点检查工程质量达标和住宅产业化内容在建设工程中的具体实施情况;对工程中关键性成套技术项目和重要专项技术项目,开展专家现场技术指导和培训。国家康居示范工程项目的审查与检查,按照建设部有关文件规定实施。

(四)康居工程的综合验收

省级康居示范工程项目,在项目所在地建设主管部门对项目质量全面验收的基础上,由开发建设单位提出验收申请,经市、县(市)房地产开发主管部门审查批准后报省住宅中心,由省住宅中心会同省建设厅有关处室及市、县(市)房地产开发主管部门组成综合验收小组,依据国家、江苏省现行的有关标准、规范及《国家康居示范工程综合验收考核指标》,对康居工程项目进行验收(需提交的验收资料和要求另定)。验收合格后,按照建设部《商品住宅性能评定方法和指标体系》,对康居工程项目进行商品住宅性能认定,对通过综合验收和性能认定合格的康居工程项目及有关单位由省建设厅颁发标牌和证书。国家康居示范工程项目的综合验收,按照建设部《国家康居示范工程管理办法》(建住宅〔2000〕274号)实施。

(五)康居工程的变更处理

康居工程在创建过程中发生以下情况之一者,将取消资格:

1. 项目未按规定的程序和要求实施的;
2. 因人为因素导致不能继续实施康居工程项目的;
3. 在正式命名挂牌后的一年内,凡有投诉经证实有严重施工质量问题或弄虚作假的。

五、建立网站主页

凡经批准实施的康居工程项目,应由开发建设单位在省住宅中心网站(www.jshouse.com.cn)的小区在线栏目建立主页,并将康居工程项目建设过程中的实施进展情况等信息在网上及时更新。

为提高全省住宅小区建设整体质量,凡未列入国家及省级试点、示范工程小区项目,省住宅中心可提供技术指导和服务;各市、县(市)房地产开发主管部门要做好引导和推进住宅产业化工作。

本实施意见由江苏省建设厅负责解释。

江苏省新建住宅全装修试点工作实施意见

为进一步贯彻国务院办公厅《关于推进住宅产业现代化提高住宅质量的若干意见》(国办发〔1999〕72号)、建设部颁发的《商品住宅装修一次到位实施导则》(建住房〔2002〕190号)和江苏省住宅产业化工作会议精神,加快全省新建住宅全装修试点工作的开展,依靠科技进步,推进住宅产业现代化,带动相关产业发展,进一步提高我省住宅建设整体质量,特制订本实施意见。

一、目的及目标

推行全装修住宅的根本目的是逐步取消毛坯房,直接向消费者提供全装修成品房;规范装修市场,促使住宅装修生产从无序走向有序。坚持技术创新和可持续发展的原则,贯彻节能、节水、节材和环保方针,鼓励开发住宅装修新材料、新产品,带动相关产业发展,提高效率,缩短工期,保证质量,降低造价。

全省推行全装修住宅试点采取分地区、分阶段的方式逐步全面推行,力争用3~5年时间全省新建住宅基本实现全装修;并加大"四新"成果的推广应用,提高住宅装修科技含量,基本形成住宅装修成套技术和通用化的部品体系。

二、定义和内容

新建住宅全装修是指在房屋交付使用前,所有功能空间的固定面和管线全部铺装或粉刷完成,厨房和卫生间的基本设施全部安装到位。

新建住宅全装修分为菜单式装修、全装修和集成式全装修三种模式:①菜单式装修是指房产开发企业提供由不同的装修设计、装修材料和设备配置组成的成套方案,供购房者选定后,统一装修。②全装修是指房产开发企业按照统一的装修设计、装修材料和设备配置,提供统一标准的装修;③集成式全装修是指房产开发企业按照统一的装修设计,将集团化购买、一体化装配施工和专业化的系统管理等贯穿整个实施过程,实现部品工厂化专业生产,现场干作业的要求。

三、指导和管理

全省新建住宅全装修试点工作由省建设厅组织协调,省住宅产业化促进中心负责日常管理、技术指导和技术服务等工作。

各市、市(县)房地产开发主管部门负责辖区内试点项目的组织管理和协调工作,加快试点工作的推进。

房产开发企业要转变观念,积极参与试点,建设全装修住宅。由开发企业向项目所在地的市、市(县)房地产开发主管部门申报。

省住宅产业化促进中心负责对各市、市(县)上报的试点项目进行审核并公布。竣工验收合格者,将命名为"××年度江苏省新建住宅全装修试点小区"。

四、全装修实施要求

推行全装修的商品住宅,由住宅开发企业负责住宅装修的全过程实施。开发企业要按照"质量可靠、价格合理、规范运作、取信于民"的原则向购房者交付装修完成的商品住宅。

全装修住宅销售的成品房房价中应包含毛坯房价格和装修价格两部分。开发企业要合理控制装修成本,降低装修价格,减轻购房者的负担。开发企业要将装修的标准和选用部品、材料的品牌以及装修费用在与购房者签订的商品房预售合同(或附件)中予以明确。

开发企业建设全装修住宅,必须建造装修样板房,向购房者展示交房标准。样板房要真实反映装修标准和施工质量,全装修住宅交房时的装修质量不能低于样板房水平,样板房在购房者入住前不得拆除。

住宅装修要简洁、实用,装修标准应以市场为导向,合理定位。住宅装修要在标准化、通用化的前提下,力求多样化。

五、全装修组织与管理

住宅装修要加强组织与管理。对设计、施工和监理单位要进行资质审查,并优选设计、施工和监理单位。严格贯彻国家及省有关规范、规定和标准,坚持高起点、高标准、高效率和高科技含量,创出装修设计、施工和监理的新水平。

1. 装修设计

住宅装修必须进行专业化的装修设计,由开发企业委托具有相应资质的设计单位进行设计。

装修设计是建筑设计的延续,必须将装修设计作为一个相对独立的设计阶段,应尽可能在住宅主体施工前进行,并强化与土建设计的相互衔接。全装修住宅的设计要逐步走向土建设计、装修设计一体化。

装修设计必须执行《住宅建筑模数协调标准》,以适应住宅装修工业化生产的要求。应积极推广应用新技术、新工艺、新材料、新部品,提高科技含量。

2. 装修材料和部品

要逐步建立和健全住宅装修材料和部品的标准化体系,鼓励开发住宅装修新材料、新部品。

住宅装修选用的材料和部品必须通过经政府授权的检测机构的检测,满足国家和江苏省有关环保、节能标准,符合产业发展方向。

材料和部品要实施配套供应,形成成套技术。材料与部品采购要体现批量采购的优势,以降低采购成本。

3. 装修施工

装修工程由开发企业委托具有相应资质的施工企业进行施工。

住宅装修应积极推行工业化的施工方式,鼓励使用装修部品,提高现场装配化程度,逐步取代湿作业,提高施工工艺水平,有效缩短施工周期。

开发企业应加强对装修工程的组织管理,加强各专业工种相互间的协调。全装修住宅的工程管理要逐步走向一体化管理模式。

装修施工企业要认真编制施工组织设计,加强质量管理,防范质量通病,争创优质工程。

4. 装修监理

住宅装修工程必须实行工程监理,由开发企业委托具有相应资质的监理单位进行监理。

监理单位要以投资、进度和质量控制为目标,认真编制监理大纲,明确监理目标和任务,严格执行每道工序,特别是隐蔽工程的签字验收制度,强化合同管理,确保装修工程质量、工期和造价目标的实现。

5. 质量保证

开发企业是住宅装修质量的第一责任人,承担住宅装修质量责任,负责相应的售后服务。装修施工企业、部品和材料生产企业负责相应的施工和产品质量责任。

开发企业在交房时必须向购房者提供装修质量保证书,包括装修明细表,装修平面图和主要材料及部品的生产厂家。

开发企业对全装修住宅装修质量,要执行建设部关于《住宅室内装饰装修管理办法》中规定的保修期,负责保修,最低保修期限为二年,保修期自全装修住宅交房之日起计算。

开发企业要积极引入保险机制,对全装修住宅的装修质量进行投保,建立装修质量保险保证机制,切实保障购房者利益。

6. 竣工验收

试点项目竣工后,由开发企业组织设计、施工、监理、物业管理等单位对装修工程进行验收,装修质量必须符合国家和江苏省的有关标准。

开发企业必须将试点项目竣工验收情况上报各市、市(县)房地产开发主管部门。省住宅产业化促进中心将会同各市、市(县)房地产开发主管部门对全装修试点项目进行检查,对于不符合试点工程建设要求的项目,将取消试点资格。

省政府办公厅转发省住房和城乡建设厅关于推进节约型城乡建设工作意见的通知

苏政办发〔2009〕128号

各市、县人民政府,省各委、办、厅、局,省各直属单位:

省住房和城乡建设厅《关于推进节约型城乡建设工作的意见》已经省人民政府同意,现转发给你们,请认真贯彻执行。

关于推进节约型城乡建设工作的意见

省住房和城乡建设厅

推进节约型城乡建设,是构建资源节约型、环境友好型社会的重要内容,是"推动科学发展、建设美好江苏"的迫切需要,对加快建设领域节能减排步伐,实现建设"经济繁荣、社会和谐、生态友好、文化多元"的可持续人居家园目标,具有重要意义。当前,我省城乡建设规模总量大、资源能源消耗高、节能减排任务重,节约型城乡建设面临十分繁重的任务。为积极探索城乡建设的有效途径,切实提高节约型城乡建设水平,现提出如下意见。

一、总体要求

以邓小平理论和"三个代表"重要思想为指导,深入贯彻落实科学发展观,主动适应经济社会发展需要,把资源节约、环境友好、生态宜居的理念贯穿城乡规划建设管理的各个环节,加快建筑业、房地产业、市政公用事业、勘察设计咨询业发展升级,促进工程建设、城市建设、村镇建设模式全面转型,实现节约型城乡建设又好又快发展。

(一)紧凑布局,统筹发展

围绕提升城乡建设用地效能调整完善空间规划,倡导"紧凑型城镇、开敞型区域"理念,推动集约宜居型城镇和村庄的规划建设。加强区域基础设施共建共享和城乡统筹,引导村庄建设相对集中。强化城镇发展边界控制和空间复合利用,积极推行基础设施建设和土地利用互动的开发模式,构建城市多中心体系。

(二)节约建造,绿色生态

推广使用节地、节能、节水、节材和环保的新材料、新结构、新技术、新设备。探索工程建设实施方式改革,创新有利于节约型工程建设的体制机制。加快太阳能、浅源地热等在建筑中的应用,推进新能源建筑一体化建设,推广绿色建筑和绿色施工。

(三)资源循环,运营高效

加强市政建设中的能源节约和资源循环利用,促进建筑垃圾和生活垃圾的资源化,推广综合管沟和绿色照明,提高市政建设和管养水平。加强城市节约用水和水资源循环利用,强化市政公用企业的节能降耗。推进数字化城管,促进城乡基础设施建设精细化管理与高效运营。

(四)保护环境,和谐宜居

严格风景名胜与历史文化资源保护,把城市自然山水与历史地段的保护与城市特色空间塑造、城市竞争力提升、人居环境品质改善有机结合起来,把节约型住宅与宜居型环境塑造有机结合起来。在节约资源能源的同时提高居住舒适度,促进城市生活品质提升与社会和谐。

(五)科学决策,规范管理

提高城乡规划的前瞻性和决策的科学化、民主化程度,充分发挥对建设发展的引导和调控作用。加强建设工程项目前期研究,做好城市基础设施建设项目储备。积极推进决策透明化,科学合理确定项目内容、规模和周期。创新工程建设组织模式,推行工程总承包和代建制,规范工程建设审批环节管理,提高施工现场管理组织化程度和工程建设水平。

二、重点工作

今后3年,紧紧围绕节能减排目标任务,结合城乡建设实际,全面推进资源能源节约,提高资源能源利用与运营效率,引导城乡建设发展模式转型升级,形成一批既具代表性、示范性又可复制、能推广的技术和工程项目,促使全省节约型城乡建设取得突破性进展。

(一)推进城市空间复合利用

规划引导区域协调发展,促进区域基础设施共建共享。引导紧凑型城市布局,控制城镇空间发展边界,县以上城市人均建设用地控制在120平方米以内。提升城市用地尤其是工业园区的土地利用效能,继续推进工业向园区集中、人口向城镇集中、居住向社区集中,促进土地节约集约利用。加强城市规划与土地利用规划、产业发展规划、重大基础设施专项规划之间的协调。积极推动城市地下空间合理综合利用,2012年特大城市与大城市编制完成地下空间开发利用规划并有序实施。协调地上和地下空间的开发利用,统筹城市历史遗迹、自然风景资源的保护和利用。

(二)推进节约型村庄规划建设

加快实施镇村布局规划,研究制定引导农民集中居住的政策措施,引导新建翻建的农房在规划点上建设。合理控制农房占地面积和建筑面积,引导村庄节约集聚建设,提高村庄建设用地效率和集约化水平。继续推进村庄环境综合整治,优化配置农村基础设施和公共服务配套设施,因地制宜开展村庄道路建设和村庄绿化工作,体现乡村自然生态特色。加快探索符合农村特点的低成本建设和运营的生活污水处理技术,研究探索农村生活污水处理机制。促进农村太阳能、生物质能等可再生能源的应用。鼓励农村生活垃圾源头分类、就地减量和资源利用,倡导有机垃圾沤肥回田。

(三)推进可再生能源建筑一体化

在建筑中普及应用太阳能光热利用技术,加快推进太阳能光热与建筑一体化。积极开发利用太阳能光电建筑一体化技术,加快太阳能光电建筑应用步伐。大力推广土壤源热泵、水源热泵等浅层地热建筑应用一体化。在经济适用房、廉租房等保障性住房中,推进应用太阳能利用等适用节能技术。到2012年,全省新建建筑可再生能源利用率达60%。

(四)推进绿色建筑健康发展

加强建筑全过程节能审查,确保所有新建建筑执行节能强制性标准。2010—2012年三年新增节约400万吨标煤的能力,进一步提升建筑节能对全社会节能的贡献率。开展和规范绿色建筑评价标识认证。加快大型公共建筑能耗监测和节能运行监管体系建设,推动公共建筑节能改造。制定出台政府机构和公共建筑能耗定额,结合旧小区出新和环境改造,逐步推行既有住宅节能改造。结合建筑能耗测定与能耗标准制定,出台建筑合同能源管理办法,逐步建立建筑节能投资和担保机制,引导企业和社会资金投资建筑节能领域。积极推广新型结构体系,加快发展和应用新型墙体材料,努力降低建筑材料消耗。

（五）推进绿色施工管理

制定《江苏省绿色施工管理规定》《江苏省绿色施工评价标准》，加强对建筑工地绿色施工的指导，全面开展绿色施工工地创建活动，其中5％的工地达到省级标准，加大对绿色施工工地的奖励力度。推广应用新技术、新工艺、新材料和新设备，提升建筑施工工地管理水平。积极推进建筑工业化进程，集中力量培育若干个大型建筑工业化基地，提升建造方式的标准化和专业化水平。大力实施精品工程战略，加快建筑施工机械化、精细化和管理信息化步伐。

（六）推进住宅全装修工作

抓住房地产市场转型的机遇，鼓励房地产开发企业提供切合群众需求、多样化的建筑和装修方案以及人性化的住宅产品服务。通过实施康居示范工程和开展住宅性能认定工作，进一步提高全装修住宅在市场供应结构中的比例，力争到2012年苏南中心城区新建住宅全装修比例达到50％以上，其他地区达到30％以上。制定《江苏省成品住宅装修技术标准》，加强过程监督管理，推广使用节能环保部品和材料，将装修产品质量、施工质量纳入基本建设管理程序。

（七）推进综合管廊建设

以近期大规模建设的城市新区、城市重点改造地区为重点，以弱电、通信等综合管沟为突破口，不断扩大综合管沟内涵，有序推进综合管沟建设。探索旧城区综合管沟建设新技术、新模式。创新综合管沟投资、建设和运营机制，建成一批综合管沟示范项目。积极倡导建设城市地面基础设施公用走廊，通过规划引导城市高压走廊、铁路走廊、公路走廊等及两岸防护绿地的空间复合利用，提高城市空间利用效率。

（八）推进城市绿色照明

县级以上城市编制完成绿色照明规划，科学布局照明线路，设计适宜的照明强度，设定合理的照明时间。在新建和改造照明工程中，大力推广高光效照明光源、节能照明灯具、高效节能调控设备。加强城市照明用电管理，加快推进城市照明动态智能化。探索太阳能等清洁能源在城市照明中的使用，加强城市景观照明的科学设计和管理。以2005年为基数，到2012年城市照明累计节电率达到25％以上。

（九）推进节水型城市建设

深入开展节水型城市、小区、企业（单位）创建活动，全面提高城市节水工作水平，2012年建成15个省级节水型城市。大力推广再生水、雨水、河湖水在园林、绿化、洗车、环卫等行业的使用，提倡透水路面工程技术应用。提高城镇污水处理厂尾水资源化利用水平，城市再生水利用率达到10％。规划占地2万平方米以上的新建住宅小区和新建、改建、扩建的公共建筑，同步建设雨水收集利用设施。加快城市供水管网改造，城市供水产销差率降至15％以下。研究和推广耐旱性树种和节水型植物群落，推广使用微灌、滴灌、渗灌等技术，大力开展节水型绿化。

（十）推进城市垃圾资源化利用

积极推进建筑垃圾资源化利用，探索将房屋拆除垃圾资源化利用方案纳入城市房屋拆除管理。推进施工过程中建筑垃圾减量化和资源化进程,通过提高住宅全装修的比例减少二次装潢垃圾量。探索符合我省实际的垃圾分类收集与再生利用机制,积极试点推行建筑垃圾与餐厨垃圾的集中收运和资源化利用,推进生活垃圾填埋沼气综合利用和生活垃圾焚烧发电,拓宽垃圾再生利用产品的应用市场,提升垃圾处理技术,最大限度地减少对环境的影响。完善城乡一体化垃圾收运与处理机制,大力推进"组保洁、村收集、镇转运、县市集中处理"的城乡生活垃圾统筹收运处置体系建设。苏南地区要在 2010 年全面建成上述体系,苏中苏北地区生活垃圾收运和集中处理率要明显提高。

三、保障措施

(一) 加强统筹协调

各地各有关部门要充分认识推进节约型城乡建设的重要性紧迫性,切实把这项工作摆上重要位置,抓紧研究部署,精心组织实施,做到政府引导与市场推动相结合,加强管理与政策激励相结合,示范带动与分类指导相结合,整体推进与分步实施相结合。研究制定节约型城乡建设相关标准和规章,加快科技创新和相关技术研发应用,形成制度规范、政策激励、技术保证、标准支撑的保障体系。加强各类市场参与主体的诚信建设,切实维护人民群众的合法权益。

(二) 加大财政投入

各级财政要安排资金,对建设科技创新、可再生能源建筑应用一体化、节水技改等重点项目给予支持。加强省级建筑节能专项资金管理,重点支持新建建筑和既有建筑的节能改造;省科技成果转化、科技攻关、技术改造、新产品贴息、扶持服务业发展等专项资金也安排一定比例予以支持。积极实施绿色建筑产品政府采购制度,由建设部门会同科技、质量技术监督等部门组织开展绿色建筑产品认定,并向社会公布产品目录;机关、事业单位和社会团体用财政资金采购的,应当优先购买列入目录的产品。

(三) 落实优惠政策

企业生产使用列入推广目录的建筑节能新技术、新工艺、新设备和新材料,以及经省有关部门认定的符合国家新型墙体材料目录和资源综合利用目录的新型墙体材料产品,依法享受税收优惠。企业购置符合国家节能节水专用设备企业所得税优惠目录的设备投资额,依法按照一定比例实行税额抵免。经建筑节能测评获得低能耗建筑节能标志的节能建筑项目和绿色建筑,符合企业所得税法有关规定的,实行企业所得税优惠。对从事国家重点扶持高新技术领域的企业,包括从事建设领域研发、设计、创意的企业,被认定为高新技术企业的,享受高新技术企业税收优惠政策。对全装修成品住宅,可由地方政府结合当地实际给予适当补贴。对垃圾资源化再生利用企业和专门从事处理、利用污水处理厂污泥的企业,依法给予税费减免优惠。

(四) 建立价费机制

加快推行居民生活用水阶梯式水价制度和非居民用水超计划、超定额加价制度。

鼓励中水回用,对再生水和污水处理用电实行价格优惠,可不执行峰谷分时电价。对直接使用再生水的用户免征水资源费,市政绿化及景观使用再生水的同时免征污水处理费。研究制定机关办公建筑和大型公共建筑能耗定额及超定额加价制度。根据垃圾分类和资源利用方式,制定不同的垃圾收费标准。鼓励江、河、湖、海附近的建筑使用地表水源热泵系统,并按照有关规定减免水资源费。对太阳能建筑光伏发电、垃圾焚烧发电实施优惠上网电价。鼓励工程项目代建或总承包,合理确定代建费收费标准。

(五）抓好宣传教育

注重发挥新闻媒体的作用,采取多种形式广泛宣传推进节约型城乡建设的目的和意义,积极倡导节约型生产方式和消费模式,让节约型城乡建设的理念家喻户晓、深入人心。切实加强培训工作,重点对规划设计、建筑监理、施工图审查、工程质量监督等方面技术管理人员进行培训,确保建筑节能有关规定得到全面落实。定期组织技术交流、技术推广、成果洽谈等专题活动,宣传推广节约型城乡建设新技术、新产品、新成果、新经验,提高公众节约意识,在全社会营造关心支持节约型城乡建设的良好氛围。

(六）强化工作考核

按照可量化、可操作、可落实的要求,制定考核评价指标体系,建立定期考核机制,对成绩突出的先进单位和个人予以表彰。积极推进管理制度创新,将节约型城乡建设相关考评指标纳入"人居环境奖""园林城市""优秀勘察设计奖""扬子杯"的创建和评选考核范围,将绿色工地创建成果纳入建筑施工企业招投标考核体系。各级建设、规划、房产、园林、建筑、市政公用等行政主管部门要把节约型城乡建设列入主要工作目标,强化督促检查,及时反馈情况,确保各项工作落到实处。

省政府办公厅转发省住房城乡建设厅等部门关于加快推进成品住房开发建设实施意见的通知

江苏省人民政府办公厅文件

苏政办发〔2011〕14号

各市、县人民政府,省各委、办、厅、局,省各直属单位:

省住房城乡建设厅、省财政厅、省地税局、人民银行南京分行《关于加快推进成品住房开发建设的实施意见》已经省人民政府同意,现转发给你们,请结合实际,认真贯彻实施。

2011年2月18日

关于加快推进成品住房开发建设的实施意见

省住房城乡建设厅　省财政厅　省地税局　人民银行南京分行

成品住房是指套内所有功能空间的固定面铺装或涂饰、管线及终端安装、厨房和卫生间基本设施配备等全部完成,已具备基本使用功能的住房。推广成品住房是避免二次装修资源浪费、提升住宅综合品质、改善人居环境质量的重要措施,对提高房地产开发建设水平、推进住宅产业现代化、促进资源节约利用,具有重要意义。近年来,我省成品住房开发建设取得积极进展,新建住房中成品住房的比例和质量稳步提升,但仍存在配套政策不完善、保障措施不到位等问题。为加快推进我省成品住房开发建设,根据省人民政府关于推进节约型城乡建设的部署要求,现提出如下实施意见:

一、明确目标任务

（一）总体目标

到 2015 年,苏南城市中心城区新建住房中成品住房的比例达 60% 以上,其他地区达 40% 以上。

（二）主要任务

1. 逐步扩大成品住房建设规模。积极推行节约型住宅开发模式和科学居住理念,大力发展成品住房,逐步对毛坯房加以限制,提高成品住房在市场供应结构中的比重,更好地满足人民群众的住房消费需求。

2. 积极实施成品住房示范工程。各市、县(市、区)人民政府根据住宅开发年度计划,每年确定一批示范性成品住房开发建设项目,在土地供应、税费、信贷等方面给予重点扶持。充分发挥项目引导和示范作用,建立完善以产业化、信息化为基础的成品住房生产组织体系,加快形成成品住房装修的成套技术和通用化的部品体系,全面提高成品住房开发建设整体水平。

3. 加快推进保障性成品住房建设。2011 年起,各地新建的保障性住房一律按成品住房标准建设,并纳入住房保障年度目标任务进行考核。各地可结合本地区经济社会发展水平,确定不同类型保障性成品住房的标准。

二、强化政策扶持

（三）对购买新建成品住房且属于第一套住房的家庭,由当地政府根据本地实际情况,给予相应的优惠政策支持。

（四）鼓励金融机构在控制风险的前提下,加快开发适应成品住房建设需要的金融产品,实行差别化的信贷政策,加大对成品住房开发建设的信贷支持力度。

（五）建立成品住房工程担保机制,鼓励各类工程担保机构为成品住房提供担保。对从事成品住房担保的企业,比照执行省政府对中小企业担保的扶持政策。推行成品住房质量保证保险制度,切实保障购房者的合法权益。

三、加强建设管理

（六）强化成品住房开发建设监督管理

规划部门在提出住宅项目规划条件时，应纳入成品住房开发建设要求、面积比例等内容，并依法加强规划管理。住房城乡建设主管部门要切实加强成品住房项目设计、施工、验收等环节的管理，严格成品住房施工图审查和竣工验收备案，并积极推进成品住房设计、施工、管理一体化；推广使用节能环保并经认证的部品和材料，将装修产品质量、施工质量纳入基本建设管理程序及企业诚信体系；严格成品住房室内环境质量验收管理，成品住房室内环境质量验收和竣工验收合格后方可交付使用。

（七）严格成品住房装修成本审核管理

对成品住房的装修成本实施工程造价价格鉴定，由建设单位委托有资质的工程造价咨询机构实施，鉴定结果报当地工程造价管理机构备案。

（八）规范成品住房销售管理

房屋销售管理部门要规范成品住房销售行为，制定规范的销售合同文本，并将成品住房装修及室内环境综合检测的相关内容纳入《住宅质量保证书》和《住宅使用说明书》。

（九）加强成品住房开发主体和项目管理

实行房地产开发企业资质等级升级与成品住房开发业绩挂钩。开发住宅项目的房地产企业参与评优的，成品住房面积的比例必须达60%以上。住宅建设项目参与评优必须是成品住房项目。

四、完善服务平台

（十）建立成品住房装修标准化体系

适应住宅产业发展趋势，认真执行并进一步完善《江苏省成品住房装修技术标准》，加快成品住房装修标准化体系建设，逐步实现成品住房装修的工业化、装修部品的通用化。

（十一）构建成品住房科技应用平台

推广使用新技术、新设备、新工艺、新材料，积极落实成品住房"四节一环保"（节地、节能、节水、节材和环保）要求，不断提高成品住房的科技含量。

（十二）推广菜单式的装修模式

在保证装修质量的前提下，积极倡导成品住房装修风格多样化，实行选择性强、适应性强的菜单式装修，努力满足购房者不同层次的装修需求。

（十三）促进成品住房服务业发展

围绕提高成品住房质量，全面提升城市规划、工程设计、项目策划咨询、房屋装修、工程造价咨询、工程监理、环境检测、会展服务等企业的服务水平。构建成品住房信息服务平台，不断完善成品住房开发建设技术支撑和监管体系。

五、落实保障措施

（十四）强化工作责任

各市、县(市、区)人民政府要把加快成品住房开发建设作为推进节约型城乡建设的一项重要任务，抓紧研究制订配套措施，认真扎实加以推进。各级住房城乡建设部门要会同财政、税务、金融等部门建立联动机制，加强统筹规划，及时研究制订加快推进成品住房开发建设的工作目标和实施计划并抓好落实。

（十五）严格督查考核

各地要加强对成品住房开发建设工作的督促检查，并组织实施跟踪考核，确保各项政策措施落到实处。省住房城乡建设厅要把成品住房开发建设相关考评指标纳入人居环境奖、园林城市创建、优秀勘察设计奖、优秀工程奖、保障性住房建设、节约型城乡建设的考核(评选)范围。

（十六）抓好宣传培训

各地要通过多种形式，大力宣传加快成品住房开发建设的目的、意义和政策措施，及时总结推广先进经验，为顺利推进这项工作创造良好条件。加大工程设计、施工和管理等方面的培训力度，努力打造高素质的专业技术和管理人才队伍，不断提高成品住房开发建设水平。

中共江苏省委江苏省人民政府关于以城乡发展一体化为引领全面提升城乡建设水平的意见

苏发〔2011〕28号

为深入贯彻党的十七届五中全会精神和胡锦涛总书记对江苏工作"六个注重"的要求，大力实施城乡发展一体化战略，切实提高城市化发展质量，加快城乡统筹发展步伐，又好又快推进"两个率先"，在新的起点上开创江苏科学发展新局面，现就以城乡发展一体化为引领、全面提升城乡建设水平提出如下意见。

一、全面提升城乡建设水平是一项重大而紧迫的战略任务

（一）充分认识城乡建设发展面临的新形势

新世纪以来，各地各有关部门认真贯彻中央和省委、省政府的决策部署，大力实施城市化战略，到2010年底全省城市化水平达60.58%，以城市带、都市圈为主体的城镇空间结构初步形成，城乡建设水平不断提升，促进了工业化、市场化和国际化，有效拉动了投资、刺激了消费、沟通了城乡、改善了民生，城市化已成为全省经济社会发展的主要驱动力量。同时也要看到，我省城乡之间建设发展差距比较大，村庄面貌亟待改善；城市功能不

够完善,品质有待提升;城乡建设发展模式不够集约,体制机制障碍需要加快突破。根据科学发展新要求和发展阶段新变化以及江苏现代化建设的进程,省委、省政府将城市化战略拓展为城乡发展一体化战略,更加突出统筹城乡发展和构建城乡经济社会发展一体化新格局。做好新时期城乡建设工作,必须按照实施城乡发展一体化战略的要求,坚持工业反哺农业、城市支持农村,加快构建城乡优势互补、互动发展的新机制,促进城乡要素双向流动、城市化和新农村建设联动发展;着力推动以城市群为主体形态的各类城市协调发展,有效集中集聚各类要素,以比较完善的城市承载、服务和辐射功能带动现代产业体系的构建和完善;促进城乡建设与资源、环境和谐共生,注重不同区域特色化发展,努力实现低碳、生态、宜居。这是深入贯彻落实科学发展观、又好又快推进"两个率先"的战略任务,是推动经济社会全面协调可持续发展的必然要求,也是保障和改善民生、构建和谐社会的重大举措。各级党委、政府一定要从全局和战略的高度,进一步解放思想、抢抓机遇,开拓创新、攻坚克难,坚持以城乡发展一体化为引领,全面提升城乡建设水平,为经济社会又好又快发展提供强大支撑和持久动力。

(二)总体要求

深入贯彻落实科学发展观,紧紧围绕主题主线,坚持以城乡发展一体化为引领,以实施"美好城乡建设行动"为主要抓手,加快形成以城市群为主体、特大城市和大城市为支撑、中小城市为依托、小城镇为纽带、新型村庄为基础的城乡空间格局,形成结构完善、布局合理、均衡配置、覆盖城乡的公共服务设施体系,形成特色鲜明、功能互补、和谐相融的现代城乡形态,形成生态宜居、环境优美、舒适便利的城乡人居环境,努力走出具有江苏特色的城乡统筹、集约高效、低碳生态、和谐幸福的城乡建设发展道路。

(三)基本原则

——以人为本,民生优先。把群众受益、人民满意作为全面提升城乡建设水平的出发点和落脚点,尊重群众意愿、保障群众权益,着力解决群众最关心最直接最现实的利益问题,大力改善生产生活生态条件,积极推进基本公共服务均等化,不断提高城乡文明程度,使城乡建设成果更多地惠及全体人民。

——规划引导,城乡统筹。增强各级各类城乡规划的科学性、权威性和前瞻性,以规划为龙头统筹城乡空间布局、产业发展、基础设施建设和生态环境保护,加快建立以城带乡、以工促农、城乡互动的长效机制。

——集约建设,特色发展。按照低碳生态的要求,转变城乡建设发展模式,集约利用资源能源,改善人居环境质量。充分发挥各地差别化优势,推进不同地区科学定位、特色发展,不断增强区域整体竞争力和发展协调性。

——立足省情,改革创新。坚持从实际出发,在总结成功经验的基础上,以改革突破体制障碍,以创新破解发展难题,努力形成有利于全面提升城乡建设水平的体制机制和政策环境,充分激发城乡建设发展的动力活力。

(四)主要任务

到2015年,全省城市化水平达65%以上,其中苏南达75%以上,城市化发展总体上达到或接近中等发达国家水平;苏中、苏北分别达65%、60%以上,城市化和城市现代化水平明显提高。乡村环境面貌普遍改善,村庄整治建设成效显著,城市功能和城乡建设品质大幅提升,大中小城市综合承载能力明显增强,城乡统筹发展和基本公共服务均等化步伐明显加快,城乡建设水平位居全国前列。

"十二五"期间,全省组织实施"美好城乡建设行动",主要包括以下四项内容:

——城乡规划引导计划。更新规划理念,优化规划体系,提升规划水平,深入推进城乡规划全覆盖。修编完善全省城镇体系规划,科学编制城市带(轴)、都市圈规划以及城际轨道、区域生态绿地、水资源综合利用保护等专项规划,合理引导城镇空间布局、区域设施统筹和生态网络构建。制定实施市、县(市)城乡统筹规划,加强对城乡空间结构调整优化和基础设施布局的有序引导。进一步理顺城乡规划管理体制,依法保障各级各类规划顺利实施。

——村庄环境整治行动计划。坚持政府引导、农民主体、因地制宜,以净化、绿化、美化和道路硬化为主要目标,全面实施村庄环境整治,显著改善村庄环境面貌,形成环境优美、生态宜居、特色鲜明的乡村风貌。大力改善村庄基础设施条件,显著提升公共服务水平,建立健全长效管理机制,加快培育一批康居示范村。

——城镇功能品质提升计划。加强住房保障,改善居住条件;加大市政公用设施和公共服务体系建设力度,大力推进交通现代化和城市管理规范化、精细化、智能化,着力增强综合承载能力;积极构建绿色生态网络,注重传承历史文化、塑造城镇特色,全面提升城镇空间品质和人居环境质量。

——节约型城乡建设推进计划。坚持把资源节约、环境友好、生态宜居的理念贯彻到城乡规划建设管理的各个领域,进一步转变发展模式,健全政策体系,突出抓好节约型城乡建设各项重点工作,建立有效的节约型城乡建设推进实施机制,形成比较完善的成果示范推广体系,节约型城乡建设成为全社会的自觉行动。

二、切实强化城乡规划的导向作用

(五)优化城镇空间布局

围绕实施城乡规划引导计划,紧紧抓住国家实施长三角区域经济一体化战略和江苏沿海地区发展上升为国家战略的重大机遇,按照新修编的《江苏省城镇体系规划》要求,认真开展重点城市化地区、特色发展地区城镇体系规划和重要专项规划的制定实施工作,以"一带两轴三圈"(沿江城市带,沿海和沿东陇海城镇轴,南京、苏锡常和徐州都市圈)为全省城镇集聚的主体形态,进一步优化城镇空间结构,有序引导人口、产业及各类要素向重点城市化地区合理集聚。充分发挥苏北腹地的生态优势和资源优势,促进跨越发展和特色发展。严格保护区域和城市间的生态开敞空间,构建"紧凑型城镇、开敞型区域"。统筹考虑区位特征、资源禀赋和发展条件,积极推动不同地区差别化发展,努力构建与区域功能定位相适应的空间布局、产业体系、基础设施和公共服务网络。到2015年,全省形成以城市群为主体、特大城市和大城市为支撑、中小城市为依托、小城镇为纽带、新型村庄为基础的城乡空间格局,沿江城市带在长三角城市群的核心地位更加突出,沿海和沿东陇海城镇轴发展取得突破,三大都市圈整体功能显著提升;到2020年,全省基本形成空间节约、疏密有致、布局合理、功能完善、协调发展的城镇体系。

(六)强化城市群主导地位

按照国务院提出的长江三角洲"建设具有较强国际竞争力的世界级城市群"要求,推进我省各城市群区域统筹规划、产业发展互补、基础设施共建、生态网络相联、资源信息同享,实现区域和城市特色发展、集约发展、协调发展。推动南京都市圈一体化发展,加快区域基础设施一体化步伐,构建具有较强国际竞争力和鲜明区域特色的现代产业体系,努力建设成为长三角辐射带动中西部地区发展的枢纽和基地;促进苏锡常都市圈要素整合、分工协作、协调发展,提升与上海都市圈的对接与互动水平,努力建设成为全国创新型经济和转型发展的先行区;发挥南京、苏锡常都市圈的核心带动作用,加快江北城市融入苏南板块和城市跨江联动,将沿江城市带建设成为具有国际竞争力的都市连绵地区。加强徐州都市圈核心城市建设,强化与连云港的联动发展,带动苏北和沿海地区快速崛起,努力建设成为陇海兰新经济带的重要增长极、连接东部沿海和中西部地区的重要纽带。加快培育沿海和沿东陇海城镇轴中心城市,促进小城市逐步发展成为中等城市、有条件的重点中心镇发展成为小城市,培育壮大一批新兴城镇,使沿海和沿东陇海地区成为我省城市化和工业化的快速增长区。以环太湖地区为示范,完善城市群区域生态网络,充分发挥其作为区域生态基底、城市防护屏障、文化景观长廊和旅游休闲胜地的综合功能。

(七)增强小城镇集聚功能

坚持分类引导、差别发展、择优培育,科学稳妥推进乡镇整合,进一步优化重点中心镇布局,引导小城镇走特色化、集约化、现代化的发展道路。城市带(轴)及都市圈地区要注重提升沿交通干线小城镇的集聚能力,培育壮大一批功能健全、特色鲜明的新兴城镇,有效集聚人口和非农产业,切实增强为农村地区生产生活服务的功能。按照"创新体制、扩大权限、优化服务、增强活力"的原则,对区位条件优、现状基础好、发展潜力大、带动能力强的重点中心镇和城市带(轴)上的节点镇,实施"扩权强镇",着力提升产业发展、公共服务和基础设施配套水平,促进人口、产业、资源等要素集聚,使其尽快成为连接城乡、带动周边农村发展的桥梁。开展"集约宜居示范镇"创建活动,促进城镇功能提升、城镇特色塑造和人居环境改善。到2015年,全省重点中心镇、城市带(轴)上的节点镇综合实力和建设品质显著提升,镇区人口平均达3万人左右,30%以上镇区达5万人左右,建成一批具有鲜明产业、文化、资源特色的小城镇。

(八)加大城乡空间集约利用力度

强化城乡规划的综合引导作用,促进城乡居住区和产业空间合理布局、基础设施和公共服务设施集约建设,实现资源优化配置和集约发展。积极引导城市空间由外延扩张为主向内涵提升和外延合理拓展并重转变,提高城市新区建设的集约化水平,有序推进旧城区合理更新。重视城市中心区和综合客运交通枢纽建设,引导建设用地复合利用和功能混合布局,促进城市空间紧凑发展、资源高效利用和交通减量。编制完善控制性详细规划,统筹安排城乡建设用地,科学确定开发时序、强度和各项指标要求,努力提高土地使用综合效益。推动城市地下空间开发利用和城市综合体建设,促进城市空间从地上到地下、从平面开发向立体开发的转型发展。

(九)严格城乡规划实施管理

健全城乡规划实施管理体制,加强对市辖区、各类开发区、产业园区、郊区和乡村地区规划的集中统一管理,提高城乡规划实施管理的制度化规范化水平。建立城乡规划"一套图"制度,形成包含城镇体系规划、城镇总体规划、控制性详细规划、村庄规划,覆盖区域和城乡的规划体系。加强各类规划的相互协调,实现城乡规划、主体功能区规划、土地利用总体规划、产业发展规划、生态保护规划等的有机衔接。建立城乡规划动态更新制度,保持规划的科学性和规划体系的完整性。加强城市规划实施管理和综合调控,依据市、县(市)总体规划和近期建设规划等,统筹制定年度建设计划、投资计划,合理安排土地利用和基础设施、公共服务设施等重大建设项目。建立省城乡规划管理信息系统,对城镇体系规划、城镇总体规划等重大规划的实施进行动态监控。进一步完善城市规划公示制度,切实加强规划的公众参与和社会监督。

三、着力改善村庄环境面貌

(十)大力推进村庄环境整治

实施村庄环境整治行动计划,用 3 至 5 年时间对全省村庄环境进行综合整治,显著改善村容村貌,苏南等有条件的地区提前完成整治任务。突出抓好"六整治"、"六提升",重点整治生活垃圾、生活污水、乱堆乱放、工业污染源、农业废弃物、河道沟塘,着力提升公共设施配套、绿化美化、饮用水安全保障、道路通达、建筑风貌特色化、村庄环境管理水平。结合各地村庄地理区位、资源禀赋、发展水平等条件,分区域、分类型推进村庄环境整治,苏南等有条件的地区要注重城乡、区域环境连线连片综合整治,强化地方特色和乡村风貌塑造,实现环境优良、生态宜居;其他地区要加强环境卫生治理,营造整洁、自然的村容村貌。突出规划布点村庄的环境整治,靠近城镇的要按照城镇社区标准进行整治,具有自然和人文特色的要注重特色保护和培育,经济条件较好的要加快配套完善各类基础设施和公共服务设施,经济薄弱的要优先建设和改善农民群众需求最迫切的道路、供水、排水、垃圾收运等基础设施。对非规划布点村庄,要根据各地实际情况,有针对性地提出实施环境卫生整治的具体要求。加快推进以"布局合理、道路通畅、设施配套、环境宜居、特色鲜明"为目标的康居乡村建设,积极稳妥引导农民向规划布点村庄有序集中,加强公共服务配套设施建设,着力改善人居环境,到 2015 年全省建成 1 000 个省级"康居示范村",带动 10 000 个规划布点村庄达到康居乡村建设标准。

(十一)健全村庄建设长效管理机制

完善乡村建设管理规章制度,将村庄建设发展纳入科学化、规范化轨道。结合城镇总体规划修编,适时优化调整镇村布局规划,综合考虑当地城市化进程和农业现代化、乡村特色保护等因素,合理确定劳作半径,选择与生产相适应的居住方式,科学确定村庄布点和数量。加大各级公共财政投入,通过多种渠道筹措资金,落实村庄设施运维、河道管护、绿化养护、垃圾收运、环卫保洁等各项制度。开展村庄建设结对帮扶活动,组织规划、设计等相关技术人员到村庄开展技术帮扶。健全乡镇建设管理机构,充实专业人员,落实经费来源,提高乡镇对村庄规划编制实施、房屋产权产籍管理、村庄建设整治等的指导服务能力。引导制定村民普遍接受和遵守的村规民约,探索建立村民参与和管理村庄建设发展的有效途径,营造农民群众积极主动参与村庄建设整治的良好氛围。

(十二)加快基础设施和公共服务向农村延伸覆盖

遵循功能适用、规模适度、建设节约的原则,统筹推进城乡区域供水、生活污水及垃圾处理、道路交通、防洪排涝等基础设施建设。加快对接城乡供水管网,优先实施环境敏感区域、规模较大村庄的生活污水治理。加强城乡防洪排涝能力衔接,沟通城乡河湖水系。积极构建城乡一体的客运网络,提高通达程度和服务水平。到2015年,全省建立比较完备的城乡统筹生活垃圾收运处置体系,苏南及苏中地区乡镇区域供水实现全覆盖,苏北地区乡镇区域供水覆盖率达85%,苏南50%、苏中25%和苏北15%的规划布点村庄生活污水得到有效治理,全省行政村客运班车通达率达100%、开通镇村公交的乡镇比例达50%。统筹配置与城乡空间布局相适应的公共服务设施,加强村级综合服务中心建设,强化便民服务、科技服务、医疗服务、就业创业服务、平安服务、文体活动、群众议事等功能,推行"一站式"服务,形成功能完善、覆盖面广、城乡差距逐步缩小、基本满足城乡居民需要的公共服务体系。

四、大力提升城市现代化水平

(十三)增强城市综合承载能力

围绕实施城镇功能品质提升计划,以建设现代化城市为目标,以优化配置各类资源为重点,全面提升城市综合实力和承载、服务能力。加快构建城市现代产业体系,促进城市产业集聚和转型升级,形成特色鲜明、错位发展、区域协调的城市产业格局。大力推进市政公用设施建设,不断完善电力、通信、水利等基础设施体系。坚持污染防治与生态建设并重,有效缓解资源环境约束。着力推进水环境综合治理,以太湖、淮河流域和南水北调、通榆河沿线为重点,加快城市供水设施建设改造步伐,加强备用水源、应急水源建设,确保城市供水安全。加大城镇污水处理厂及配套管网建设力度,实施城市控源截污和主城区雨污分流系统改造,到2015年全省城市、县城污水处理率分别达90%和80%。推进生活垃圾减量化、资源化、无害化,实现市、县(市)生活垃圾无害化处理设施全覆盖,到2015年无害化处理率分别达100%和95%。加快城市排水管网、排涝泵站和排涝河道等基础设施建设改造,强化城市防汛排涝设施运行管理,全面提高城市防汛排涝能力,到2015年所有城市达到国家规定的防洪标准,全面消除易淹易涝片区。加强抗震防灾能力建设,实现城市新建、改建、扩建工程抗震设防全覆盖。增加城镇信息化建设投入,推进电信网、有线电视网和互联网融合进程。

(十四)提升城市空间品质

从城市空间特色、建筑文化、风景园林艺术等入手,归纳总结和创新提升当地文化特质,不断提高城市设计和建筑设计水平,使历史文化与现代文明交相辉映、自然景观与人文资源相得益彰。突出城市个性特征,保护城市自然环境、历史遗存和地域文化,努力彰显城市特色。全面优化区域空间布局,加大对水网特征和丘陵地形的保护力度,促进城市建设、发展与资源、环境的和谐共生。深入发掘城市自然山水、历史和现代建筑等空间特色资源,对资源密集地区实行集中保护和彰显,以绿道、蓝道、慢行步道、特色街道串联整合各类特色意图区和资源点,加快构建"内涵丰富、开放多元、特色鲜明、空间宜人"的绿色生态公共空间体系。传承发展地域建筑文化,积极推进建筑科技创新,努力创造符合群众需求、体现时代精神、具有地域特色的建筑精品。加强风景名胜资源保护和城市景观塑造,推进园林城市和生态园林城市创建,加快构建开放便民的公园绿地系统。以省园艺博览会等为载体,弘扬传统造园艺术,推动园林园艺技术创新。建立高品质城市空间、精品建筑、优秀风景园林评选制度,组织开展江苏省设计大师(城乡规划、建筑、风景园林)评选活动,充分发挥典型项目和领军人才的示范带动作用。到2015年,基本建成环太湖、古运河、沿长江绿色生态公共空间示范区,全省城市空间品质全面提升,逐步形成具有江苏特色、历史底蕴、时代特征和文化内涵的城市风貌。

(十五)构建城市现代综合交通体系

落实公交优先战略,推进绿色交通建设,构建"集约高效、结构合理、衔接顺畅"的城市综合交通体系,着力破解城市交通拥堵、出行难和停车难等问题。城市群内城市优先布局大运量、公交化运营的城际轨道交通,形成多方式、多层次公交网络,同时加快建设城市轨道交通和快速公交体系,实现城际交通多通道、高速化,城市公交高密度、便捷化,推进城际城市交通无缝对接。以客货运交通枢纽加强城市交通与区域交通之间的紧密衔接,促进集聚发展。科学配置和利用交通资源,在特大城市和大城市积极推进公交专用道建设,加快完善公交场站基础设施,形成以公共交通为导向的城市发展和土地利用模式。以绿色交通网络建设为载体,推进城市慢行交通系统规划建设,形成连续、安全、方便、舒适的慢行交通体系。结合城市新建和改扩建项目,同步规划建设停车设施,合理确定配建指标,并进一步完善停车调控政策。到2015年,全省城市公交分担率达23%,其中城市带、都市圈内城市达25%以上;城市主干道公交专用道设置率达20%以上;特大城市干路高峰时段平均车速达每小时20公里以上,其他城市达每小时25公里以上。

(十六)完善城镇住房保障体系

通过完善廉租住房制度、改进经济适用住房制度、规范公共租赁住房制度和落实住房公积金制度,进一步完善住房保障制度体系。多渠道筹集廉租住房,多主体兴建公共租赁住房,多方式开发建设经济适用住房,因地制宜改造城市棚户区危旧房,进一步拓宽房源供应体系。积极推进城市商品住房建设,增加中小套型、中低价位普通商品住房有效供给,合理引导住房消费需求。加强房地产市场监管,保持房地产市场供应总量基本平衡、结构和价格基本合理。进一步完善小区功能设施配套,推进老小区整治出新,加强物业管理,不断提升住区环境和居住品质。到2015年,全省住房保障覆盖面扩大到20%以上的城镇家庭,全面实现城镇中等偏下收入住房困难家庭住房有保障、城镇新就业和外来务工人员租房有支持、各类棚户区和危旧房改造全覆盖,人均居住水平、住房保障水平、市场健康水平、百姓宜居水平全面提升。

(十七)推进城市管理现代化

加强城市管理制度建设,建立健全综合协调机制,有序推进城市管理重心向街道、社区延伸。按照建设现代化城市和"智慧城市"的要求,有效整合城市公共服务资源,加强城市管理信息化建设,完善城市地理信息、智能交通、社会治安、环境管理、市容管理、灾害应急处置等智能化信息系统,构建职责明晰、反应敏捷、处置高效的城市管理新机制,全面提升城市管理科学化、精细化水平。建立健全流动人口管理制度,着力加强重点区域、重点部位流动人口管理。推进平安建设,强化城市社会治安综合治理。完善城市突发公共事件应急管理机制,整合应急资源,完善预案体系,加强演习演练,提高应对处置各类突发事件的能力和水平。深入开展城市管理优秀城市创建活动,提升人民群众对城市管理工作满意度。到2015年,全省所有市、县(市)实现数字化城市管理全覆盖。

五、进一步加快节约型城乡建设步伐

(十八)推动城乡建设转型升级

围绕实施节约型城乡建设推进计划,积极更新城乡建设理念,切实转变城乡建设发展模式。落实节地、节能、节水、节材和保护环境的要求,促进工程建设、城市建设、村镇建设模式全面转型,推动建筑业、房地产业、市政公用事业、勘察设计咨询业加快升级。围绕城市空间复合利用、节约型村庄规划建设、可再生能源建筑一体化、绿色建筑健康发展、绿色施工管理、住宅全装修、综合管廊建设、城市绿色照明、节水型社会建设、污水处理厂中水处理回用、城市垃圾资源化利用、农村秸秆利用集中供气工程建设等,推动形成一批既具代表性、示范性又可复制、能推广的适用技术和工程项目,促进节约型城乡建设从建筑单体向区域融合发展、从单项技术运用向综合技术集成发展、从典型示范向体制机制建设发展。到2015年,新建建筑全面实施65%的节能标准,可再生能源利用率达60%,节能建筑规模和绿色建筑数量保持全国领先,城市垃圾资源化利用率达40%以上,50%的城市建成省级以上节水型城市。

(十九)加快建筑工业化和住宅产业化进程

坚持以建筑工业化为抓手促进建设生产节约高效、建造过程低碳环保,以住宅产业化为重点促进建筑产品绿色宜居。将推进建筑工业化作为衡量建筑企业资信的重要因素,将住宅产业化综合运用水平作为衡量房地产企业资信的重要方面,将住宅产业化程度作为衡量住房品质和性能认定的重要内容,并贯穿于建筑设计、结构创新、材料生产、建筑施工以及住宅性能认定和房地产销售等各环节,提高建筑模数化设计、工厂化生产、装配化施工能力,增强住宅性能认定、房地产销售和建筑生产过程的关联性,加快形成成品住房成套技术体系。到2015年,全省特级资质施工企业全部建立研发中心,新建一批建筑工业化研发中心和生产基地;苏南城市中心城区成品住房开发比例达60%,苏中、苏北城市中心城区达40%。

(二十)规划建设低碳生态城区

加强节约型城乡建设的区域集成和技术综合运用,以参与国家低碳生态城(镇)建设试点示范为契机,加快低碳生态城区规划建设步伐。大力推进建筑节能与绿色建筑示范区建设,全面提升"空间利用集约紧凑、建筑节能示范引领、资源利用循环节约、交通结构绿色高效"等方面的集成运用水平。创新城乡规划编制技术和方法,制定低碳生态城区建设发展指标体系,将能源资源节约循环利用作为规划建设的强制要求和土地利用的重要条件,严格按照规划要求实施管理。到2015年,各省辖市建成1个以上省级建筑节能与绿色建筑示范区,全省启动建设30个低碳生态新城区,形成一批低碳生态城区的主体框架。

六、积极推进城乡建设体制机制创新

(二十一)完善统筹城乡建设相关制度

鼓励各地制订切实可行、积极稳妥的综合改革措施,推动工业向园区集中、人口向城镇集中、居住向社区集中、土地向适度规模经营集中,促进公共资源在城乡之间均衡配置、生产要素在城乡之间自由流动。加快户籍、就业、社会保障等制度改革步伐,努力破除制约城乡统筹发展的瓶颈问题。积极稳妥推进户籍管理制度改革,营造有利于人口合理流动和吸引人才的宽松环境。中小城市和小城镇根据实际情况放宽外来人口准入条件,鼓励农村人口就地就近向城镇转移,特大城市、大城市放宽高层次人才和优质劳动力落户条件。扩大基本养老、失业、基本医疗、工伤、生育保险制度覆盖面,全面推行居住证制度,依法将进城务工人员纳入各项社会保险范围,使长期在城镇工作生活的农民依法享受社会保险待遇。积极推进城乡之间社会保障制度衔接,提高农村社会保障覆盖面和保障水平。

(二十二)加强城乡建设管理创新

深化行政管理体制改革,按照城乡统筹发展的要求加快转变政府职能,实行科学决策、运行与监督,努力在城乡规划融合、资源优化配置、产业协调发展、基本公共服务均等化、社会管理服务上取得突破。推进经济发达镇行政管理体制创新,赋予试点镇县级经济社会管理权限,增强试点镇发展的内生动力;撤销县级市和区政府驻地镇,设立街道办事处。稳步推进土地管理制度改革,坚持依法、自愿、有偿的原则,鼓励进城农民将土地承包经营权进行流转,探索建立进城农民承包经营权与宅基地使用权有偿退出机制。切实做好农村土地整治工作,规范开展城乡建设用地增减挂钩试点,节余的建设用地指标优先满足农村人口迁入城镇等建设用地需要,土地增值收益全部用于农村建设和集体经济发展。加快农村土地和农民住宅确权登记发证,探索建立城乡统一的建设用地市场,鼓励有条件的地方开展农村土地承包经营权、农村集体建设用地使用权和农村住房抵押贷款试点,扶持农村产业发展。落实最严格的水资源管理制度,强化城乡水资源统一管理。进一步完善投融资体制机制,实现城市财力、投资融资与城市建设协调发展。创新城市开发建设模式,规范投融资平台管理,提高运行效率。依据镇村布局规划,加强资源整合,集中力量支持规划布点村庄环境整治和建设。

(二十三) 建立城市群区域协调机制

积极引导城市带、城镇轴和都市圈等城市群地区各城市加强协作协调,努力形成整体联动、健康发展的良好态势。有关城市人民政府要围绕制定实施城市带、城镇轴、都市圈发展规划和重大区域性专项规划、城镇总体规划,共建共享区域基础设施和公共服务设施,以及加强生态环境保护、推进相邻地区规划建设等问题,主动进行沟通协商,必要时可提请上级城乡规划主管部门组织协调,重大事项及时向省人民政府报告。省各有关部门制定涉及城市群地区的区域性专项规划,要符合省域城镇体系规划的要求,并征求有关城市人民政府意见,妥善处理区域性设施建设与城镇空间布局、城市群发展的关系。建立推进市政设施跨行政区域建设、管理和运营的市场化机制,鼓励市、县(市)共同建设城际交通、城乡统筹供水、污水和垃圾处理设施,有条件的地区可探索建立跨行政区域的市政设施运营机构,统一建设、运营和管理,发挥基础设施的规模效益。

七、为全面提升城乡建设水平提供有力保障

(二十四) 强化组织领导

各级党委、政府要把以城乡发展一体化为引领、全面提升城乡建设水平摆上突出位置,把村庄环境整治作为重点,认真谋划,明确目标,落实措施,扎实推进。党政主要负责同志要亲自抓,用更多精力切实解决工作中的重大问题。各有关部门要找准定位、积极作为,协作配合、增强合力,形成上下联动、齐抓共管的工作格局。省成立村庄环境整治推进工作领导小组,领导小组办公室设在省住房城乡建设厅,有关部门抽调人员集中办公,加强协调指导和督促检查。市、县(市)也要结合实际,建立相应组织领导机构,加大统筹推进力度。

(二十五) 强化科学决策

加强各级党政领导干部综合培训,选优配强干部队伍,提高科学决策和领导城乡建设工作的能力。积极开展村庄环境整治、城镇功能品质提升、节约型城乡建设、城市群协调发展等重大课题研究,及时反映和评估相关政策措施的落实情况,为党委、政府科学决策提供参考和依据。完善城乡规划建设管理相关决策规则和程序,科学确定行政决策、技术决策的工作分工和岗位责任。强化城乡规划建设管理宣传教育,落实与群众利益密切相关的重大事项社会公示制度和听证制度,保障人民群众的知情权、参与权和监督权。

(二十六) 强化政策支持

积极构建有利于全面提升城乡建设水平的制度体系,细化完善村庄环境整治、水资源保护、城市管理、户籍改革等方面的配套政策措施,形成统筹推进城乡建设改革发展的政策合力和叠加效应。建立健全行政管理及公共服务制度,促进城乡建设事业科学发展。省财政加大资金投入力度,省级专项引导资金重点向村庄规划建设、环境整治、小城镇建设和节约型城乡建设倾斜。创新金融产品,拓宽融资渠道,加大对城乡建设的金融支持力度。各市、县(市)要根据实际情况多渠道筹集建设资金,为全面提升城乡建设水平提供保障。

（二十七）强化依法行政

加强城乡建设法制工作，重点在镇村布局规划管理、城镇地下空间开发利用、公交优先发展等方面及时制定出台政府规章或规范性文件。按照权责明确、行为规范、监督有效、保障有力的要求，改革和完善城乡规划建设管理行政执法体制。推进行政执法行为规范化，严格落实行政执法责任制和责任追究制，造就一支政治坚定、业务精通、作风优良、执法公正的城乡规划建设管理队伍，充分运用法律手段化解建设中的矛盾、解决发展中的问题。

（二十八）强化评价考核

省制定"美好城乡建设行动"评价考核办法，明确村庄环境整治等重点工作的目标任务和时序进度，加大督促检查、评价考核力度。各级党委、政府也要明确相应的目标管理要求，把工作任务分解到各有关部门和单位，纳入全面建设更高水平小康社会、科学发展评价、党政主要领导干部实绩考核，层层落实目标管理责任制。按照时间节点要求，建立跟踪督查、动态考核等制度，考核结果作为评价党政领导班子政绩和干部选拔任用的重要依据。

各地各部门要结合实际情况研究制定具体实施意见，并认真组织实施。

省委办公厅省政府办公厅关于印发《全省美好城乡建设行动实施方案》的通知

苏办发〔2011〕55号

各市、县（市、区）委，各市、县（市、区）人民政府，省委各部委，省各委办厅局，省各直属单位：

《全省美好城乡建设行动实施方案》已经省委、省政府同意，现印发给你们，请认真组织实施。

全省美好城乡建设行动实施方案

为全面实施美好城乡建设行动，努力创造宜居和谐的生活环境，根据《中共江苏省委、江苏省人民政府关于以城乡发展一体化为引领全面提升城乡建设水平的意见》（苏发〔2011〕28号），特制定本实施方案。

一、主要目标

"十二五"期间，通过开展美好城乡建设行动，全省在优化城乡空间布局、完善公共服务设施体系、塑造现代城乡形态、改善人居环境等方面实现新的突破，城乡建设水平继续保持全国领先地位，努力走出一条具有江苏特色的城乡统筹、集约高效、低碳生态、和谐幸福的城乡建设路子。

——城乡规划体系和管理机制更加健全。通过实施城乡规划引导计划,进一步提升规划水平,优化空间布局,强化城市群主导地位,增强小城镇集聚功能,加大城乡空间集约利用力度,严格城乡规划实施管理。到 2015 年,全省形成城乡一体、层次分明、相互衔接、科学高效的城乡规划体系和城乡规划动态管理机制,建立比较完善的城乡规划"一套图"制度和管理信息系统。

——村庄环境面貌和生产生活条件普遍改善。通过实施村庄环境整治行动计划,推进村庄净化、绿化、美化和道路硬化,突出"六整治、六提升",加快城市基础设施向农村延伸、公共服务向农村覆盖、扶持政策向农村倾斜、现代文明向农村辐射,显著提高农村生产生活生态条件和公共服务水平。到 2015 年,实现村庄环境整治目标,形成环境优美、生态宜居、特色鲜明的乡村面貌。

——城镇功能品质和现代化水平大幅提升。通过实施城镇功能品质提升计划,增强城镇综合承载能力,提升城镇空间品质,构建现代化城市综合交通体系,完善城镇住房保障体系,推进城市管理现代化。到 2015 年,全省城镇公用设施、城镇公共绿化、城市管理效能和住房保障覆盖面等主要指标位居全国前列,城镇功能更加完善、特色更加彰显,空间品质和人居环境全面提升。

——节约型城乡建设取得重大突破。通过实施节约型城乡建设推进计划,把资源节约、环境友好、生态宜居的理念贯彻到城乡规划建设管理各个领域,推动城乡建设发展模式转型升级,促进建筑工业化和住宅产业化发展,加快低碳生态城区规划建设步伐。到 2015 年,建立有效的节约型城乡建设推进机制,形成比较完善的成果示范推广体系,节约型城乡建设各项指标保持全国领先水平。

二、重点任务

(一)实施城乡规划引导计划

优化全省城乡规划体系,发挥省级规划引导调控作用,推动区域和城乡空间布局优化、基础设施统筹和生态网络构建,促进城市群和特色发展地区协调发展。按照高起点、高水平要求,完善各市、县(市)城乡规划体系。推进城市总体规划修编和城乡统筹规划制定,着力加强城市综合交通规划和公交规划、城市空间特色规划、城市地下空间规划、国家和省级历史文化名城名镇名村保护规划、城乡风景路规划、市县抗震防灾规划等专项规划,适时优化调整村庄布局规划,深入推进控制性详细规划全覆盖。建立城乡规划"一套图"制度,切实加强各类各级规划的衔接和协调。促进城市总体规划、国民经济和社会发展规划、土地利用总体规划、生态建设规划等的充分衔接,将城镇总体规划和专项规划中土地利用、基础设施布局等纳入控制性详细规划,并实行动态更新。构建全省城乡规划管理信息系统,建立省级城乡规划管理信息平台,制定城乡规划成果数据标准,推动市、县(市)规划管理信息系统建设,加快实现省市规划信息系统的衔接融合。完善城乡规划实施管理体制,推动建立城市群区域协调机制,保障省域和区域性城镇体系规划的顺利实施。完善城乡规划公众参与机制,强化市辖区、各类开发区、产业园区、郊区和乡村地区规划的集中统一管理,提高城乡规划实施管理的制度化规范化水平。

(二)实施村庄环境整治行动计划

用3至5年时间对全省村庄环境进行综合整治,规划布点村庄突出抓好"六整治、六提升",非规划布点村庄实施"三整治一保障",有条件的地区注重城乡、区域环境连线连片综合整治,普遍改善环境面貌。整治生活垃圾,建立完善"组保洁、村收集、镇转运、县处理"的城乡统筹生活垃圾收运处置体系。整治生活污水,建立污水治理设施长效管理机制。推进农村无害化卫生户厕改造,提高农村粪便无害化处理水平。整治乱堆乱放,保持村庄公共环境容貌整洁。整治工业污染,保护村庄生产生活生态环境。整治农业废弃物,推进减量化资源化无害化利用。整治疏浚河道沟塘,提高村庄水体引排和自净能力。提升公共设施配套水平,构筑城乡统筹的公共服务体系。提升绿化美化水平,营造和谐自然的田园风光。提升饮用水安全保障水平,全面解决农村饮水安全问题。提升道路通达水平,构建城乡一体的客运网络。提升建筑风貌特色化水平,彰显村庄自然地理和历史人文特征。提升村庄环境管理水平,使管理工作逐步走上规范化、制度化、长效化轨道。

(三)实施城镇功能品质提升计划

提升城镇综合实力和承载服务能力,优化资源配置,注重特色风貌,完善城镇功能。推进水环境综合治理,加强备用水源、应急水源建设,确保城镇供水安全。加强与污水集中处理相配套的区域性污泥处置设施建设,促进污泥的无害化处置。加快城市排涝设施建设,提高城市防御渍涝灾害的能力。推进生活垃圾分类,提高垃圾减量化、资源化、无害化处理水平。挖掘梳理空间特色资源,塑造空间特色意图区,彰显城镇特色风貌。传承发展地域建筑文化,鼓励建设具有地域特色的建筑,创造时代建筑精品。尊重和保护城镇自然山水基底特征,营建宜人景观环境。落实公交优先战略,加强城市停车设施建设和管理,推进区域综合交通网络建设,构建现代化城市综合交通体系。大力推进以公共租赁住房为重点的保障性安居工程建设,进一步强化制度保障,进一步强化房源供应,进一步强化政策支撑,基本形成比较完善的住房保障体系,有效提升城镇居住水平。整合城市公共服务资源,创新城市管理体制机制,建立数字化城市管理系统,推动城市管理模式转型,提升城市管理现代化水平。加强城市管理队伍规范化建设,开展城市管理优秀城市和市容示范路创建活动,提升人民群众对城市管理工作的满意度。

(四)实施节约型城乡建设推进计划

推进城市集约用地和村镇集约建设,加强城市地下空间开发利用,提高城乡空间集约利用水平,加快转变城乡建设发展模式。推动建筑节能和绿色建筑发展,严格城镇新建建筑节能全过程监管,促进可再生能源建筑一体化和既有建筑节能改造,加快公共建筑能耗监测平台建设,积极引导农村建筑节能,加大对创建绿色建筑的扶持力度。加快建筑工业化进程,提高建筑业集约化水平。加大成品住房开发建设力度,推动住宅产业化发展。开展绿色施工创建活动,提升建筑施工工地管理水平。推进节水型城市建设,加强雨污水再生利用,提高水资源利用效率和城市节水工作水平。加快城市垃圾无害化处理和资源化利用步伐,推进建筑垃圾和污泥资源化利用。完善城市绿色照明管理制度,加快城市照明节能改造，积极开展城市绿色照明评价活动。以近期大规模建设的城市新区、城市重点改造地区为重点，以弱电、通信等综合管沟为突破口，有序推进综合管廊建设。

三、保障措施

（一）加强组织领导

实施美好城乡建设行动，涉及面广，综合性强，是一项复杂的系统工程。各级党委政府要将实施美好城乡建设行动作为事关全局和长远的大事摆上突出位置，坚持党政主要领导亲自抓、分管领导具体负责，整合各方力量共同推进。要认真组织制定具体实施方案，明确目标任务和序时进度，落实责任主体和保障措施，确保美好城乡建设行动各项任务落到实处。各有关部门要树立"一盘棋"思想，主动承担任务，密切协调配合，上下联动、齐抓共管，形成又好又快推进美好城乡建设的强大合力。

（二）强化政策支持

各地各部门要认真贯彻落实省委、省政府的部署，结合实际细化完善城乡规划建设管理配套政策措施，努力形成推进美好城乡建设行动的政策合力。各地要切实加大财政投入力度，并整合各类城乡建设资金，合理安排使用。同时建立健全政府引导、市场运作、社会参与的多元投入机制，多渠道筹集资金，为推进美好城乡建设行动、提升城乡建设水平提供支持和保障。

（三）深入宣传发动

各地各部门要高度重视、积极做好美好城乡建设行动宣传发动工作，采用群众喜闻乐见的方式，广泛开展宣传教育和知识普及，使美好城乡建设的理念深入人心，使广大群众的参与热情充分激发，形成共建共享美好家园的浓厚氛围。要建立健全帮扶机制，加强对口技术服务，总结推广典型经验，从整体上提升美好城乡建设水平。

（四）严格督查考核

省制定美好城乡建设行动考核指标体系和考核办法，加大督促检查、评价考核力度。美好城乡建设行动每年考核一次，由各级政府组织实施。考核内容包括工作实绩、组织保障和公众满意度等，考核结果作为评价党政领导班子政绩和干部选拔任用的重要依据，并在一定范围内公布。

江苏省政府关于加快推进建筑产业现代化促进建筑产业转型升级的意见

苏政发〔2014〕111号

各市、县（市、区）人民政府，省各委办厅局，省各直属单位：

建筑产业是产业链长、带动力强、贡献度高的国民经济重要支柱产业和富民安民基础产业。近年来,我省建筑产业持续快速发展,产业规模位居全国前列,但建筑产业现代化水平还不高,存在建设周期较长、资源能源消耗较高及生产效率、科技含量、标准化程度偏低等问题。我省作为国家建筑产业现代化试点省份,加快推进以"标准化设计、工厂化生产、装配化施工、成品化装修、信息化管理"为特征的建筑产业现代化,有利于提高劳动生产率、降低资源能源消耗、提升建筑品质和改善人居环境质量,有利于促进建筑产业绿色发展、实现建筑大省向建筑强省转变,对加快转变发展方式和经济结构战略性调整、助力新型城镇化和城乡发展一体化,都具有重要意义。为加快推进建筑产业现代化,促进建筑产业转型升级,现提出如下意见。

一、总体要求

（一）指导思想

学习贯彻党的十八大和十八届三中、四中全会以及中央城镇化工作会议精神,按照建设资源节约型、环境友好型社会的要求,以发展绿色建筑为方向,以住宅产业现代化为重点,以科技进步和技术创新为动力,以新型建筑工业化生产方式为手段,着力调整建筑产业结构,综合运用各项政策措施,加快推进建筑产业现代化,推动建筑产业转型升级,为促进经济社会与环境协调可持续发展提供重要支撑。

（二）基本原则

1. 政府引导,市场主导。加大政策扶持力度,强化政府规划、协调、引导职能。坚持以市场需求为导向,完善市场机制,充分发挥开发、设计、生产、施工、材料、科研等企业在建筑产业现代化中的主体作用。

2. 因地制宜,分类指导。坚持推动建筑产业现代化与地方实际相适应,依据多层次多样化建筑需求,因地制宜明确建筑发展模式。根据不同地区建设发展水平,合理确定实现建筑产业现代化的目标任务和发展路径,加快推进建筑产业转型升级。

3. 系统构建,联动推进。总结借鉴国内外先进经验,建立建筑产业现代化的标准技术体系、生产体系、市场监管体系和监测评价体系。遵循新型城镇化和城乡发展一体化、新型工业化和信息化要求,在推动建筑产业现代化过程中,实现装配式建筑与成品住房、绿色建筑联动发展。

4. 示范先行,重点突破。在重点城市、重点区域和重点项目中加快推进建筑产业现代化,开展建筑产业现代化试点示范,推动建筑产业现代化示范城市、基地和项目建设,带动全省建筑产业现代化稳步有序发展。

（三）发展目标

1. 试点示范期（2015—2017年）。到2017年年底,建筑强市以及建筑产业现代化示范市至少建成1个国家级建筑产业现代化基地,其他省辖市至少建成1个省级建筑产业现代化基地。全省建筑产业现代化方式施工的建筑面积占同期新开工建筑面积的比例每年提高2~3个百分点,建筑强市以及建筑产业现代化示范市每年提高3~5个百分点。培育形成一批具有产业现代化、规模化、专业化水平的建筑行业龙头企业。初步建立建筑产业现代化技术、标准和质量等体系框架。

2. 推广发展期(2018—2020年)。建筑产业现代化的市场环境逐渐成熟,体系逐步完善,形成一批以优势企业为核心、贯通上下游产业链条的产业集群和产业联盟,建筑产业现代化技术、产品和建造方式推广至所有省辖市。全省建筑产业现代化方式施工的建筑面积占同期新开工建筑面积的比例每年提高5个百分点。

3. 普及应用期(2021—2025年)。到2025年年末,建筑产业现代化建造方式成为主要建造方式。全省建筑产业现代化施工的建筑面积占同期新开工建筑面积的比例、新建建筑装配化率达到50%以上,装饰装修装配化率达到60%以上,新建成品住房比例达到50%以上,科技进步贡献率达到60%以上。与2015年全省平均水平相比,工程建设总体施工周期缩短1/3以上,施工机械装备率、建筑业劳动生产率、建筑产业现代化建造方式对全社会降低施工扬尘贡献率分别提高1倍。

二、重点任务

(四)制定产业发展规划

制定《江苏省建筑产业现代化发展规划纲要》,并纳入省国民经济和社会发展规划。各地要结合实际,制定建筑产业现代化发展规划,纳入本地区国民经济和社会发展规划、住房城乡建设领域相关规划,明确近期和中长期发展目标、主要任务、保障措施,合理确定建筑产业现代化生产力布局,统筹推进建筑产业现代化。建筑强市以及创建建筑产业现代化试点城市在2015年之前完成规划编制工作,明确目标任务,制定具体政策。

(五)构建现代化生产体系

积极推进建筑产业现代化基地建设,优化生产力布局,整合各类生产要素,形成规模化建筑产业链,实现建筑产业集聚集约发展。加快发展新型建筑工业化,按现代化大工业生产方式改造建筑业,因地制宜推广使用先进高效工程技术和装备,大幅减少现场人工作业。在建筑标准化基础上,实现建筑构配件、制品和设备的工业化大生产,推动建筑产业生产、经营方式走上专业化、规模化道路,形成符合建筑产业现代化要求的设计、生产、物流、施工、安装和建设管理体系。加快转变传统开发方式,大力推进住宅产业现代化,使建筑装修一体化、住宅部品标准化、运行维护智能化的成品住房成为主要开发模式。

(六)促进企业转型升级

实施万企转型升级工程,发挥市场主体作用,引导开发、设计、工程总承包、机械装备、部品构件生产、物流配送、装配施工、装饰装修、技术服务等行业企业适应现代化大工业生产方式要求,加快转型升级。发挥房地产开发企业集成作用,发展一批利用建筑产业现代化方式开发建设的骨干企业,提升开发建设水平。发挥设计企业技术引领作用,培育一批熟练掌握建筑产业现代化核心技术的设计企业,提升标准化设计水平。发挥部品生产企业支撑作用,壮大一批规模合理、创新能力强、机械化水平高的部品生产企业,鼓励大型预拌混凝土、预拌砂浆生产企业、传统建材企业向预制构件和住宅部品部件生产企业转型。发挥施工企业推动作用,形成一批设计施工一体化、结构装修一体化以及预制装配式施工的工程总承包企业。鼓励成立包括开发、科研、设计、部品生产、物流配送、施工、运营维护等在内的产业联盟,向产业链上下游延伸,优化整合各方资源,实现融合互动发展。

(七) 提高科技创新能力

加强产学研合作,健全以企业为主体的协同创新机制,推动建筑行业企业全面提升自主创新能力。引导各类创新主体共建具有技术转移、技术开发、成果转化、技术服务和人才培育等多种功能的联合创新载体,培育和组建一批工程研发中心、共性技术服务中心、行业协同创新中心。按照抗震设防和绿色节能要求,加大装配式混凝土结构、钢结构、钢混结构等建筑结构体系研发力度,尽快形成标准设计、部品生产制造、装配施工、成品住房集成等一批拥有自主知识产权的核心技术。

(八) 推广先进适用技术

编制《江苏省建筑产业现代化技术发展导则》,制定相关技术政策。积极引导建筑行业采用国内外先进的新技术、新工艺、新材料、新装备,定期发布推广应用、限期使用和强制淘汰的技术、工艺、材料和设备公告。推广应用装配式混凝土结构、钢结构、钢混结构、复合竹木结构等建筑结构体系,全面采用建筑预制内外墙板、预制楼梯、叠合楼板等部品构件。大力发展和应用太阳能与建筑一体化、结构保温装修一体化、门窗保温隔热遮阳新风一体化、成品房装修与整体厨卫一体化,以及地源热泵、采暖与新风系统、建筑智能化、水资源再生利用、建筑垃圾资源化利用等成套技术。

(九) 建立完善标准体系

结合江苏现行标准体系和抗震设防、绿色节能等要求,加快研究制定基础性通用标准、标准设计和计价定额,构建部品与建筑结构相统一的模数协调系统,研发相配套的计算软件,实现建筑部品、住宅部品、构配件系列化、标准化、通用化。鼓励企业确立适合建筑产业现代化的技术、产品和装配施工标准,尽快形成一批先进适用的技术、产品标准和施工工法,经评审后优先推荐纳入省级或国家级标准体系。

(十) 建立健全监管体系

完善新兴市场主体准入制度,建立健全部品生产企业资质标准和审查制度。改革招投标制度,给予具有建筑产业现代化施工能力的企业优先中标权。完善工程造价管理制度,定期公布贴近市场实际的工程造价指标。健全工程质量监管体系,严格企业质量安全主体责任,加强预制构件生产质量监管,强化装配式施工现场安全管理,完善建筑项目设计、部品制造、施工和运营全流程质量管理体系,提升工程质量水平。建立建筑部品以及整体建筑性能评价体系,明确评价主体、标准和程序。强化成品住房质量验收,完善《质量保证书》和《使用说明书》制度。推行工程质量、成品住房质量担保和保险制度,鼓励多种形式购买保险产品与服务,完善工程质量追偿机制,提高质量监管效能。

（十一）提高信息化应用水平

深入推进建筑产业和行业企业信息化应用示范工程，充分应用现代信息技术提升研发设计、开发经营、生产施工和管理维护水平。加快推广信息技术领域最新成果，鼓励企业加大建筑信息模型（BIM）技术、智能化技术、虚拟仿真技术、信息系统等信息技术的研发、应用和推广力度，实现设计数字化、生产自动化、管理网络化、运营智能化、商务电子化、服务定制化及全流程集成创新，全面提高建筑行业企业运营效率和管理能力。

（十二）提升产业国际化水平

按照我省"三个国际化"的战略部署，提高建筑行业企业、市场和人才的国际化水平，推动建筑产业现代化发展。鼓励建筑行业企业"走出去"开拓国际市场，提高国际竞争水平。通过"引进来"与"走出去"相结合，引进国际先进的技术装备和管理经验，并购国外先进建筑行业企业，整合国际相关要素资源，提升企业核心竞争力，推动省内大型成套设备、建材、国际物流等建筑相关产业发展。

（十三）提高人才队伍建设水平

通过"千人计划""双创计划""333工程"等，引进和培养一批建筑产业现代化高端人才。通过校企合作等多种形式，培养适应建筑产业现代化发展需求的技术和管理人才。开展多层次建筑产业现代化知识培训，提高行业领导干部、企业负责人、专业技术人员、经营管理人员的管理能力和技术水平，依托职业院校、职业培训机构和实训基地培育紧缺技能人才。建立有利于现代建筑产业工人队伍发展的长效机制，扶持建筑劳务企业发展，着力建设规模化、专业化的建筑产业工人队伍。

三、政策支持

（十四）加大财政支持

拓展省级建筑节能专项引导资金支持范围，重点支持采用装配式建筑技术、获得绿色建筑标识的建设项目和成品住房。优化省级保障性住房建设引导资金使用结构，加大对采用装配式建筑技术的保障性住房项目支持力度。符合条件的标准设计、创意设计项目，列入省级服务业和文化产业发展专项资金支持对象。符合条件的技术研发项目，列入省级科技支撑计划、科技成果转化专项资金、产学研联合创新资金等各类科技专项资金支持对象。建筑产业现代化国家级、省级研发中心以及协同创新中心享受省科技扶持资金补贴。对建筑产业现代化优质诚信企业，参照省级规模骨干工业企业政策予以财政奖励。获得"鲁班奖""扬子杯"的项目，纳入省级质量奖奖补范围。对主导制定国家级或省级建筑产业现代化标准的企业，鼓励其申报高新技术企业并享受相关财政支持政策。对建筑产业现代化技能人才实训园区，优先推荐申报省级重点产业专项公共实训基地，符合条件的享受省级财政补贴。将符合现代化生产条件的建筑及住宅部品研发生产列入省高新技术产业和战略性新兴产业目录，享受相关财政扶持政策。

（十五）落实税费优惠

对采用建筑产业现代化方式的企业，符合条件的认定为高新技术企业，按规定享受相应税收优惠政策。按规定落实引进技术设备免征关税、重大技术装备进口关键原材料和零部件免征进口关税及进口环节增值税、企业购置机器设备抵扣增值税、固定资产加速折旧、研发费用加计扣除、技术转让免征或减半征收所得税等优惠政策。鼓励建筑企业开拓境外市场,享受相关免抵税收政策。积极研究落实建筑产业营改增税收优惠政策。房地产开发企业开发成品住房发生的实际装修成本可按规定在税前扣除,对于购买成品住房且属于首套住房的家庭,由当地政府给予相应的优惠政策支持。修订全省扬尘排污费征收和使用办法,将扬尘排污费征收范围扩大至全省,征收的扬尘排污费主要用于治理工地扬尘,对装配式施工建造项目核定相应的达标削减系数。装配式复合节能墙体符合现行要求的,对征收的墙改基金、散装水泥基金即征即退。省级建筑产业现代化示范项目可参照省"百项千亿"重点技改工程项目政策,免征相关建设类行政事业性收费和政府性基金。将建筑产业现代化示范基地(园区)纳入省重点产业示范园区范围,享受省新型工业化示范园区相关政策。对采用建筑产业现代化方式的优质诚信企业,在收取国家规定的建设领域各类保证金时,各地可施行相应的减免政策。

(十六)加大金融支持

对纳入建筑产业现代化优质诚信企业名录的企业,有关行业主管部门应通过组织银企对接会、提供企业名录等多种形式向金融机构推介,争取金融机构支持。各类金融机构对符合条件的企业要积极开辟绿色通道、加大信贷支持力度,提升金融服务水平。住房公积金管理机构、金融机构对购买装配式商品住房和成品住房的,按照差别化住房信贷政策积极给予支持。鼓励社会资本发起组建促进建筑产业现代化发展的各类股权投资基金,引导各类风险资本参与建筑产业现代化发展。大力发展工程质量保险和工程融资担保。鼓励符合条件的建筑产业现代化优质诚信企业通过发行各类债券融资,积极拓宽融资渠道。

(十七)提供用地支持

加强建筑产业现代化基地用地保障,对列入省级年度重大项目投资计划、符合点供条件的优先安排用地指标。各地应根据建筑产业现代化发展规划要求,加强对建筑产业现代化项目建设的用地保障。以招拍挂方式供地的建设项目,各地应根据建筑产业现代化发展规划,在规划条件中明确项目的预制装配率、成品住房比例,并作为土地出让合同的内容。对以划拨方式供地的保障性住房、政府投资的公共建筑项目,各地应提高项目的预制装配率和成品住房比例。

(十八)提供行政许可支持

按照行政审批制度改革要求,依法依规规范行政许可事项,优化建筑行业企业发展环境。在符合相关法律法规和规范标准的前提下,对实施预制装配式建筑的项目研究制定容积率奖励政策,具体奖励事项在地块规划条件中予以明确。土地出让时未明确但开发建设单位主动采用装配式建筑技术建设的房地产项目,在办理规划审批时,其外墙预制部分建筑面积(不超过规划总建筑面积的3%)可不计入成交地块的容积率核算。对采用建筑产业现代化方式建造的商品房项目,在办理《商品房预售许可证》时,允许将装配式预制构件投资计入工程建设总投资额,纳入进度衡量。

(十九)加强行业引导

将建筑产业现代化推进情况和成效作为"人居环境奖""优秀管理城市"评选的重要考核内容。评选优质工程、优秀工程设计和考核文明工地,优先考虑采用建筑产业现代化方式施工的项目。在建设领域企业综合实力排序中,将建筑产业现代化发展情况作为一项重要指标。建立并定期发布《江苏省建筑产业优质诚信企业名录》,对建筑产业现代化优质诚信企业在资质评定、市场准入、工程招投标中予以倾斜。

四、保障措施

(二十)强化组织领导

省人民政府建立推进建筑产业现代化工作联席会议制度,统筹协调全省建筑产业现代化推进工作。联席会议办公室设在省住房城乡建设厅。各市、县(市)人民政府要将推进建筑产业现代化摆上重要议事日程,成立由政府负责人牵头的组织领导机构,强化对推进建筑产业现代化工作的统筹协调。

(二十一)强化技术指导

省住房城乡建设主管部门成立由管理部门、企业、高等院校、科研机构专家组成的建筑产业现代化专家委员会,并分行业设立设计、部品、施工等专家小组,负责标准编制、项目评审、技术论证、性能认定等方面的技术把关和服务指导。各地要成立相应的专家委员会,在试点示范阶段,负责对本地区建筑产业现代化项目建设方案和应用技术进行论证,并为施工图审查提供参考。

(二十二)强化示范引导

推进建筑产业现代化示范城市创建工作,建筑强市、人居环境城市、绿色建筑示范市和优秀管理城市要率先建成省级建筑产业现代化示范城市。各地要有计划建设建筑产业现代化示范基地,统筹规划布局,落实政策措施,促进产业集聚发展。政府主导的保障性住房、政府投资的公共建筑、市政基础设施工程三类新建项目应率先采用建筑产业现代化技术和产品,切实发挥示范引导作用,推动建筑产业现代化技术和产品的普及应用。

(二十三)强化社会推广

各地、各有关部门要通过报纸、电视、电台与网络等媒体,大力宣传建筑产业现代化的重要意义,让公众更全面了解建筑产业现代化对提升建筑品质、宜居水平、环境质量的作用,提高建筑产业现代化在社会中的认知度、认同度。通过举办全省建筑产业现代化系列年度博览会,向社会推介优质、诚信、放心的技术、产品、企业。

(二十四)强化监测评价

建立建筑产业现代化监测评价指标体系,并将其作为衡量各地促进建筑产业转型升级的重要内容。省推进建筑产业现代化工作联席会议办公室要定期组织监测评价,建立信息发布机制,及时发布监测评价结果。

江苏省人民政府

2014 年 10 月 31 日

省住房城乡建设厅省财政厅关于组织申报2016年度省级节能减排(建筑产业现代化)专项引导资金项目的通知

各市、县建设局(建委)、财政局,省有关单位:

为加快推进全省建筑产业现代化,根据《江苏省节能减排(建筑节能和建筑产业现代化)专项资金管理办法》(苏财规〔2015〕11号),结合2016年工作要求,现将申报2016年度省级节能减排(建筑产业现代化)专项引导资金项目的有关事项通知如下:

一、申报要求

(一)项目应符合《2016年度省级节能减排(建筑产业现代化)专项引导资金项目申报指南》要求。

(二)签订《省级财政专项资金申请使用全过程承诺责任书》。

(三)已享受国家或省相关专项资金支持的项目不得重复申报。

(四)为确保2015年度示范城市实施方案落地,2015年度确定的示范城市必须申报示范基地、示范项目,示范基地和示范项目的补助资金仍从示范城市的补助资金里统筹安排。

(五)省属单位申报项目经主管部门同意后,由申报单位向省住房城乡建设厅、省财政厅申报。地方的申报项目由市县建设局(建委)、财政局汇总,正式行文向省住房城乡建设厅、省财政厅推荐申报,并同时抄报省辖市建设局(建委)、财政局。

(六)申报材料由所在地建设主管部门统一邮寄,不受理现场报送。申报截止时间为2016年3月20日,以邮戳为准。申报材料不合要求或逾期者不予受理。

二、申报材料

项目采取网上申报和纸质材料报送并行的方式。申报单位在网上(http://www.jscin.gov.cn资金项目管理系统)填报完成后,打印由系统生成的申请表、实施方案,连同相关附件证明材料装订成册。所需申报材料一式四份,均寄至省住房城乡建设厅。

三、工作要求

(一)高度重视,精心组织

各部门要以高度的责任感,认真负责,精心组织,切实做好组织申报工作。省辖市建设局、财政局应及时掌握市县组织申报工作情况,给予必要的指导,并及时利用申报系统审核备案,力求把各地具有特点、符合条件的项目组织申报上来,充分发挥好示范引导作用。

(二)规范操作,确保真实

各部门要按照本通知申报指南要求,切实履行职责,坚持规范操作,并对申报材料真实性、完整性负总责。若申报项目存在弄虚作假行为,一经查实,将取消其本年及今后申报资格,同时追究地方相关部门责任。

省住房城乡建设厅关于装配式混凝土房屋建筑项目招标投标活动的暂行意见

各市建设局(委)、苏州工业园区规划建设局、张家港保税区规划建设局、昆山市、泰兴市、沭阳县建设局:

《江苏省装配式建筑(混凝土结构)项目招标投标活动的暂行意见》已经厅常务会议审议通过,现予印发,自2016年5月1日起施行。

江苏省住房和城乡建设厅
2016年4月1日

建筑产业现代化是实现建筑产业节能、环保、全寿命周期价值最大化的可持续发展的新型建筑生产方式,是促进"两型社会"建设、加快我省建筑业转型升级的必由之路。目前,预制混凝土整体装配式房屋建筑(以下简称"装配式建筑")作为建筑产业现代化发展过程中一种重要的新型方式,与传统方式相比,具有工艺要求高,掌握关键技术的企业少,建造成本增加等特点。为鼓励和促进装配式建筑的推广应用,规范其招标投标活动,依据《中华人民共和招投标法》及相关法规、规章的规定和《国务院办公厅关于转发发展改革委住房城乡建设部绿色建筑行动方案的通知》(国办发〔2013〕1号)《省政府关于加快推进建筑产业现代化促进建筑产业转型升级的意见》(苏政发〔2014〕111号)等文件的要求,现对装配式房屋建筑项目招标投标活动提出如下意见。

一、我省行政区域内全部使用国有资金投资或者国有资金占控股或者主导地位(以下简称"国有资金投资")的装配式房屋建筑项目,达到下列条件的,相应内容的招标投标活动适用本意见。

(1)装配式建筑主体结构的设计、施工、监理招标;

(2)设计图纸标明或在招标文件中明确的装配式建筑预制率(±0.00以上部分,预制混凝土构件总体积占全部混凝土总体积的比率)不小于30%。

二、发包方式可以采用邀请招标方式。

三、采用公开招标方式的,招标人除按照苏建规字(2013)4号文设置资格条件外,可以根据项目具体情况将类似工程业绩、相应构件部品的生产能力、信息化管理水平作为资格审查条件。

四、采用资格预审方式的,不要求资格审查合格的潜在投标人数量必须满足9家及以上。

五、招标内容为设计施工总承包的,招标人宜按照《中华人民共和国招标投标法实施条例》第三十条的规定分两阶段进行招标。鼓励投标人采用联合体形式投标。

六、评标办法可以采用综合评估法。评审因素除执行设计、施工、监理招标相关规定外,可以根据项目特点相应增设装配式建筑项目技术实施方案、构件生产能力、装配式建筑项目设计、施工、监理信誉和业绩等评审因素。

七、招标文件中应当设置最高投标限价并明确其组成。在我省配套的装配式建筑计价定额尚未出台前,最高投标限价可参照《江苏省建筑与装饰工程计价定额》(2014版)编制,结合项目的具体情况,合理确定。

八、装配式建筑项目的评标专家应当从省专家库中随机抽取。如果库内无专家满足条件或者满足条件的专家不足时,招标人可以自行邀请评标专家。

九、各地、各有关部门和项目单位要加强对国有投资装配式建筑项目招投标活动的监管,严格按照国家招标投标相关法规及"公开、公平、公正"的原则开展招标活动,不得借装配式建筑的名义随意改变招标范围、方式及法定程序,变相实施虚假招标,擅自设置或者增加不合理或者歧视性的资格条件,损害国家利益和他人合法权益。

十、本意见为暂行,自2016年5月1日起执行。在实施本意见的过程中,我厅将适时进行分析和评估,并结合各地、各部门在实施过程中反映的问题,对本意见进行调整和修订。

在新建建筑中加快推广应用预制内外墙板预制楼梯板预制楼板的通知

苏建科〔2017〕43号

各设区市建设局(委)、规划局、发改(委)局、经信委、环保局、质监局:

为贯彻落实《省政府关于加快推进建筑产业现代化 促进建筑产业转型升级的意见》(苏政发〔2014〕111号)文件精神,加快采用装配式建筑成熟技术,积极稳妥地推动全省建筑产业现代化发展,现将在全省城市(县城)范围内新建建筑中推广应用预制内外墙板、预制楼梯板、预制楼板(含预制叠合楼板,以下统称"三板")的有关事项通知如下:

一、"三板"应用项目实施范围

1. 单体建筑面积2万平方米以上的新建医院、宾馆、办公建筑,以及5 000平方米以上的新建学校建筑;
2. 新建商品住宅、公寓、保障性住房;
3. 单体建筑面积1万平方米以上的标准厂房。

二、"三板"应用项目实施时间

省级建筑产业现代化示范城市（县、区）自 2017 年 12 月 1 日起，其他城市（县城）自 2018 年 7 月 1 日起，在新建项目中推广应用"三板"。新建项目均以施工图接审时间界定。

三、"三板"应用项目工程要求

1. 对于混凝土结构建筑，应采用内隔墙板、预制楼梯板、预制叠合楼板，鼓励采用预制外墙板；
2. 对于钢结构建筑，应采用内隔墙板、预制外墙板；
3. 外墙优先采用预制夹心保温墙板等自保温墙板；
4. 单体建筑中强制应用的"三板"总比例不得低于 60%。鼓励住宅工程在满足上述要求的基础上，积极采用预制阳台、预制遮阳板、预制空调板等预制部品（构件），提高单体建筑的预制装配率。

四、"三板"应用项目享受以下扶持政策、

1. 新建建筑外墙采用预制夹心保温墙板的，其保温层及外叶墙板的水平截面积，可不计入项目的容积率核算；
2. 新建建筑采用经认定的"三板"的，征收的新型墙体材料专项基金全额返还；
3. 对于"三板"应用项目，根据其单体建筑的预制装配率核定扬尘排污费削减系数。

五、相关工作要求

1. 各地规划建设、发改、经信、环保和质量监督行政主管部门应结合本地实际，从项目立项、规划、设计、生产、施工、验收等环节，建立健全"三板"应用推广制度。设计单位在设计文件中应明确"三板"应用比例，施工图审查机构要严格施工图设计文件审查，工程监理单位要强化监理职责，工程质量和安全监督机构要切实加强"三板"应用项目的质量和安全监督。
2. 各地要采取切实有效措施，制定容积率奖励等相关支持政策的实施细则，扎实开展"三板"推广应用工作，并将其作为推进装配式建筑发展，实现建筑产业现代化的一项重要内容。
3. 各地要强化"三板"推广应用工作督查。省住房城乡建设厅将定期组织有关部门加强对各地"三板"应用情况的督促检查，确保"三板"推广应用工作落到实处。

江苏省住房和城乡建设厅办公室
2017 年 2 月 14 日

参 考 文 献

[1] H钱纳里,S鲁宾逊,M赛尔奎因.吴奇,译.工业化和经济增长的比较研究.新1版[M].上海:上海人民出版社,1995

[2] Inglehart R, Welzel C. Modernization, cultural change and democracy: The human development sequence[M]. Cambridge: Cambridge University Press, 2005

[3] 国家经济贸易委员会.我国走新型工业化道路研究[M].北京:机械工业出版社,2003

[4] 张培刚,张建华,罗勇,等.新型工业化道路的工业结构优化升级研究[J].华中科技大学学报社会科学版,2007,21(2):82-88

[5] 厉以宁.工业化和制度调整[M].北京:商务印书馆,2015

[6] 刘东卫,范雪,朱茜,等.工业化建造与住宅的"品质时代"——"生产方式转型下的住宅工业化建造与实践"座谈会[J].建筑学报,2012(4):1-9

[7] 刘美霞,刘晓.住宅产业化概念辨析[J].住宅产业,2010(9):39-43

[8] 江红,梁小平,崔晋豫.浅谈中国住宅产业化水平的评价方法[J].青岛理工大学学报,2000,21(4):32-38

[9] 丁云龙,远德玉.试析演化观中的技术创新问题[J].中国软科学,2001(9):79-82

[10] 冯永德.四川蚕业产业化的评价与思考[J].四川蚕业,2003,31(1):6-8

[11] 钟杏云.产业化发展阶段论[J].技术经济与管理研究,2003(2):67-68

[12] 夏清明.我国科技产业化经营策略及思考[J].兰州学刊,2004(2):89-90

[13] 芮明杰.管理学:现代的观点[M].上海:上海人民出版社,2006

[14] 王金武.产业化阶段及特征[R],2007

[15] 唐志,郑四渭,张新华,等.浙江林业现代化发展阶段理论初探[J].浙江林业科技,2003,23(5):65-68

[16] 陈钦,潘辉,杜林盛.试论林业现代化发展阶段的划分[J].中国林业经济,2006(6):23-26

[17] 吴涛.加快转变建筑业发展方式促进和实现建筑产业现代化[J].中华建设,2014(7):60-65

[18] 肖绪文.建筑业要走绿色发展之路[J].中国勘察设计,2014(9):66

[19] 肖吉军.住宅产业现代化技术发展分析研究[D].西安:西安建筑科技大学,2004

[20] 肖建章.深圳市住宅产业现代化发展战略研究[D].长沙:中南大学,2008

[21] 夏侯遐迩,李启明,岳一博,等.推进建筑产业现代化的思考与对策——以江苏省为例[J].建筑经济,2016(2):18-22

[22] 江苏省住房与建设厅.江苏省建筑产业现代化读本[Z],2015
[23] 李启明.推进建筑产业现代化研究报告[R].江苏省住房和城乡建设厅,东南大学,2014
[24] 江苏省建筑产业现代化技术现状与发展研究课题组.江苏省建筑产业现代化技术现状与发展研究报告[R],2014